Tolkiens Universum

Das Buch

Ob in Buchform oder als Film – J. R. R. Tolkiens *Herr der Ringe* zieht seit Jahrzehnten weltweit Millionen in seinen Bann. Aber aus welchen Quellen speist sich Tolkiens faszinierender Mittelerde-Mythos? Lin Carter, amerikanischer Fantasy-Autor, wirft in diesem Klassiker der Tolkien-Literatur einen Blick auf die mythische Tradition, in die sich der *Herr der Ringe* einfügt, und zeigt verblüffende Ähnlichkeiten zwischen den verschiedenen Sagen, der früheren fantastischen Dichtung und dem *Ringe*-Zyklus auf. Eine brillante Zusammenfassung des *Hobbit* und des *Herrn der Ringe* rundet das Ganze ab und ermöglicht einen genauso vergnüglichen wie erhellenden Einstieg in Tolkiens Mythenuniversum.

Der Autor

Linwood Vrooman Carter (1930–1988) machte sich als Autor mehrerer Fantasy-Romane (unter anderem verschiedener *Conan*-Titel und des *Callisto*-Zyklus) ebenso einen Namen wie als Herausgeber verschiedener Fantasy-Klassiker. Er gehörte zu den Wegbereitern bei der Etablierung der Fantasy als eigenständigem literarischem Genre.

Lin Carter

τolκiens
uniVeRSum

Die mythische Welt des
Herrn der Ringe

Aus dem Englischen
von Biene van de Laar

List Taschenbuch

Besuchen Sie uns im Internet:
www.list-taschenbuch.de

List Verlag
List ein Verlag des Verlagshauses Ullstein Heyne List GmbH & Co. KG
Deutsche Erstausgabe
1. Auflage November 2002
© 2002 für die deutsche Ausgabe
by Ullstein Heyne List GmbH & Co. KG, München
© 1969 by Lin Carter
Published in agreement with the author,
c/o Baror International, Inc., Armonk, New York, USA
Titel der amerikanischen Originalausgabe: Tolkien: A Look behind the
»Lord of the Rings« (Ballantine Books, New York)
Übersetzung: Biene van de Laar
Redaktion: Julia Riesz
Umschlagkonzept: HildenDesign, München – Stefan Hilden
Umschlaggestaltung: Hauptmann und Kampa Werbeagentur, CH-Zug
Titelabbildung: Ferenc Regös
Trotz aller Bemühungen konnten nicht alle Rechteinhaber an den ver-
wendeten Textauszügen ermittelt werden. Berechtigte Ansprüche wer-
den selbstverständlich vergolten; der Verlag bittet gegebenenfalls um
freundliche Nachricht.
Satz: Buch-Werkstatt GmbH, Bad Aibling
Druck und Bindearbeiten: Clausen & Bosse, Leck
Printed in Germany
ISBN 3-548-60264-9

Dieses Buch ist für all jene,
die sich am *Herrn der Ringe* erfreuten
oder noch erfreuen werden.
Aber ganz besonders ist es für
JOHN CLOSSON,
der sehr lange darauf gewartet hat,
es lesen zu können.

Orks und sprechende Bäume und meilenweite Grasflächen und galoppierende Reiter und glitzernde Höhlen und weiße Türme und goldene Schlachten und große Segelschiffe ...

J. R. R. TOLKIEN, *Der Herr der Ringe. Die Wiederkehr des Königs*

INHALTSVERZEICHNIS

Editorisches Vorwort zur deutschen Ausgabe

Tolkien: A Look behind the Lord of the Rings – unter diesem Titel erschien Lin Carters Untersuchung erstmals 1969 bei BALLAN-TINE BOOKS. Seither erfuhr es mehrere Auflagen und gilt heute bei Tolkien-Fans als Klassiker unter den Titeln, die zum *Herrn der Ringe*, einem der größten Bucherfolge des 20. Jahrhunderts, publiziert wurden. Carter, einer der profundesten Kenner der Fantasy-Literatur und selbst ein Fantasy-Autor von Rang und Namen, richtet seinen Blick dabei auf die Mythen der Jahrtausende, die den Hintergrund bilden für Tolkiens eigenes Mythenuniversum, wie es sich bereits im *Kleinen Hobbit*, dann vor allem im *Herrn der Ringe* und auch im *Silmarillion* offenbart.

Für die deutsche Ausgabe wurde Carters Buch weitgehend unverändert übernommen, da seine Beobachtungen zeitlose Gültigkeit beanspruchen können. An wenigen Stellen, an denen es notwendig schien, wurde behutsam aktualisiert und ergänzt; dies betrifft insbesondere die Biographien Tolkiens und Carters sowie Carters Ausführungen zur Wirkungsgeschichte des *Herrn der Ringe* und zu *Das Silmarillion* (ein Werk Tolkiens, das erst Jahre nach Verfassen dieses Buches postum veröffentlicht wurde) sowie die Bibliographien. Manche Passagen, die gleichwohl an das frühe Entstehungsdatum von Carters Untersuchung erinnern, wurden bewußt so belassen – sie weisen das Buch als authentisches Dokument der allgemeinen Faszination aus, die Tolkiens mythisches Universum bereits vor Jahrzehnten ausübte und die bis heute anhält.

Editorisches Vorwort zur amerikanischen Originalausgabe 1969

Nur wenigen Autoren welchen Genres auch immer ist es gelungen, so viel Interesse und Begeisterung zu wecken, so viel kontroverse Diskussionen und Bewunderung hervorzurufen wie J. R. R. Tolkien. Merkwürdigerweise hat, abgesehen von den großen Tolkien-Clubs und ihren Amateuren, bisher niemand die Ursprünge von Tolkiens Werk *Der Herr der Ringe* eingehend analysiert oder versucht, diesem modernen Meisterstück einen Platz in der langen Geschichte herausragender Epen zuzuweisen, obwohl es sowohl ein Teil wie auch ein ausgezeichnetes Beispiel dieser Tradition ist.

Tolkiens Universum ist eine fundierte und höchst lesenswerte Untersuchung über die Geschichte des Epos, die von den alten sumerischen Heldensagas über die griechischen Mythen und die nordische Mythologie reicht und auch *Beowulf,* das *Nibelungenlied* und die Geschichte von Siegfried und Brunhilde hinzuzieht. Natürlich werden weder der besondere Bezug zum *Herrn der Ringe* und die Frage, wie sich das Werk in diese titanische Tradition einfügt, außer acht gelassen noch seine Wurzeln und Quellen vernachlässigt. Lin Carters Buch ist ein faszinierendes Werk für die Millionen Fans der *Ringe*-Trilogie und eine unterhaltsame Einführung in eine Welt der Wunder (für jene, die dieses Buch als Tolkien-Neulinge lesen, gibt es eine detaillierte Zusammenfassung der Handlung).

DANKSAGUNG

Ich schulde vielen Menschen meinen Dank für ihre Hilfe, Mitarbeit und Ermutigung. Ihre Unterstützung hat zur Verbesserung dieses Buches beigetragen. Ich möchte Mr.. Ian Ballantine meine Dankbarkeit aussprechen für seine Geduld und sein Interesse an diesem Projekt und Mr. W. H. Auden für seinen Rat, seine Vorschläge und Informationen. Mein Dank gilt auch meinem guten Freund und zeitweisen Mitarbeiter, Mr. L. Sprague de Camp, der sowohl seine Eindrücke über Professor Tolkiens heutige Lebens- und Arbeitsweise mit mir teilte als auch die Ergebnisse eines Besuches, den Mr. de Camp 1967 bei Tolkien zu Hause machte. Ich danke Mr. Edmund R. Meskys, dem Mitherausgeber von *Niekas* und derzeitigen Thain der amerikanischen Tolkien-Gesellschaft, der mir von Anbeginn mit Enthusiasmus und Ermutigung bei diesem Projekt zur Seite stand. Außerdem danke ich ihm für die großzügige Überlassung einer kompletten Ausgabe von *The Tolkien Journal*, dem offiziellen Magazin der Gesellschaft. Ich möchte Mr. Rayner Unwin von GEORGE ALLAN AND UNWIN, dem britischen Verleger von Professor Tolkien, meinen Dank aussprechen. Und dann sind da noch die vielen Mitglieder der Tolkien-Gesellschaft, die zu zahlreich sind, um sie hier einzeln zu nennen, denen ich aber dennoch zu Dank verpflichtet bin.

An dieser Stelle sollte ich zudem klarstellen, daß mein Buch in keiner Weise als »offizielle« oder »genehmigte« Studie zum *Herrn der Ringe* zu betrachten ist. Abgesehen von jenen Passagen, die im Text deutlich gekennzeichnet sind und in denen ich die Ideen oder Meinungen anderer zitiere, bin ausschließlich ich für den Inhalt des Buches verantwortlich zu machen. Dazu gehört natürlich auch jedweder Fehler, der mir hinsichtlich der Fakten, Schwerpunkte oder Deutung unterlaufen sein sollte. Zu keinem Zeitpunkt spiegeln die Inhalte dieses Buches die Ansichten meines Verlages BALLANTINE BOOKS wider oder gar jene von Professor Tolkien selbst.

LIN CARTER
Hollis, Long Island, New York

EINFÜHRUNG

*Drei- oder viermal in unserm Leben [lesen wir]
die Bücher [...], in denen Wesentliches steht.*
MARCEL PROUST, *In Swanns Welt*

PLÖTZLICH scheint alle Welt ein sehr langes und sehr merk-
würdiges Buch zu lesen, das den Titel *Der Herr der Ringe* trägt.

Als erste entdeckten die Science-Fiction-Fans dieses Werk für
sich. Sie lasen es nicht nur, sondern führten auch leidenschaftli-
che Diskussionen in ihren Fanmagazinen, die sie in eigener Re-
gie und geringer Auflage herausbrachten. Niemand sonst nahm
Notiz von dem Buch oder dachte anderenfalls länger darüber
nach. Jeder weiß ja, daß Science-Fiction-Fans diesen verrückten
Raketenschiffkram lesen. Und wer sich mit so etwas abgibt, verschlingt auch alles andere.

Aber nach einiger Zeit sprach und diskutierte man über den
Herrn der Ringe auch in den Kaffeebars von Greenwich Village,
danach auf den Schulhöfen und in den Universitäten. Selbst
Literaten wie Anthony Boucher und W. H. Auden, Richard
Hughes und C. S. Lewis befaßten sich näher damit und äußerten
sich sogar lobend darüber. Irgendwann geriet das Buch schließlich in die Hände der »breiten Leserschaft«, die ihre Leselust
normalerweise an jenen dicken Wälzern von der Bestsellerliste
der *New York Times* stillt.

Die psychedelische Poster-und-Button-Szene (die erst nach
dem Buch aufkam) vereinnahmte den *Herrn der Ringe* mit kleinen, spitzen Verzückungsschreien. Heutzutage läßt man den
Buchtitel sogar auf den glanzvollen Cocktailpartys der East-Side
nebenbei im Gespräch fallen. Mittlerweile hat man den Eindruck, daß *jeder* es entweder kürzlich gelesen oder gerade damit angefangen hat oder soeben dabei ist, es ein zweites Mal zu
lesen.

Obwohl *DHDR* [so die deutsche Abkürzung; die englische Abkürzung lautet *LOTR* und wird so ausgesprochen, daß sie sich
auf »boater« reimt] in den vergangenen zwölf Jahren in Amerika in immer neuen Auflagen erschien, ist das Interesse an diesem merkwürdigen und umfangreichen Roman nicht etwa er-
lahmt, sondern stetig weitergewachsen. So versank das Werk nie
im distinguierten Nebel des literarischen Vergessens – ein

Schicksal, das neunundneunzig von hundert Neuerscheinungen
ereilt. Kaum ein Monat vergeht, in dem nicht die Fehler oder
Vorzüge von Professor Tolkiens dreibändigem Roman in Artikeln in *Saturday Review, Seventeen, The New Yorker, Saturday
Evening Post, Esquire, Holiday, The Nation* oder *Triumph* hervor-
gehoben werden.

Unternehmer, ohnehin immer bestrebt, keine lockend und
glitzernd an ihnen vorübertänzelnde Modeerscheinung zu ver-
passen, stürzten sich mit lautem Jubelgeschrei auf den *Herrn der
Ringe*. Mittlerweile findet sich auch ein erstaunliches Sammelsu-
rium an Tolkien-Artikeln auf dem Markt. Es reicht von farbigen
Hochglanzreisepostern mit der Überschrift »Besuchen Sie Mittelerde!« bis zu prächtigen Wandkarten im Format 64 x 97 cm, die
Tolkiens imaginäre Welt zeigen. Im Gegensatz dazu wirken die
eher prosaischen Produktionen des amerikanischen Kartenher-
stellers Rand McNally ziemlich farblos. In den Ladenstraßen von
Greenwich Village können Sie Buttons kaufen, die verkünden
»Frodo lebt!« oder aufmunternde Worte tragen wie »Go Go
Gandalf«. Angemessenerweise werden die Worte in Elbisch,
Tolkiens selbsterschaffener Sprache und Runenschrift, wiederge-
geben. Sogar eine so seriöse und literarisch geprägte Plattenfirma
wie Caedmon Records hat eine Langspielplatte angeboten, auf
der unser guter Professor einige der Gedichte aus *DHDR* in seiner Phantasiesprache vorträgt![1]

Im gesamten Land schießen regionale Clubs Tolkien-besesse-
ner Leser wie Pilze nach einem warmen Regen aus dem Boden
und schließen sich lose unter dem Banner der Tolkien Society of
America zusammen. Weit verstreut lebende Tolkien-Anhänger
hielten in den vergangenen Jahren postalischen Kontakt und
brachten eine Reihe von selbst kopierten Amateurmagazinen
heraus, deren Titel wie *Entmoot, I Palantir, Green Dragon* und
The Tolkien Journal aus Tolkiens Werken entlehnt waren und somit kein Geheimnis aus ihrem Hauptthema machten.

Während Tolkien-Leser einmütig seinen Stil verteidigen,

vertreten Literaturkritiker und -rezensenten auf beiden Seiten des Atlantiks eine breite Palette unterschiedlichster Ansichten. Der in Amerika sehr bekannte Edmund Wilson formulierte in *The Nation* vom 14. April 1956 das Plädoyer für die Loyale Opposition Ihrer Königlichen Majestät. Darin verglich er mißmutig Tolkiens Prosa mit der von Howard Pyle. Er verachtete das Werk zutiefst und schloß seine Rechtfertigung mit der Ansicht: »Im wesentlichen ist es ein Kinderbuch – ein Kinderbuch, das ein wenig außer Kontrolle geraten ist.« Ich bin der Ansicht, daß er sich damit nicht unbedingt auf die Tatsache bezog, daß die Trilogie es gut und gerne auf rund 1300 kleingedruckte Seiten bringt.

Am anderen Ende des kritischen Spektrums steht die Zeitschrift *The New Statesman & Nation*, in der die Meinung vertreten wird, daß »es eine hervorragend erzählte Geschichte ist, mit allen Farbschattierungen, voller Dynamik und Größe«. Die New Yorker *Herald Tribune* bezeichnete das Buch als »ein außergewöhnliches, hervorragendes Meisterwerk«. Mr. Richard Hughes versteht den *Herrn der Ringe* als Heldenroman, der auf einem Niveau konzipiert und geschrieben worden sei, das seit Jahrhunderten niemand mehr erreicht habe. Er hält es für unmöglich, das Werk allein durch Vergleiche zu rühmen, und schließt entsprechend hilflos: »Was soll ich noch dazu sagen? Was die Vorstellungskraft betrifft, so hinkt jeder Vergleich. Genauso bemerkenswert sind seine Lebendigkeit und das erzählerische Geschick, die den Leser Seite um Seite unausweichlich in ihren Bann ziehen.«

Diese erstaunliche Bandbreite unterschiedlichster Meinungen, einschließlich der Heftigkeit und der Inbrunst, mit der sie vertreten werden, machen dieses Buch so kontrovers. Ich nehme an, daß man der Wahrheit sehr nahe kommt, wenn man sagt, daß es sich hier um ein Buch handelt, bei dem man unmöglich neutral bleiben kann. Entweder versinkt man voller atemloser Faszination darin – oder man kann es kaum ertragen, auch nur ein paar Zeilen zu lesen, und legt es spätestens nach den ersten dreißig Seiten für immer beiseite.

Das Merkwürdige an diesen Rezensionen ist, daß selbst in den negativsten ein Körnchen Wahrheit steckt. Mr. Wilsons Bemerkung, die Trilogie sei ein »Kinderbuch«, ist weder oberflächlich noch unfair, obwohl ich die Deutung wage, daß er diese Bezeichnung abwertend meinte. Im Verlauf seines ganzseitigen Artikels über den dritten Band der Trilogie (erschienen in *The New York Times Book Review* am 22. Januar 1956) lobte der mit dem Pulitzer-Preis geehrte Dichter W. H. Auden den Professor für seinen Umgang mit dem epischen Material und stellte fest, daß »sein Erfolg vollkommener ist als der jedes vorhergehenden Autors in diesem Genre, indem er die traditionellen Merkmale der *Quest**, des heldenhaften Unterfangens, des allgemein begehrten Objekts verwendete« usw., während das Buch gleichzeitig »unseren Sinn für historische und soziale Realität befriedigt«. Er schließt mit der Auffassung, daß Tolkien, zumindest auf einer Ebene, »dort Erfolg hatte, wo Milton versagte«.

Der verstorbene Oxford-Professor und hervorragende Laientheologe C. S. Lewis (ebenfalls Autor mehrerer brillanter, wohldurchdachter Fantasy-Romane und enger Freund Tolkiens, dem es vergönnt war, einen Großteil der Rohfassung des *Herrn der Ringe* laut vorgelesen zu bekommen) lobte die Trilogie und bemerkte, »selbst wenn Ariost hinsichtlich des Erfindungsgeistes mithalten könnte (was ihm nicht gelingt), so würde es ihm dennoch an der heroischen Ernsthaftigkeit mangeln«. Naomi Mitchinson bezog sich ebenfalls auf dieses Element und war der Auffassung, das Werk müsse ebenso ernst genommen werden wie das von Malory. Richard Hughes vertrat die Meinung, daß seit Spensers *Gesängen der Feenkönigin* niemand mehr ein solches Niveau erreicht hätte.

---

* *Quest* (dt. *Queste*): edle Aufgabe, gefährliche Fahrt, abenteuerliche Suche, stets zu einem höheren Zweck (A. d. Ü.)

Für ein modernes Romanwerk, das ernsthaft mit Ariost, Malory und Spenser verglichen wurde, erwies sich *Der Herr der Ringe* als erstaunlich populärer, kommerzieller Erfolg. Die gebundene Ausgabe verkaufte sich in Amerika über neun Jahre hinweg langsam, aber stetig. Doch erst als die Trilogie als Taschenbuchausgabe erschien (erstmals aufgelegt von Ace Books im Juni 1965, vier Monate später folgte die vom Autor redigierte Fassung bei Ballantine), machte Tolkien Verlagsgeschichte. Es ist ohne Zweifel außergewöhnlich, daß in nur zehn Monaten 250 000 Exemplare der 1300 Seiten starken Trilogie über den Ladentisch gingen. Ich habe selbst 18 annehmbare Fantasy- und Science-Fiction-Romane veröffentlicht und kann Ihnen daher versichern, daß es eine absolut erstaunliche Leistung ist, über 250 000 Exemplare eines Taschenbuchs zu verkaufen.

Um was für ein Werk handelt es sich bei diesem unglaublich langen und ungewöhnlichen Buch nun eigentlich genau? Wie schon bei der kritischen Bewertung scheiden sich auch hier die Geister erheblich. Ist es, wie Edmund Wilson behauptet, nur ein überdimensionales Kinderbuch? Eine Art Märchen für Erwachsene, vergleichbar mit den ausgezeichneten Kurzgeschichten, die Lord Dunsany in seinem *Book of Wonders* und dessen Folgebänden niederschrieb? Aber wer hat je zuvor von einem 1300 Seiten langen Märchen gehört? Oder ist es eine schwerfällige und altmodische Allegorie im Stil von Dean, Swift und Spenser – eine Allegorie über den Kampf zwischen Licht und Dunkelheit, zwischen Gut und Böse oder gar über den ideologischen Konflikt zwischen Ost und West?

Wenn es sich lediglich um einen Fantasy-Roman, ein unterhaltsames Prosawerk handelt, warum hat der Autor dann so ausführliche kritische Anmerkungen mitgeliefert in Form eines 134 Seiten starken Anhangs mit Karten, Königsannalen, Stammbäumen, Kalendern, Alphabeten und linguistischen Notizen sowie einem historischen Überblick der imaginären Zweiten und Dritten Zeitalter Mittelerdes, die 6462 Jahre überspannen?

Handelt es sich um ein ernstzunehmendes literarisches Werk, das Produkt einer Art genialen Vorstellungskraft, die nur noch selten anzutreffen ist, seit Sir Thomas Malory seinen *Morte d'Arthur* (dt.: Die Geschichten von König Artus und den Rittern seiner Tafelrunde) verfaßt hat? Oder nur um eine langweilige und unhandliche literarische Kuriosität, das Steckenpferd eines exzentrischen Universitätsprofessors?

Das vorliegende Buch hofft, auf diese Fragen Antwort geben zu können.

Anmerkungen

Das Zitat zu Beginn des Kapitels stammt aus Marcel Proust: *In Swanns Welt. (Auf der Suche nach der verlorenen Zeit,* Erster Teil.) Übers. v. Eva Rechel-Mertens. Suhrkamp, Frankfurt a. M. 1981, S. 38f.

[1] Der Titel lautet *Poems and Songs of Middle Earth.*

Kapitel 1
PROFESSOR TOLKIENS ZEIT, LEBEN UND SCHAFFEN

Ich habe viele Länder durchwandert
auf der Suche nach den verlorenen Stätten,
aus denen ich seit meiner Geburt
in diese Welt verbannt bin,
und nach der Gesellschaft von Geschöpfen,
die mir gleichen.
BERNARD SHAW

Der Mensch ist nichts, das Werk ist alles.
GUSTAVE FLAUBERT

Der volle Name des Autors vom *Herrn der Ringe* lautet J. R. R. Tolkien. Die Anfangsbuchstaben stehen für John Ronald Reuel, wobei letzterer Name zum Nachnamen gehört. Der Name Tolkien ist deutschen Ursprungs. (Die Vorfahren des Professors waren Deutsche. Dies erklärt vielleicht zum Teil sein lebenslanges Interesse an »nordischen Dingen«, wie W. H. Auden es nannte.) Der Name wird unterschiedlich ausgesprochen, mal »Tol-KIEHN« und mal »TOLL-kinn«.

Obwohl beide Elternteile aus Birmingham im nordwestlichen Warwickshire Englands stammen, wurde Tolkien am 3. Januar 1892 in Bloemfontein geboren, einer Stadt im Zentrum der damaligen Union Südafrika. Er war noch sehr jung, als sein Vater Arthur Reuel Tolkien starb. Seine Mutter zog daraufhin mit den zwei Söhnen wieder in ihre Heimatstadt zurück, und so wuchs Tolkien in Birmingham auf. Mit mehr als einer Million Einwohnern zählt sie zu den größten Städten Englands. Tolkien besuchte dort die King-Edward-VI-Schule. Birmingham ist ein Weltzentrum der Produktionsanlagen und Schwerindustrie. Auf riesigen Arealen wird dort Stahl produziert, und aus Fabriken quellen dicke, rußige Rauchwolken, die sich über die verschmutzten Straßenzüge senken, die von Reihen trostloser Backsteinhäuser gesäumt werden. Ich habe mich manchmal gefragt, ob diese öde, düstere Stadt seiner Kindheit nicht ihren Teil zu Tolkiens Vision von Mordor beitrug, jenem bösen Land der Dunkelheit und der Furcht im *Herrn der Ringe* mit seinen schroffen Schlackenwüsten und verödeten, unfruchtbaren Ebenen. Sicher hingegen ist, daß die grünen Felder und Hügel, die die Landschaft um Birmingham am Ende des 19. und zu Beginn des 20. Jahrhunderts prägten, den Rahmen für seine Vorstellung vom Auenland bildeten, jenem beschaulichen und angenehmen Flecken Erde, an dem die Hobbits lebten. Wir wissen von Tolkien selbst, daß eine entsprechende Verbindung bestand. In einem Interview, das am 2. März 1966 per Telefon zwischen Henry Resnik (einem Autor, der für die *Saturday Evening Post* einen

Artikel über Tolkien vorbereitete) und dem Professor stattfand,
wurde dieser gefragt, wie er zu »seinem nordischen.Tick« kam.
Er antwortete:

> Nun ja, meine Eltern stammten beide aus England, genau-
> er, aus Birmingham. Ich wurde eher durch Zufall dort [in
> Bloemfontein] geboren. Dennoch hatte es Auswirkungen.
> In meinen frühesten Erinnerungen sehe ich Afrika, aber es
> ist mir trotzdem immer fremd geblieben. Als ich zurück
> nach Hause kam, da empfand ich angesichts der englischen
> Landschaft Heimatgefühle, und diese Empfindungen waren
> wie ein persönliches Wunder. Als ich dreieinhalb oder vier
> war, zogen wir aufs Land – und ich fand es wundervoll.
> Wenn Sie wirklich wissen wollen, worauf Mittelerde ba-
> siert, so ist es mein Staunen und mein Entzücken über die
> Erde als solche, besonders in ihrem natürlichen Zustand.[1]

In seinem Artikel, den Mr. Resnik nach diesem Interview schrieb
*(The Hobbit-Forming World of J. R. R. Tolkien, Saturday Evening
Post,* 2. Juli 1966), faßte er obiges Zitat sehr stark zusammen und
beendete den Absatz mit: »Er gibt unumwunden zu, daß das Auenland seiner Trilogie seine Wurzeln in der englischen Landschaft hat.« Tolkien habe das ländliche England, »dem sein Leben lang ein Hauptinteresse galt«, gemäß seinen eigenen
literarischen Absichten umgestaltet.

Birmingham war die Heimat von Watt und Darwin. Somit war
es nicht nur einer der Geburtsorte der industriellen Revolution,
sondern auch ein Zentrum naturwissenschaftlicher Forschung.
Der berühmte Physiker Sir Oliver Lodge unterrichtete in der
Stadt. Sir William Herschel, der berühmte Astronom, der den
Planeten Uranus entdeckte, lebte ebenfalls ein paar Jahre in Birmingham.

Abgesehen von Naturwissenschaft und Industrie nimmt
Birmingham durchaus auch einen Platz in der Geschichte der

schönen Künste ein. Es war die Heimatstadt des bekannten präraffaelitischen Künstlers Sir Edward Burne-Jones, der ein prachtvolles Bleiglasfenster für die Kathedrale schuf.

Tolkien war zwölf Jahre alt, als seine Mutter 1904 starb. Von da an wurden er und sein Bruder von einem römisch-katholischen Priester aufgezogen. Tolkien ging nach Abschluß der King-Edward-Schule auf das Exeter College in Oxford. Doch bevor er es beenden konnte, brach der Erste Weltkrieg aus. Mit 23 trat Tolkien den Lancashire Fusiliers bei.

1916, im darauffolgenden Jahr, heiratete er Miss Edith Bratt, die spätere Mutter seiner drei Söhne und seiner einzigen Tochter.

Tolkien diente von 1915 bis 1918 bei den Füsilieren. Nach der Niederlage Deutschlands und der Unterzeichnung des Waffenstillstandsabkommens kehrte er nach England und an sein College zurück. Seinen Magister (Oxon)[2] machte er 1919.

Als junger Mann entwickelte Tolkien ein ausgeprägtes Interesse für Sprachen und verbrachte seine Freizeit oft damit, neue zu erfinden.

Nach seinem Universitätsabschluß arbeitete er zwei Jahre lang als Assistent am berühmten *Oxford English Dictionary* mit, bevor er seine Karriere als Hochschullehrer begann. 1920 war er Dozent für englische Sprachwissenschaft an der Universität Leeds. Zwei Jahre später erschien sein erstes großes wissenschaftliches Werk: *A Middle-English Vocabulary*. In den Jahren 1924 und 1925 war Tolkien Professor für Anglistik in Leeds. In dieser Zeit veröffentlichte er zusammen mit E. V. Gordon seine wissenschaftliche Untersuchung über *Sir Gawain and the Green Knight*, das berühmte Gedicht eines unbekannten Zeitgenossen Chaucers aus dem 14. Jahrhundert.

1925 verließ Tolkien Leeds und wechselte an das Pembroke College in Oxford. Die folgenden 20 Jahre hatte er dort den »Rawlinson and Bosworth«-Lehrstuhl für Altenglisch inne. Während dieser Zeit war er eifrig damit beschäftigt, den Ländern und Landschaften Gestalt zu verleihen, in denen die von ihm erdachten Sprachen lebendig werden konnten. Es dauerte nicht lange, und er begann die ersten Geschichten zu schreiben.

1926 wurde Tolkien ein Fellow des Pembroke College. Viele Jahre später sollte er noch Emerson Fellow des Merton College werden sowie Honorary Fellow des Exeter College, das auch seine Alma Mater war.

Seine Jahre am Pembroke College waren eine fruchtbare Zeit. Neben seiner Lehrtätigkeit – er unterrichtete Altenglisch –, veröffentlichte er *Chaucer as a Philologist* (1934) und zwei Jahre später *Beowulf: the Monster and the Critics*[3], zwei sehr einflußreiche Artikel. Zu dieser Zeit war er bereits ein hochangesehener Philologe der Anglistik. Die Philologie ist ein Zweig der Linguistik und befaßt sich laut Lexikon mit der Untersuchung schriftlicher Quellen, der Gewährleistung ihrer Authentizität und der Wiederherstellung ihrer ursprünglichen Form sowie der Einschätzung ihrer literarischen Bedeutung. Hält man sich die Faszination vor Augen, die Sprachen auf Tolkien ausübten, so war die Philologie sein natürliches Betätigungsfeld.

Seinen *Beowulf*-Studien folgte ein völlig anderes Projekt. Tolkien war 45, als er 1937 ein Büchlein für Kinder veröffentlichte, das den Titel *Der Hobbit* trug. Dieses Buch hat seine ganz eigene Entstehungsgeschichte.

Ein paar Jahre lang – wahrscheinlich seit 1935 – unterhielt Tolkien seine Kinder mit Geschichten über die Phantasiewelt, die er geschaffen hatte. Diese Welt von Mittelerde, wie er sie nannte (eine Bezeichnung, die er aus der nordischen Mythologie entliehen hatte), ihre Sprachen und Landschaften, ihre Helden und deren Geschichten nahmen seine Aufmerksamkeit immer mehr in Anspruch. Auf Drängen einiger seiner Oxford-Kollegen hin begann er ein Kinderbuch zu schreiben, das sich auf der Grundlage dieser Geschichten entwickelte.

Damit trat Tolkien in die Fußstapfen eines anderen verehrten Oxford-Professors, eines Mathematikdozenten am Christchurch College in Oxford, der starb, als Tolkien sechs Jahre alt war. Dieser Professor, ein linkischer, scheuer, stotternder Mensch mit dem sperrigen Namen Dodgson, eroberte sich einen Platz in der Literaturgeschichte, als er für die drei Kinder eines Freundes eine Geschichte ersann, während sie an einem heißen Nachmittag den Fluß nach Goldstow hinaufruderten. Es war genau am 4. Juli 1862, dem mit Sicherheit zweitwichtigsten vierten Juli in der menschlichen Geschichtsschreibung, denn dieses frei improvisierte Märchen, das später niedergeschrieben, erweitert und einem der Kinder zum Geschenk gemacht wurde, kennen heute Millionen Kinder in aller Welt unter dem Titel *Alice im Wunderland*.

Die unsterbliche *Alice* ist dabei mitnichten der einzige berühmte Kinderbuchklassiker, der dadurch entstand, daß er Kindern erzählt wurde. Im Jahr 1901, als Tolkien neun Jahre alt war, nahm ein gewisser schottischer Dramatiker namens Barrie während der Weihnachtsfeiertage seine Nachbarskinder, die Davies-Jungen, in eine mittelmäßige Kindervorstellung mit. Als er im Theater saß, wurde ihm klar, daß er aus den Märchen, die er zur Unterhaltung seiner kleinen Freunde erfunden hatte, ein mindestens ebenso gutes Stück erschaffen konnte. So entstand *Peter Pan*.

Ähnliches geschah an einem Maiabend des Jahres 1904, als Tolkien zwölf war. Ein respektabler höherer Angestellter der Bank of England erfand schon seit einiger Zeit Gutenachtgeschichten für seinen kleinen Sohn Alastair (der den Spitznamen »Maus« trug). An diesem Abend stellte er plötzlich fest, daß er eine gewisse unerschrockene Kröte zu einem Teil dieser Geschichten gemacht hatte. Auch als Maus in späteren Jahren seine Ferien nicht mehr zu Hause verbrachte, mußten die Geschichten in Form von langen, illustrierten Briefen weitererzählt werden. So wurden die ersten Worte auf Papier gebannt, die später einmal als *Der Wind in den Weiden* bekannt werden sollten.

Ein wenig früher und jenseits des Atlantiks entzückte ein 44-jähriger Mann aus Syracuse, New York, seine vier kleinen Söhne in Chicago mit selbsterdachten magischen Abenteuergeschichten. Als Geschäftsmann war Mr. Baum nicht sehr erfolgreich. Er hatte sich in einer erstaunlichen Vielfalt von Unternehmungen versucht, die vom Verfassen irischer Musikkomödien über die Leitung eines Gemischtwarenladens bis zur Herausgabe einer Zeitung reichten. Erstaunlicherweise schrieb er auch neun Bücher, darunter eines über die hohe Kunst der Schaufenstergestaltung sowie eine kurze Abhandlung (71 Seiten) über Hühnerzucht und -haltung – sein Erstlingswerk.

Sein zehntes Buch befaßte sich mit etwas völlig anderem. Es hieß *Der Zauberer von Oz (The Wizard of Oz).*

Bei der Veröffentlichung jenes Buches, das nach und nach als *Der Hobbit* Gestalt angenommen hatte, zählte Tolkien 45 Jahre. C. S. Lewis, der in jenen Tagen ebenfalls in Oxford lehrte, überredete den Autor, das Buch einem Verlag anzubieten. Das Londoner Stammhaus von GEORGE ALLEN AND UNWIN, LTD., nahm das Buch an. Es sollte kein Flop werden.

The New Statesman & Nation schrieb dazu: »Seine absolut originelle Abenteuergeschichte, die sich zwischen Trollen, Elben und Drachen abspielt [...] vermittelt [...] den Eindruck eines gutunterrichteten Blicks in das Leben einer umfassenden Anderswelt[4]. Einer Welt, die völlig real wirkt mit ihrer ganz eigenen sachlichen, übernatürlichen und dennoch wahren Geschichtsschreibung.« In dem Artikel wird weiterhin angemerkt, es sei ein Triumph dieses Buches, daß die Wortschöpfung »Hobbit« ebenso echt klinge wie die altehrwürdigen Bezeichnungen Troll, Kobold oder Elf.

Die *Times of London* nannte das Werk »eine faszinierende Reise in die frühenglische Szenerie« und bezeichnete es als »ein stimmiges, entzückendes Buch«. Der *Observer* gab sich noch etwas enthusiastischer: »Professor Tolkiens hervorragend geschriebene Saga über Zwerge und Elben, angsteinflößende Kobolde und Trolle, angesiedelt in einem weiten und weitentfernten, längst vergangenen Land [...] ist eine abendfüllende Erzählung über traditionelle magische Wesen [...] ein aufregendes Epos über Reisen, magische Abenteuer [...] das mit einem umwerfenden Schlußakkord endet.«

Der heimatliche Erfolg vom *Hobbit* fand sein Echo auch in Übersee. Die HOUGHTON MIFFLIN COMPANY OF BOSTON veröffentlichte die amerikanische Ausgabe, die prompt den *Herald Tribune*-Preis für das beste Kinderbuch des Jahres gewann. 30 Jahre und viele Auflagen später ist es immer noch auf dem Markt und auf dem besten Weg, zu einem der beliebtesten Kinderklassiker zu werden und im selben Regal wie *Mary Poppins, Doktor Dolittle und seine Tiere* und *Die Borger* zu stehen.

Das großartigste und beliebteste aller amerikanischen Märchen, *Der Zauberer von Oz*, wurde in den ersten 50 Jahren seines Daseins von Kritikern, Historikern und Gutachtern für Kinderbücher nicht nur hartnäckig und umfassend ignoriert, sondern auch niemals erwähnt. Bibliothekare und Lehrer äußerten sich nur abfällig darüber (niemand liebte *Oz* bis auf die mehrere Millionen zählende Kinderschar, die es in ihr Herz schloß). Anders war es bei Tolkiens *Hobbit*. Er fand sich regelmäßig auf der Empfehlungsliste wieder, in der er als einer der bedeutendsten und empfehlenswertesten Kinderklassiker bezeichnet wurde. Und er war ein unglaublicher Verlagserfolg. Allein von der BALLANTINE-Taschenbuchausgabe des *Hobbit* gingen bis zum Oktober 1967 mehr als eine Million Exemplare über den Ladentisch.

Nach dem *Hobbit* verfaßte Tolkien 1938 den literaturwissenschaftlichen Artikel *On Fairy Stories (Über Märchen)*, der zuerst als Vorlesung an der Universität von St. Andrews im Rahmen der Andrew Lang Lectures vorgetragen wurde (1965 wurde er in *Leaf and Tree [Baum und Blatt]*[5] wieder aufgelegt). Andere wissenschaftliche Artikel folgten. 1945 verließ Tolkien Pembroke, um die Stelle als Merton Professor of the English Language and Literature in Oxford anzutreten. Diese Position behielt er bis zu seiner Pensionierung im Jahre 1959. In den Jahren zwischen 1937, dem Erscheinungsjahr von *Der Hobbit*, und 1954 veröffentlichte der Professor nur zwei nichtwissenschaftliche Werke. Dabei handelte es sich um eine kurze Geschichte mit dem Titel *Blatt von Tüftler*[6] (erschienen 1947 in *Dublin Review*) und die ebenfalls kurze, aber absolut entzückende Märchennovelle *Die Geschichte vom Bauern Giles und dem Drachen*[7], die 1949 in Großbritannien und im folgenden Jahr bei Houghton and Mifflin in Amerika erschien. Alle diese Werke wurden regelmäßig bei BALLANTINE BOOKS in *The Tolkien Reader* wiederaufgelegt.[8]

Mit dem *Hobbit* hatte sich des Professors Interesse an Mittelerde aber noch keinesfalls erschöpft – im Gegenteil. »Bald nachdem *Der Hobbit* geschrieben und noch bevor er 1937 erschienen war« (ich zitiere aus dem Vorwort des Professors in der BALLANTINE-Ausgabe von *DHDR*)[9], arbeitete er bereits an einer weiteren Geschichte über seine Phantasiewelt. Diesmal allerdings handelte es sich um eine ernstere Erzählung für Erwachsene, bei der er einen viel größeren und farbenprächtigeren Teppich webte. Die Fertigstellung dieses neuen Buches sollte den Großteil der folgenden 13 Lebensjahre für sich beanspruchen.

Er schrieb den *Herrn der Ringe*.

Anmerkungen

Die Zitate zu Beginn des Kapitels stammen aus Bernard Shaw: *Klassische Stücke*. Übers. v. Siegfried Trebitsch. Suhrkamp, Frankfurt a. M. 1962, und von Gustave Flaubert.

[1] aus einer wörtlichen Niederschrift des Resnik-Tolkien-Interviews, erschienen im privaten Magazin *Niekas*, Nr. 18, datiert »late spring, 1967«; *Niekas Publications* 1967

[2] Folgt dem Titel die eingeklammerte Bezeichnung *Oxon*, so wurde der Abschluß an einem der 21 Colleges von Oxford gemacht. Präziser ausgedrückt, steht sie für das lateinische *Oxoniensis*, was »in Oxford« bedeutet. Neben seinem Magistertitel wurden Tolkien auch mehrere Ehrentitel verliehen, einschließlich jener des Hon. D. Lit.

von der Universität Dublin. Da er keinen PhD-Titel trägt, ist die korrekte Bezeichnung »Professor« und nicht »Doktor« Tolkien, wie er oft irrtümlich genannt wird. Tolkien darf außerdem die Abkürzung F.R.S.L. verwenden, die ihn als Fellow of the Royal Society of Literature ausweist.

[3] Zu finden in: *Beowulf. Mit einem Essay von J. R. R. Tolkien.* Klett-Cotta, Stuttgart 2001. und in: J. R. R. Tolkien: *Die Ungeheuer und ihre Kritiker. Gesammelte Aufsätze.* Klett-Cotta, Stuttgart 1986. (Anm. d. Ü.)

[4] Anderswelt: feststehender Begriff der englisch/irisch/amerikanischen Märchen- und Sagenwelt (Anm. d. Ü.)

[5] J. R. R. Tolkien: »Über Märchen«, übers. v. Wolfgang Krege, in: *Baum und Blatt.* Ullstein, Frankfurt a. M., Berlin, Wien 1982

[6] J. R. R. Tolkien: »Blatt von Tüftler«, übers. v. Margaret Carroux, in: *Baum und Blatt.* Ullstein, Frankfurt a. M.,Berlin, Wien, 1982

[7] J. R. R. Tolkien: *Die Geschichte vom Bauern Giles und dem Drachen.* Übers. v. Angela Uthe-Spencker. dtv, München 1970

[8] Hierzulande von der Hobbit-Presse von Klett-Cotta (Anm. d. Ü.)

[9] J. R. R. Tolkien: *Der Herr der Ringe.* Übers. v. Wolfgang Krege. Klett-Cotta, Stuttgart 2000, S. 10

Kapitel 2
DIE ENTSTEHUNGSGESCHICHTE DES
HERRN DER RINGE

Der Begriff Faerie umfaßt viel mehr als Elben und Feen,
auch mehr als Zwerge, Hexen, Trolle, Riesen oder Drachen;
er umschließt auch die Meere, Sonne und Mond,
den Himmel und die Erde mit allem, was sie trägt:
Baum und Vogel, Fels und Wasser, Brot und Wein
und uns selbst, die sterblichen Menschen.
J. R. R. TOLKIEN, *Über Märchen*

Der Freundeskreis unter Tolkiens Oxford-Kollegen konzentrierte sich um C. S. Lewis. Ihm gehörten W. H. Lewis an (sein Bruder), der Autor Charles Williams – dessen Romane über okkulte und mystische Themen den amerikanischen Lesern (leider) besser bekannt sind als seine zwei faszinierenden Bände über die Artus-Dichtung – sowie eine Reihe weiterer Seelenverwandter, darunter auch John Wain, Roy Campbell und David Cecil. Sie bildeten eine lose Gruppe, die sich selbst »Inklings« (»Tintenkleckser«) nannte und sich jeden Donnerstagabend bei C. S. Lewis versammelte.

Diese glückliche Gruppe sollte als erstes vom *Herrn der Ringe* hören (oder Tolkiens neuem *Hobbit,* wie sie es nannten). Tatsächlich hörten sie nicht nur etwas *darüber*, sondern waren anwesend, als der Autor selbst ihnen Seite für Seite daraus vorlas. Die Tintenkleckser hatten die schöne Gewohnheit, sich gegenseitig aus ihren neuen, in der Entstehung begriffenen Werken vorzulesen. Allerdings erst, nachdem die allgemeine Unterhaltung versiegt war. Diese bewegte sich in einem willkürlichen Dschungel üblicher wie auch unüblicher Themen: »vom Bier zu *Beowulf*, von da zu Folter, Tertullius, Langweilern, der Theorie eines mittelalterlichen Vertragskönigtums bis zu merkwürdigen Ortsbezeichnungen«, sagte W. H. Lewis darüber in der Einführung seiner Ausgabe der *Letters of C. S. Lewis*, die Harcourt Brace, 1966 herausbrachte.)

Professor Tolkien begann den Roman mit 44 Jahren zu schreiben, allerdings steht in seinem Vorwort der Ballantine-Trilogie[1]: »In den Jahren 1936 bis 1949 kam ich nur dann und wann dazu, mich mit dem *Herrn der Ringe* zu beschäftigen.« In Anbetracht des weltweiten Ruhmes, der dem *Herrn der Ringe* schließlich zuteil wurde, ist es recht unterhaltsam, die eher beiläufigen Bemerkungen in C. S. Lewis' Briefen »zu hören«, die er in jener 13jährigen Entstehungsphase machte. Seien Sie Zeuge dieser für ihn typischen Ausführungen. Die folgende stammt aus einer Notiz von Lewis an seinen Bruder und trägt das Datum 11. November 1939:

Am Donnerstag hatten wir ein Treffen der Tintenkleckser –
leider waren weder du noch Coghill anwesend. Wir aßen in
Eastgate zu Abend. Niemals zuvor in meinem Leben habe
ich Dyson so überschwenglich erlebt: »ein rauschender
Wasserfall des Unsinns«. Zum Nachtisch bot die Speisekar-
te einen Abschnitt des neuen Hobbit von Tolkien, ein Krip-
penspiel von Ch. Williams (ungewöhnlich verständlich für
ihn, daher billigten es alle Anwesenden) sowie ein Kapitel
meines Buches über das Problem des Schmerzes.

Hier ist noch eine Passage aus einem anderen Brief an W. H.
Lewis, datiert vom 3. Dezember desselben Jahres:

Diesmal traf sich die gewöhnliche Donnerstagsrunde nicht
[…] also ging ich zu den Tolkiens. Wir verbrachten einen
sehr angenehmen Abend, tranken Gin mit Limettensaft
und lasen uns gegenseitig die neuesten Kapitel vor – seine
stammten aus dem neuen Hobbit.

Der Herr der Ringe ist ein ausgesprochen langer Roman: Selbst
bei einer sehr vorsichtigen Schätzung umfaßt die Trilogie mehr
als 500 000 Wörter – das ist *eine halbe Million*. Es ist daher nicht
verwunderlich, daß Tolkien 13 Jahre benötigte, um sein Werk zu
vollenden.

In dieser ganzen Zeit bekamen die Tintenkleckser das Buch
laut vorgelesen: Mir ist nicht bekannt, ob Tolkien selber ihnen
die gesamte Trilogie vorlas, aber es ist durchaus möglich. C. S.
Lewis bezieht sich 1939 in seinen *Letters* als erster darauf. W. H.
Lewis erinnert sich in seiner einführenden Widmung in *Letters*
daran, daß Tolkien »auf den meisten Treffen« des Jahres 1946 ein
Kapitel aus dem *Herrn der Ringe* vorlas. Daraus ergibt sich, daß
die Tintenkleckser der Geschichte mindestens acht Jahre lang
lauschten.

Es kann kein Zweifel daran bestehen, daß sie über das Buch

diskutierten und auch inhaltlich darauf eingingen. Dennoch hatten sie offensichtlich keinerlei merklichen Einfluß auf die Ausgestaltung. Jeder, der sich mit diesem Thema befaßt, hält hartnäckig an dieser Einschätzung fest. Vier Jahre nach Erscheinen des letzten Bandes der Trilogie bezog sich C. S. Lewis einmal auf diesen Punkt. In einem Brief vom 15. Mai 1959 antwortete er auf eine Anfrage von Charles Moorman über den Einfluß, den die Tintenkleckser aufeinander ausübten:

> Charles Williams beeinflußte mich mit Sicherheit, und vielleicht beeinflußte ich ihn auch. Aber abgesehen davon werden Sie absolut nichts finden. Niemand hatte jemals Einfluß auf Tolkien – genausogut könnte man versuchen, auf einen Banderschnatz[2] einzuwirken. Wir hörten ihm zu, aber unser Einfluß beschränkte sich auf unsere Ermutigung. Er reagiert nur auf zweierlei Weise auf Kritik: Entweder beginnt er noch einmal komplett von vorne, oder er nimmt keinerlei Notiz.

Professor Tolkien allerdings, so scheint es, übte einen gewissen Einfluß auf den Autor von *Perelandra, Jenseits des schweigenden Sterns* und *Die böse Macht* aus. In einem weiteren Brief an Mr. Moorman (der diesmal Fragen bezüglich der weniger bekannten mythischen Elemente in *Die böse Macht* stellte) schrieb Lewis am 2. Oktober 1952:

> Numinor ist die verfälschte Schreibweise von Numenor, das genau wie »die Unsterblichen Lande des Westens«[3] ein Fragment der riesigen privaten Mythologie darstellt, die Professor J. R. R. Tolkien erdachte. Zu jener Zeit hofften wir alle, daß ein Großteil dieser Mythologie schon sehr bald bekannt werden würde durch den Roman, den der Professor damals schrieb. Seither ist diese Hoffnung allerdings geschwunden.

Da diese Zeilen zwei Jahre vor Erscheinen des ersten Bandes der Ring-Trilogie verfaßt wurden, läßt sich durchaus der Schluß ziehen, daß Tolkien gegen Ende seine Arbeit für eine Weile ruhen ließ.

Als Henry Resnik Tolkien interviewte und ihm von der Ansicht berichtete, daß Charles Williams und George Macdonald[4] »großen Einfluß« auf den *Herrn der Ringe* ausgeübt hätten, da antwortete der Professor folgendes:

> Nun ja, das ist eine völlig irrige Annahme. Williams hatte keinerlei Einfluß auf mich. Ich habe ihn nicht einmal besonders gut gekannt. Ich sage Ihnen nur eines zu diesem Punkt, etwas, an das ich mich erinnere und das Lewis einst zu mir sagte – Lewis ließ sich sehr stark beeinflussen, wie Sie vielleicht wissen. Er sagte: »Du verflixter Kerl. Niemand hat auch nur den geringsten Einfluß auf dich. Ich habe es versucht, aber es ist absolut sinnlos.«

Was Macdonald angeht, gab Tolkien im selben Interview zu: »Ich mußte feststellen, daß ich George Macdonalds Bücher um keinen Preis der Welt ausstehen kann.«

Der einzige Einfluß, den Tolkien bislang eingesteht (einmal abgesehen von der nordischen Mythologie, die detailliert in einem der folgenden Kapitel untersucht wird), ist H. Rider Haggards *Sie.*

Der erste Band der Trilogie trägt den Titel *Die Gefährten.* GEORGE ALLEN AND UNWIN brachten die englische Erstauflage 1954 heraus. Tolkien war zu diesem Zeitpunkt 62 und nur noch wenige Jahre von der Pensionierung entfernt. Die Danksagung erwähnt die Tintenkleckser, »da sie dieser Geschichte bereits mit großer Geduld lauschten, sogar voller Interesse. Ich verdächtigte sie beinahe, daß sich unter ihren ehrwürdigen Ahnen Hobbits befunden haben müssen.«

Der zweite Band, *Die zwei Türme*, wurde im selben Jahr veröffentlicht. Der letzte Teil, *Die Rückkehr des Königs*, erschien 1955. Die Zeitungsrezensionen äußerten sich einhellig positiv. Der *Guardian* bezeichnete Tolkien als »geborenen Geschichtenerzähler«. Der *New Statesman & Nation* schrieb: »Es ist eine hervorragend erzählte Geschichte, sehr farbenprächtig, voller Dynamik und Größe.« In einer Rezension von C. S. Lewis äußerte sich *Time and Tide* besonders überschwenglich: »Hier finden sich Schönheiten, die den Leser gleich Schwertern durchbohren oder brennen wie kaltes Eisen[5]. Hier ist ein Buch, das Ihr Herz brechen wird ... und dabei alle Erwartungen übertrifft.«

Im Gefolge dieser enthusiastischen Rezensionen meine ich aber auch eine gewisse Verwirrung zu entdecken. Mr. Lewis verglich das Werk mit dem großen italienischen Romancier Ludovico Ariost, dem Autor von *Der rasende Roland*. Miss Mitchinson merkte dazu an: »Es ist klasse Science Fiction«, aber »man nimmt es genauso ernst wie Malory.« Andere Autoren verglichen das Buch mit Spenser, Milton, Dante oder den Gebrüdern Grimm. Dies hinterläßt bei mir den Eindruck, daß die Vorzüge und Verdienste dieser Trilogie immer mehr in den Hintergrund gedrängt wurden und allein die schiere Komplexität der Bücher die Leser verwirrte, da nicht eindeutig auszumachen war, in welches Genre dieses Werk eigentlich gehörte: Allegorie, Satire, gigantisches Märchen, Epos, Abenteuer- oder phantastischer Roman oder einfach nur »klasse Science Fiction«. Man war sich eigentlich nur in einem Punkt einig: daß seit Edmund Spensers *Gesängen der Feenkönigin* niemand den Versuch unternommen hatte, in diesem Umfang oder dieser Form zu schreiben. (Spenser, ein elisabethanischer Dichter und Zeitgenosse Shakespeares, veröffentlichte die ersten Teile seiner 35 000 Zeilen zählenden Erzählung 1590.)

Man könnte meinen, niemand außer Tolkien hätte in den vergangenen dreieinhalb Jahrhunderten den Versuch unternommen, Fantasy von derartig epischen Ausmaßen zu schreiben. In Kapitel dreizehn wird klar, daß dem nicht so ist.

Der Herr der Ringe war in Großbritannien zunächst kein durchschlagender Erfolg. 1956, ein Jahr nach Erscheinen des letzten Bandes in England, importierte Houghton Mifflin ungebundene Ausgaben nach Amerika. Obwohl die führenden literarischen Köpfe Rezensionen über die Trilogie schrieben, wurde ihr nicht übermäßig viel Aufmerksamkeit geschenkt. Erst neun Jahre später, als die Taschenbuchausgaben in Druck gingen, wurden jene Millionen Leser auf Tolkiens Werk aufmerksam, die es mit außerordentlicher Begeisterung aufnahmen.

Dies läßt sich zum Teil durch den Preisunterschied zwischen gebundener und Taschenbuchausgabe erklären. Es existierte natürlich eine treue Schar von Anhängern, die gebundene Ausgaben besaßen. Allerdings gibt es nur wenige Menschen, die mal eben eine erkleckliche Summe für eine abschreckend dicke, kleingedruckte Trilogie hinblättern. Ist allerdings dasselbe Buch für einen geringeren Betrag zu haben, steht es zudem in jedem Taschenbuchregal und existieren auch noch zwei konkurrierende Ausgaben, die sozusagen mit Pauken und Trompeten in der Presse abgehandelt werden, dann hat so ein Buch wesentlich bessere Chancen, an jene zu geraten, die es auch zu genießen wissen. Nun ja, jedenfalls verhielt es sich so beim *Herrn der Ringe.*

In Windeseile überflügelten die Verkaufszahlen der Taschenbuchtrilogie die jedes anderen Buches in den Universitätsläden der gesamten USA. Es gelang ihr sogar, Klassiker wie J. D. Salingers *Fänger im Roggen* und den *Herrn der Fliegen* von der Ivy-League-Bestsellerliste zu verdrängen. Endlich schien die Trilogie eine ungeahnte riesige Leserschaft gefunden zu haben, die ihr Leben lang nur auf dieses Werk gewartet hatte. Die Menschen lasen es nicht nur einmal, sie lasen es wieder und wieder. »Fünfmal ist kein ungewöhnlicher Rekord«, schrieb Henry Resnik. Danach berichtet er von einer Leserin, die nach dem dreißigsten Mal den Überblick verlor.

1959, sechs Jahre nach Erscheinen der amerikanischen Taschenbuchausgabe, ging Professor Tolkien in Pension, verließ

Oxford und ließ sich mit seiner Frau in einem ruhigen und ab-
geschiedenen Cottage in Headington nieder. Das Pensionsalter
in Oxford liegt bei 62 Jahren, und Tolkien hatte nun diesen
Punkt in seinem Leben erreicht. In Anerkennung seiner Leistungen blieb er allerdings ein Fellow seines Colleges. Sein rich-
tiger Titel lautet demnach Professor Emeritus.

Er schreibt immer noch, sowohl Bücher als auch die eine oder
andere wissenschaftliche Abhandlung oder Übersetzung. Seine
Karriere als Dozent aber, die circa 35 Jahre seines Lebens aus-
machte, war zu ihrem Ende gekommen.

Anmerkungen

Das Zitat zu Beginn des Kapitels stammt aus J. R. R. Tolkien: »Über
Märchen«, übers. v. Wolfgang Krege, in: *Baum und Blatt*, Ullstein,
Frankfurt a. M., Berlin, Wien 1982, S. 18.

[1] J. R. R. Tolkien: *Der Herr der Ringe*. Übers. v. Wolfgang Krege. Klett-
Cotta, Stuttgart 2000, Vorwort, S. 10

[2] Vgl. Lewis Carroll: *Die Jagd nach dem Schnatz. 7. Kampf. Das Los des
Bankiers*. Übers. v. Klaus Reichert. Insel, Frankfurt a. M. 1968, 3. Vers.
Auch Schnatterrind, Sabbelschnack, Banderschnätzchen genannt.
(Anm. d. Ü.)

[3] Vgl. David Day: *Tolkien. Eine illustrierte Enzyklopädie*. Otus Verlag,
St. Gallen 2001, S. 56 (Anm. d. Ü.)

[4] George Macdonald (1824–1905) war ein schottischer Geistlicher und
enger Freund von Lewis Carroll. Er schrieb einige der ersten (und besten) englischen Fantasy-Geschichten für Kinder. Die wichtigsten
sind *Hinter dem Nordwind* (1871) und *Die Prinzessin und der Kobold*. Allerdings kann man davon ausgehen, daß Mr. Resnik sich nicht
auf die Kinderbücher bezog, sondern auf Macdonalds brillante Fan-
tasy-Allegorien, die er für Erwachsene schrieb: *Lilith* und *Phantastes*. Ich bin überzeugt, daß Tolkien ehrlich war, als er eine mögliche

Beeinflussung durch Macdonald kategorisch von sich wies, denn ich selbst kann nicht die kleinste Spur von einem dieser beiden Bücher in der Trilogie wiederfinden. Allerdings hatten sie, genau wie David Lindsays bemerkenswerter Roman *Die Reise zum Arcturus* (1920) großen Anteil an der *Perelandra*-Trilogie von C. S. Lewis. Und da ich erneut C. S. Lewis ins Spiel brachte, lassen Sie mich noch hinzufügen, daß der dritte Band der *Perelandra*-Trilogie *Die böse Macht*, in dem Tolkiens Numenor und die »Unsterblichen Lande des Westens« erwähnt werden, 1946 veröffentlicht wurde. Professor Tolkien beendete sein Werk erst drei Jahre später. Dennoch war *Die böse Macht* nicht, wie vielleicht zu erwarten gewesen wäre, Tolkien gewidmet. Diese Ehre hob sich Lewis für sein meiner Meinung nach tiefgründigstes und vielleicht unvergänglichstes Buch auf: *Dämonen im Angriff (Dienstanweisung für einen Unterteufel)*. Es gibt keinen Beleg dafür, daß Tolkien jemals Lewis etwas widmete. Allerdings war *DHDR* ursprünglich auch den Tintenkleksern gewidmet, deren Mittelpunkt wahrscheinlich C. S. Lewis war.

[5] Feststehender Begriff. In der Feenwelt »brennt« kaltes Eisen – dort gibt es nur Kupfer und Flint, denn Eisen ist tödliches Gift. (Anm. d. Ü.)

Kapitel 3
TOLKIEN HEUTE

Vom Altertum und vom Heute, von Büchern, Waffentaten,
Männern von hohen Gaben,
Vom Altertum und vom Heute – kurzum, dem üblichen
Gesprächsstoff unter denkenden Leuten.
EZRA POUND, *Canto XI*

Seit Fertigstellung des *Herrn der Ringe* lebte Professor Tolkien zurückgezogen in der Nähe von Oxford in einem kleinen, bescheidenen Haus, das sich in eine Zeile ähnlicher Vororthäuser einreihte. Wegen der Aufregungen, die teilweise durch den Siegeszug des *Herrn der Ringe* ausgelöst wurden, ist der Professor kürzlich in ein Heim umgezogen, das ihm etwas mehr Privatsphäre gewährt. Seine Kinder sind erwachsen und gehen ihrem eigenen Leben und ihren Karrieren nach; sein Sohn Christopher Tolkien ist in die Fußstapfen des Professors getreten und mittlerweile Dozent für Altenglisch am New College in Oxford[1].

Das etwas kuriose Haus nahe Oxford, in das sich Tolkien zurückzog, war klein und bis in den letzten Winkel vollgestopft. Überall stapelten sich Bücher. Der Professor schrieb in der Garage, die er in ein primitives, aber brauchbares Arbeitszimmer verwandelt hatte.

Mein Freund, der amerikanische Fantasy- und Science-Fiction-Autor L. Sprague de Camp, besuchte die Tolkiens kürzlich. Er berichtete mir, daß der Professor, mittlerweile 76, immer noch gesund und munter sei, aufmerksam und scharfsinnig wie eh und je. Er ist etwas größer als der Durchschnitt, allerdings grobknochig und leicht gebeugt. Er hat graues, schütter werdendes Haar und kühle, gedankenvolle, abwägende graue Augen. Seine Stimme ist ein angenehmer Bariton, manchmal raucht er Pfeife, und laut de Camp ist er »einer jener Menschen, die so gut wie alles gelesen haben und sich über so gut wie alles intelligent zu unterhalten vermögen«.

Obwohl mit den Welten seiner eigenen Vorstellungskraft beschäftigt, kehrte Tolkien sich keineswegs von dieser Welt ab. Er interessierte sich immer sehr für das, was um ihn herum vorging – nicht nur für britische oder universitäre Angelegenheiten, sondern für die ganze Welt. Er las jeden Tag Zeitung – er hatte gleich drei Zeitungsabonnements. Er ist ein Experte auf seinem Spezialgebiet und veröffentlicht noch immer den einen oder anderen Artikel dazu. Seit kurzem arbeitet er an einer neuen Übersetzung von *Sir Gawain und der grüne Ritter* sowie einem weiteren Gedicht, *The Perl*.

Seit dem *Herrn der Ringe* hat Tolkien allerdings sehr wenig veröffentlicht. 1962 gab es eine kleine Sammlung von Gedichten, die zum Teil aus dem *Herrn der Ringe* stammten, zum Teil aber auch neu verfaßt waren. Sie trug den Titel *Die Abenteuer des Tom Bombadil*. *Baum und Blatt*, ein Märchen, *Blatt von Tüftler* und der Artikel *Über Märchen* erschienen 1965. Für die Early English Text Society lektorierte Tolkien eine Ausgabe des *Ancrene Wisse*. Bei diesem Werk – der Titel bedeutet in etwa »Weisungen für die Klausnerin« – handelt es sich um ein Buch für die Vorsteherinnen mittelalterlicher religiöser Gemeinschaften, das sie in spiritueller Disziplin anleiten soll. Dieses Thema gehört zu Tolkiens Spezialgebiet, da es um die literarische und linguistische Tradition der englischen West Midlands geht.

Des weiteren ist ein Büchlein mit dem Titel *Der Schmied von Großholzingen* erschienen sowie ein schöner Band mit dem Namen *The Road Goes Ever On*, ein Liederzyklus mit Texten von Professor Tolkien und Musik von Donald Swann. Außerdem fügte Tolkien der BALLANTINE-Ausgabe vom *Herrn der Ringe* weiteres Material und ein Vorwort hinzu.

Darüber hinaus verbrachte er die meiste Zeit damit, an der lange erwarteten Fortsetzung des *Herrn der Ringe* herumzuwerkeln, der er sich bereits seit zehn Jahren widmete: dem *Silmarillion*.

Dieser Nachfolger – oder eher Vorläufer, auch *Prequel* genannt, wenn ich mich dieses nützlichen Neologismus bedienen darf, der von der Science-Fiction-Gemeinde geprägt wurde (dies ist relevant, da der Inhalt des Buches eine frühere Zeit behandelt als jene im *Herrn der Ringe* – soll Berichten zufolge kurz vor der Vollendung stehen. Es gab viele Gerüchte über diesen Vorläufer zum *Herrn der Ringe*; die meisten beruhten allerdings nur auf Hörensagen und waren aus reinem Wunschdenken oder Spekulation entstanden. Es würde eine weitere Trilogie wie *Der Herr der Ringe* werden; nein – es handele sich wahrscheinlich eher um einen lexikalischen Band, vergleichbar mit den Annalen, Königslisten usw., die den dritten Band der Trilogie als Anhang beschließen. Die Gerüchteküche kochte, wie es so schön heißt.

Mittlerweile wird davon ausgegangen, daß das *Silmarillion* eine Erzählung wird – »ähnlich wie *Das verlorene Paradies*«, berichtete ein New Yorker Tolkien-Enthusiast mit Namen Hal Lynch auf einem Treffen der Tolkien Society of America. (Mr. Lynch ließ allerdings nichts über die Quelle verlauten, aus der er diese verläßliche Aussage bekommen haben will. Das Treffen fand im Januar 1967 statt.)

Weit weniger bekannt ist, daß Tolkien *Das Silmarillion* bereits Jahre vor dem *Hobbit* geschrieben zu haben scheint. Diese Information entstammt dem unschätzbaren, in *Niekas* veröffentlichten Resnik-Tolkien-Interview, aus dem ich bereits zitierte. Tolkien erzählte Resnik, daß er *Das Silmarillion* zuerst schrieb, die Verlage es aber ablehnten. Jetzt, da seine Bücher einen derartigen Erfolg verzeichnen, sind sie nur zu erpicht darauf, mehr von ihm zu veröffentlichen.

Die Verzögerung hat vor allem zwei Gründe. Zum einen wich Tolkien beim Schreiben des *Herrn der Ringe* an vielen Stellen von den Fakten ab, die er bereits im Vorläufer verarbeitet hatte. »Und jetzt muß es natürlich erst wieder an den *Herrn der Ringe* angepaßt werden«, erklärte Tolkien Mr. Resnik. Der andere Verzögerungsfaktor ist Tolkiens Alter. »Ich bin jetzt ein alter Mann, und mein Arbeitstag ist kurz«, sagte er. »Ich kann nicht länger bis zwei Uhr nachts arbeiten, wie ich es einmal gewohnt war.«

Es besteht ein ungeheures Interesse am *Silmarillion*. Mr. Clyde S. Kilby, ein Anglistikprofessor am Wheaton College in Illinois, ging sogar so weit, im Sommer 1966 nach England zu fahren. Er blieb bei den Tolkiens, um bei der Arbeit mitzuhelfen, die für die Vorbereitung des Manuskriptes notwendig war.

Viele Gerüchte ranken sich um die genaue Form und den Inhalt des Buches (oder der Bücher – ein Gerücht geht davon aus, daß *Das Silmarillion* in vier Bänden erscheinen wird). Ein junger

Mann, der von sich behauptet, das Manuskript tatsächlich gelesen zu haben, berichtet, daß es sich mit der Epoche von der ersten Rebellion Morgoths bis zur Gründung Gondors beschäftigt. Gemäß Anhang B des *Herrn der Ringe* wurde Gondor im Jahre 3320 des Zweiten Zeitalters gegründet. Es erscheint mir nicht schlüssig, daß das Buch zu einem solch offenen Zeitpunkt enden soll. Ich vermute, daß die Geschichte noch 211 Jahre weitergeht und mit 3441 abschließt, als Elendil und Gil-galad Sauron überwältigen und dabei getötet werden. Danach nimmt Isildor den Einen Ring an sich, und das Zweite Zeitalter endet. Dies wäre ein wesentlich logischerer Abschluß für die Geschichte. Aber es wird uns nichts anderes übrigbleiben, als »abzuwarten und Tee zu trinken«. Für jene, die die Trilogie noch nicht gelesen haben, entbehrt diese Diskussion sowieso jeder Bedeutung.*

* Lin Carter mußte sich tatsächlich noch einige Zeit gedulden, um Gewißheit über Form und Inhalt des *Silmarillion* zu erhalten. *The Silmarillion* erschien erst 1977, immerhin vier Jahre nach Tolkiens Tod und acht Jahre nach Erscheinen von Carters Untersuchung zum *Herrn der Ringe*, in einer von Tolkiens Sohn Christopher bearbeiteten Fassung (dt. 1978: *Das Silmarillion*). Es handelt sich, grob gesagt, um die Vorgeschichte zum *Herrn der Ringe:* Einzelne Figuren der Trilogie finden sich hier wieder, nämlich Gandalf der Zauberer und Sauron der Dunkle Herrscher.
Der Inhalt: Nach Erschaffung der Welt durch Eru, den Einen (Tolkiens Gott), personifizieren sich einige der ebenfalls von Eru geschaffenen Naturkräfte und werden zu den Mächten der Welt, genannt Valar. Dies sind u.a. Aulë (Erde), Manwë (Luft), Ulmo (Wasser) sowie die Satansfigur Melkor (Feuer). Das Land der Valar umfaßt den äußersten Westen von Mittelerde, wo sich später auch die unsterblichen Elben und die Menschen einfinden. Von dem kunstfertigen Elben Fëanor wird erzählt, wie er das Licht der beiden Bäume Laurelin und Telperion, die Valinor beleuchten, in drei Edelsteinen einfängt, den sogenannten *Silmarilli.* Indes stiftet Melkor Unfriede zwischen den Valar und den Elben, indem er die heiligen Bäume vernichtet und damit die Welt in Finsternis taucht. Fëanor wiederum verweigert den Valar die Silmarilli, mit deren Licht die Bäume hätten gerettet werden können. Melkor, fortan Morgoth, der »Schwarze Feind« genannt,

Eine Anmerkung möchte ich allerdings noch machen. Der Titel *Das Silmarillion* bezieht sich auf die Geschichte der mystischen Edelsteine mit merkwürdigen Kräften, die im Ersten Zeitalter Mittelerdes aus Morgoths eiserner Krone herausgelöst werden. (*Silmaril* ist der Singular, der Plural lautet *Silmarilli*). In Anhang A der Trilogie legt Professor Tolkien dar, daß es nur drei eheliche Verbindungen zwischen Hochelben und Menschen gab. Die erste fand im Ersten Zeitalter statt, als die Elbenprinzessin Luthien Tinuviel, Tochter des Königs Thingol Graumantel von Doriath und einer Valar-Frau, Beren, den Sohn von Barahir ehelichte, einen sterblichen Mann der Edain. Luthien und Beren entnahmen der Eisernen Krone einen *Silmaril*, den sie an ihre Tochter Elwing weitergaben. Diese heiratete Earendil, den Seefahrer. Earendil, der über die Macht des *Silmaril* gebot, durchdrang die

bringt die Steine an sich. Fëanor und seine Söhne schwören daraufhin einen Eid: Jedes Geschöpf, das ihnen einen Silmaril vorenthält, wollen sie mit Haß und Rache verfolgen. Am Ende der tragischen Geschichte, in deren Verlauf sich die Schicksale der Elben und der Menschen durch die Söhne Fëanors immer wieder verquicken, gelangen die Silmarillis an ihre vorbestimmten Orte im Himmel, im Erdinneren und im Meer. Im Rahmen der Geschichte tauchen zentrale Motive Tolkiens auf: die Verbindung von Sterblichen und Unsterblichen und die Fahrt Earendils des Seefahrers zu den Valar, der als Bote der Völker von Mittelerde jene um Hilfe bei dem letztlich erfolgreichen Kampf gegen Morgoth erbittet. Eine weitere Episode behandelt außerdem die Geschichte des alten Königsvolkes der Numenorer, auch Dúnedain genannt. Aufgehetzt von Sauron, will ihr König Ar-Pharazôn den Valar das Land der Unsterblichen streitig machen. Daraufhin läßt Ilúvatar (Eru) die Erde beben, die Angreifer werden verschlungen, Aman und die Insel Eressea den Menschen auf immer entrückt und Andor, das Sternenland der Numenorer, völlig vernichtet. Nur Elendil und sein Volk überleben, da sie sich an der Freveltat nicht beteiligten. Auch die Ereignisse aus dem *Herrn der Ringe* werden kurz abgehandelt.
Trotz seiner Komplexität wurde das *Silmarillion* ein ähnlicher Verkaufserfolg wie *Der Herr der Ringe*. (Anm. d. Ü.)

Schatten und gelangte zum »Äußersten Westen«, wo er als Botschafter der Elben und der Menschen um Hilfe gegen Morgoth bat. Es wurde ihm nicht gestattet, in die Lande der Sterblichen zurückzukehren. Statt dessen setzten sie ihn mit seinem Schiff als Stern in den Himmel, als Hoffnungszeichen für die Bewohner von Mittelerde. Die Krone schmückten noch zwei weitere *Silmarilli*. Im Anhang A, I(i) vermerkt der Professor, daß diese beiden *Silmarilli* am Ende des Ersten Zeitalters als verloren galten, wie »es im *Silmarillion* berichtet wird«. Dies mag darauf hinweisen, daß *Das Silmarillion* (aus dessen Titel ich folgere, daß es sich um die Geschichte der drei Edelsteine handelt) vom Ersten und nicht vom Zweiten Zeitalter handelt.

Und damit sind wir im Hier und Jetzt von Professor Tolkien eingetroffen. Mit 76 ist er immer noch gesund und munter und genießt allein mit seiner Frau in einem ruhigen Vorort seinen Ruhestand – seine Kinder sind erwachsen und selbständig. Sein ältester Sohn ist inzwischen 50, der jüngste 38. Tolkien ist ein freimütiger, diskussionsfreudiger alter Herr, der seine Pfeife liebt, den gelegentlichen Ausflug aufs Land und das gemütliche Gespräch mit einem Freund bei einer Flasche Bier.

Er empfindet die Aufmerksamkeiten seiner enthusiastischen Fangemeinde als eher peinlich und seine allgemeine Berühmtheit als ziemlich langweilig. Besonders Untersuchungen über seine Werke (ich nehme an, auch eine solche wie diese) sieht er als Ärgernis an.[2] Er ist der Meinung, sie seien verfrüht. Auf die Frage, ob er diese Art der intensiven Forschung gutheiße, antwortete er: »Nein. Jedenfalls nicht, solange ich noch lebe.« Er berichtete dann, daß er einige dieser wissenschaftlichen Arbeiten gelesen habe, und meinte: »Sie sind sehr schlecht. Jedenfalls die meisten von ihnen. Es handelt sich dabei fast ausschließlich um psychologische Analysen oder den Versuch, Quellenforschung zu betreiben. Ich denke, das meiste ist vergebliche Liebesmüh.« (Ich zitiere aus dem Resnik-Tolkien-Interview in *Niekas*.)

Ich kann mir gut vorstellen, wie peinlich es für einen anerkannten Gelehrten seines Kalibers sein muß, sich einzugestehen, daß man auf dem Campus und in den Espressobars eine beliebte Berühmtheit, ja fast schon ein Volksheld wie Bob Dylan ist. Und dies nicht aufgrund seiner Karriere als Professor oder seiner wissenschaftlichen Arbeiten, sondern aufgrund seiner phantasievollen Romane.*

Es ist vielleicht an der Zeit, einen eingehenderen Blick auf seine Romane zu werfen. Ich habe die Absicht, sowohl den *Hobbit* als auch alle drei Bände des *Herrn der Ringe* hier zusammengefaßt wiederzugeben, damit auch diejenigen, die noch nicht in diese Seiten versunken sind, eine grobe Vorstellung davon bekommen, worum es bei Handlung, Thematik und Personen dieser Werke eigentlich geht, und damit der kritischen Analyse der Trilogie in der zweiten Hälfte dieses Buches folgen können.

Ich hoffe, es ist klar, daß bei dem Versuch, 1300 Seiten zusammenzufassen, viele Nebencharaktere und -handlungen wegfallen müssen. Die Diskussion muß sich auf die grundlegende Rahmenhandlung und auf die Hauptelemente beschränken. Um die ganze Geschichte kennenzulernen, empfehle ich, den *Herrn der Ringe* selbst zu lesen. Dieser sich auf Kernelemente beschränkende Umriß kann und will kein Ersatz für das Original sein.

---

* John Ronald Reuel Tolkien starb vier Jahre nach Erscheinen von Carters Buch am 2. September 1973 in Bournemouth. Postum erschienen u.a. noch das Gedicht *Bilbo's Last Song* (1974; dt.: *Bilbos Abschied*, 1984), *The Father Christmas Letters* (1976; dt.: *Die Briefe vom Weihnachtsmann*, 1977) und der Roman *The Silmarillion*, (1977; dt.: *Das Silmarillion*, 1978), an dem er bis in seine letzten Lebensjahre hinein arbeitete. (Anm. d. Ü.)

Anmerkungen

Das Zitat zu Beginn des Kapitels stammt aus Ezra Pound: *Cantos I–XXX*. Vollständige Ausgabe. Der ausgewählten Werke 2. Teil. Übers. v. Eva Hesse. Arche, Zürich 1964, S. 103f. (Canto XI)

[1] 1960 veröffentlichte Christopher ein wissenschaftliches Werk, das von großem Interesse für die Fans seines Vaters sein sollte. Es handelt sich dabei um die englische Übersetzung der *Saga of King Heidrek the Wise* und erschien im Rahmen einer Serie mit Namen *Nelson's Icelandic Texts*. In diesem isländischen mittelalterlichen Roman werden amüsanterweise eine Reihe von Personen und Orten genannt, die auch im *Herrn der Ringe* auftauchen. Dabei handelt es sich insbesondere um die Zwerge Durin und Dvalin sowie den Düsterwald.

[2] Henrik Resnik schrieb: »An den Universitäten arbeiten zur Zeit mindestens zwei Männer an einer Doktorarbeit [über *DHDR*], und ich selbst habe eine Magisterarbeit über den *Herrn der Ringe* gelesen.«

Kapitel 4
MITTELERDE UND DIE GESCHICHTE VOM *HOBBIT*

Folgen Sie mir, meine Damen und Herren.
Wenn London Sie auf die eine oder andere Weise ermüdet:
Folgen Sie mir: und auch jene, die aller uns bekannten
Welten überdrüssig sind.
Denn wir haben ganz neue Welten hier.
LORD DUNSANY, Vorwort zum *Book of Wonders*

Mittelerde, der Ort, an dem sich die Handlung des *Hobbit* und des *Herrn der Ringe* abspielt, ist unsere eigene Welt vor einer undenkbar lange vergangenen Zeit, die noch vor der Geschichtsschreibung liegt – sogar noch vor jenen prähistorischen Epen, deren Taten und Geschehnisse nur vage Erinnerung in der Mythologie sind.

Professor Tolkien erzählt uns, daß das Auenland wie auch die anderen westlichen Lande, die es umgeben, das nordwestliche Europa repräsentieren. Allerdings verlangt er nicht von uns, diese Aussage für bare Münze zu nehmen. Niemand sollte die Trilogie als Bild eines vergessenen Zeitalters der postatlantischen Geschichte ansehen oder irgendeinen anderen Unsinn glauben – das überlassen wir den Okkultisten.

Tolkien erzählt nur eine Geschichte, und der einzige Grund dafür ist die pure Lust am Erzählen. Obwohl es möglich ist, Thematik und Handlung teilweise auf ihren Ursprung in der nordischen Mythologie und Literatur zurückzuführen, verlangt der Autor nicht, daß seine Leser eine Karte des alten Europa und des Nahen Ostens über seine Phantasiekarte von Mittelerde legen. Damit unterscheidet Mittelerde sich von der Welt des hyborischen Zeitalters, in das der Fantasy-Autor Robert E. Howard die verwegenen Geschichten von Conan dem Cimmerier verlegte[1].

Als Tolkien direkt gefragt wurde, was der Begriff *Mittelerde* bedeute, antwortete er unwirsch: »Es ist nur ein altmodisches Wort für ›Welt‹. Das ist alles. Sehen Sie im Lexikon nach. Es ist kein anderer Planet.« Und damit hat er durchaus recht. In *Webster's Universal Unabridged Dictionary*, Band II, von 1936 wird *Mittelerde* als veralteter Begriff für »die Welt« bezeichnet.

Tolkien verwendet den Begriff mehr oder weniger, um »die Länder der Menschen« zu bezeichnen, und zwar in dem Sinne, in dem die nordischen Mythen das Wort *Midgard* benutzten. Aber *Midgard* ist kein Synonym für *Mittelerde*. Im *Webster's* können wir nachlesen, daß *Midgard* (abgeleitet vom isländischen *midh-*

gardhr) wortwörtlich »mittlerer Hof« bedeutet und unter anderem die mittlere Ebene zwischen Himmel und höllischer Unterwelt bezeichnet, jene Ebene, auf der die Menschen wohnen.

Professor Tolkien mußte nicht lange suchen, um auf den Begriff *Mittelerde* zu stoßen. Er findet sich in vielen Werken der frühen englischen Literatur. Unter anderem steht er in einem langen Gedicht, dem *Alliterative Morte Arthur*, das um 1360 verfaßt wurde. Der Begriff taucht außerdem in der aus dem 13. Jahrhundert stammenden Ballade *Thomas the Rhymer* auf:

> Sie sprach: »Thomas, von Sonne und Mond,
> nimm Abschied nun,
> Und von den Blättern die grünen am Baum;
> Für zwölf Monde mußt du mit mir gehn,
> Und Mittelerde wird dein Auge nicht schaun.«[2]

Tolkiens Beschreibung von Mittelerde während des Dritten Zeitalters unterscheidet sich nicht wesentlich vom mittelalterlichen Europa. Sie besteht vor allem aus riesigen und uralten Wäldern, in denen dunkle Wesen lauern. Hier und da findet sich ein lauschiges Plätzchen – bescheidene Höfe, gepflügte Felder und kleine Marktflecken, die Inseln ruhiger, ländlicher Gemeinschaften inmitten der dunklen Wildnis bilden. Es ist eine Welt, die kurz vor dem Zenit ihrer Zivilisation steht, die nach und nach ihre Grenzen erforscht, ihre wilden Orte zähmt und die Erinnerung an die edlen Zivilisationen vergangener Zeitalter hochhält, von denen sie selbst abstammt – an das verlorene Númenor jenseits des Meeres, das stolze Arnor im Norden und Gondor in den südlichen Gemarken.

Es handelt sich also sozusagen um eine mittelalterliche Welt – mit einem wesentlichen Unterschied: Die Menschheit teilt ihre Welt mit nichtmenschlichen Wesen – genau wie im Griechenland des mythologischen Zeitalters, lange bevor die Geschichtsschreibung ihren Anfang nahm. Auch dort bewegten sich die

Personen der griechischen Mythen in Landschaften, in denen immer noch Dryaden, Nymphen, Titanen, Faune und Satyrn, Zentauren und schauerliche Monstermischlinge hausten.

In Mittelerde teilen sich die Menschen die Welt (in der sie immer noch relative Neuankömmlinge sind; ihre Ahnen kamen aus den Unsterblichen Landen über die See) zum Beispiel mit Zwergen: markigen, kleinwüchsigen Wesen, schroff, kräftig und starrsinnig, die sich in Kapuzenmäntel hüllen, lange Zottelbärte und krumme Beine haben. Sie ziehen die Minen und Höhlen ihrer unterirdischen Hallen dem Licht der Oberwelt vor (vergleichbar dem alten Knarzer und seinen Untertanen im Reich der Gnomen, das sich jenseits der Tödlichen Wüste im *Oz*-Buch findet[3]). Sie teilen sich diese Welt außerdem mit dem Elbenvolk. Nicht den zierlichen, winzigen Waldgeistern der elisabethanischen Vorstellungswelt, die in Butterblumen schlafen und in Tautropfen baden, sondern strahlenden, unsterblichen Wesen von überirdischer kalter Schönheit, voller Weisheit und Reinheit, deren Erinnerungen zurückgehen bis zur Altvorderenzeit, bevor Gut und Böse sich in Mittelerde niederließen. Dann sind da noch die Ents, wahrscheinlich die ältesten Wesen von allen, die merkwürdigen, aber freundlichen »Hirten der Bäume«, die so alt sind wie die Berge. Und nicht zu vergessen die Hobbits: ein bescheidenes, in Erdhöhlen wohnendes, geselliges Völkchen, das nahe der Erde alltäglichen Dingen nachgeht. Sie sind gute Gärtner, lieben Pfeifenkraut und Feuerwerk, Geburtstagsfeste und Ahnenforschung und interessieren sich überhaupt nicht für heldenhafte Taten, magische Kräfte oder wilde Kriege. Dann existiert da noch eine Ansammlung häßlicher und furchteinflößender Kreaturen: Drachen, Trolle, Orks (die zu den Kobolden gehören) und noch viele weitere bestialische und bösartige Wesen und Monster.

Die Hobbits, die sowohl im *Hobbit* als auch im *Herrn der Ringe* eine zentrale Rolle spielen, sind Professor Tolkiens ureigenste Erfindung (genau wie die Ents, die kaum Ähnlichkeit mit den traditionellen mythologischen Wesen aufweisen – im Gegensatz zu den Zwergen, Elben und Trollen, die aus der nordischen Mythologie übernommen wurden). Seit ungezählter Zeit leben sie in ihrem gemütlichen, fruchtbaren, geschützten Landstrich und pflegen nur wenig Umgang mit ihren andersartigen Nachbarn. *Der Hobbit* und *Der Herr der Ringe* (dessen vorgebliche Quelle eine imaginäre Hobbit-Chronik mit dem Titel *Das Rote Buch der Westmark* ist) erzählen davon, wie ein paar Hobbits aus der Abgeschiedenheit ihres sonnigen kleinen Landes auftauchen und eine immens wichtige Rolle in den gewaltigen Geschehnissen spielen, die die Geschichte dieses Dritten Zeitalters prägen. Ohne von sich aus abenteuerlustig zu sein, wird ihnen diese Rolle durch die veränderten Zeiten aufgezwungen, denn die sichere Abgeschiedenheit ihrer Heimat, des Auenlandes, wurde gestört.

Über die Welt sind dunkle Zeiten hereingebrochen. In einer früheren Epoche setzten die Dúnedain, die mächtigen Könige der Menschen, in Númenor Segel und kamen über das Meer, um große Königreiche zu begründen. Die Elben waren ihre Lehrer und teilten mit ihnen ihre uralte Weisheit und ihre Kenntnisse, und es war ein glänzendes und goldenes Zeitalter. Aber nun haben die Elben begonnen, sich aus Mittelerde zurückzuziehen, die stolzen Könige von Gondor sind im Nebel der Legende verschwunden, und eine Dunkle Macht wächst im Osten. Bereits jetzt – sogar schon im *Hobbit*, der sozusagen den Prolog zur Trilogie bildet – ist das Erstarken dieser Dunklen Macht spürbar. Jener mächtige Wald, von alters her Grünwald der Große genannt, ist unter unheilvollen Einfluß geraten und trägt jetzt den schauerlichen Namen Düsterwald. Seine Wege sind dem unvorsichtigen Wanderer nicht länger zuträglich. Orks und Trolle werden in ungewöhnlich großer Anzahl gesichtet und tauchen unverfroren an Orten auf, an denen sie zuvor kaum jemand zu Gesicht bekommen hat. Wilde Warge – die bösartigen Wölfe aus den Wilderlanden – streunen über die Ebenen.

Vor diesem Hintergrund nimmt Tolkiens Geschichte ihren Anfang.

Der Hobbit

Von allen Rassen sind die Hobbits Tolkiens Lieblingserfindung, und sie spielen in seiner epischen Erzählung eine Hauptrolle. Auf den ersten Seiten des *Hobbit* beschreibt er sie wie folgt:

> Sie sind (oder waren) kleine Leutchen, etwa halb so groß wie wir, kleiner noch als die langbärtigen Zwerge. Hobbits haben keine Bärte. Mit Zauberei haben sie wenig oder nichts zu tun, abgesehen von dem bißchen Alltagsmagie, das ihnen erlaubt, schnell und geräuschlos zu verschwinden, wenn große, täppische Leute wie du und ich dahergestapft kommen, mit einem Lärm wie eine Elefantenherde, den die Hobbits meilenweit hören. Sie werden oft ein wenig rund um die Leibesmitte und kleiden sich in helle Farben (vor allem Grün und Gelb). Schuhe tragen sie nicht, weil ihnen an den Füßen natürliche Ledersohlen und ein dichter brauner Pelz wachsen, ähnlich wie das Kraushaar auf ihren Köpfen. Sie haben lange und geschickte braune Finger, gutmütige Gesichter und eine tiefe, saftige Lache (besonders nach dem Mittagessen, das sie am liebsten zweimal täglich einnehmen).[4]

Herr Bilbo Beutlin aus Beutelsend im Auenland ist ein typischer Hobbit. Er ist ein achtbarer, wohlhabender Junggeselle, der ganz für sich in seinem *Smial* lebt, vollkommen zufrieden mit dem herkömmlichen Gang der Dinge. Ein *Smial* ist ein Erdstollen, eine »Hobbithöhle«, hineingetrieben in einen Hügel, mit einer kreisrunden Haustür, deren Türgriff sich genau in der Mitte befindet und hinter der ein röhrenförmiger Tunnel beginnt, mit getäfelten Wänden und Teppichen auf dem gefliesten Boden. Von diesem zweigen viele kleinere Tunnel ab (alle auf einer Ebene; Hobbits bewegen sich nicht auf oder ab), die als Schlafzimmer, Kellerräume, Speisekammern, Kleiderschränke, Küchen usw. genutzt werden.

Herr Beutlin sitzt gerade auf den Stufen vor seiner Tür und raucht eine Pfeife, als ihn ein Fremder anspricht – ein wandernder Zauberer mit Namen Gandalf, der nach jemandem sucht, der ihn auf einem Abenteuer begleitet. Der Gandalf, der hier zum ersten Mal erscheint, ist alles andere als beeindruckend: »ein alter Mann«, der sich auf einen Stab stützt. »Er trug einen spitzen blauen Hut, einen langen grauen Mantel, ein silberweißes Halstuch, über dem ein weißer Bart bis zum Gürtel herabhing, und große schwarze Stiefel«.[5] Bilbo versucht ihm klarzumachen, daß er absolut nicht daran interessiert ist, sein warmes und gemütliches Hobbit-Heim zu verlassen, um unbehagliche Abenteuer in den wilden Ländern jenseits des Auenlandes zu erleben. Um den lästigen alten Kerl loszuwerden, ohne unhöflich zu erscheinen, lädt er ihn für den kommenden Tag zum Tee ein.

Zur Teezeit öffnet Bilbo die Tür und findet auf den Stufen nicht den alten Magier, sondern einen Zwerg namens Dwalin mit einem langen blauen Bart, den er hinter den Goldgürtel gesteckt hat. In rascher Folge erscheinen dann ein sehr ehrwürdig aussehender Zwerg mit Namen Balin Sohn des Fundin, der einen weißen Bart und eine purpurrote Kapuze trägt, daraufhin zwei weitere Zwerge mit Namen Kili und Fili, beide mit blauen Kapuzen, silbernen Gürteln und gelben Bärten. Es folgt ein ganzer Trupp weiterer Zwerge: Dori, Nori, Ori, Óin und Glóin, Bifur, Bofur, Bombur und der große Thorin Eichenschild selbst, der Sohn von Thráin, dem Sohn von Thrór, der einst König unter dem Berg war. Dreizehn Zwerge sind es insgesamt, gefolgt von einem grinsenden Gandalf, der die Reihe beschließt.

Völlig durcheinander, versucht Bilbo das Beste aus der unan-

genehmen Situation zu machen und bietet ihnen seine Gast-
freundschaft an. Die Zwerge plündern seine Speisekammer, und
nach dem Tee packen sie ihre Musikinstrumente aus und füllen
die Hobbithöhle mit einem zu Herzen gehenden wilden Lied:

> *Über die Nebelberge weit*
> *Zu Höhlen tief aus alter Zeit,*
> *Da ziehn wir hin, da lockt Gewinn*
> *An Gold und Silber und Geschmeid.*[5a]

Verträumt lauscht Bilbo dem wilden, sonderbaren Lied und
fühlt merkwürdige Bedürfnisse in sich aufsteigen, von denen er
nicht einmal wußte, daß sie in ihm schlummerten. »Bei diesem
Gesang spürte der Hobbit, wie die Liebe zu den schönen, von geschickter und zauberkräftiger Hand gefertigten Dingen auch ihn
ergriff, eine grimmige, eifersüchtige Liebe, die Herzensbegierde
der Zwerge. Da erwachte etwas in ihm, das er von den Tuks haben mußte, und er wünschte sich, mit fortzuziehen und die hohen Berge zu sehen, die Kiefernwälder und die Wasserfälle rau-
schen zu hören, die Höhlen zu erkunden und statt des
Spazierstocks ein Schwert bei sich zu tragen.«[6]

Also macht er sich auf und beschreitet auf dem Ponyrücken
Bergpfade, begleitet von dreizehn grimmigen Zwergen und einem alten Zauberer, um sich einem fürchterlichen Drachen und
Gefahren zu stellen, die er sich in seinen wildesten Träumen nicht
auszumalen vermochte. Es scheint, daß die Zwerge aus dem Norden sich in den Tagen von Thorins Großvater unter dem Einsamen Berg ansiedelten. Sie trieben Stollen vor und schufen hohe
Gewölbe, in denen sie große Mengen an Gold und Edelsteinen
anhäuften. Aber der Hort lockte den Drachen Smaug an, denn
Drachen lieben (wie jeder weiß) nichts mehr, als einen Schatz zu
finden oder auch zu stehlen und ihn in alle Ewigkeit zu hüten.
Dieses spezielle Exemplar, Smaug, »ein besonders habgieriger,
starker und schlauer Wurm«[7], fiel über die Zwerge her und ver-

trieb sie. Die meisten von ihnen vernichtete er. Die Überlebenden
zogen in die Verbannung, aber sie vergaßen nie den Verlust ihrer
großen Hallen unter dem Berg. Nun, mit Hilfe des verehrten Bilbo Beutlin, eines sanften, friedliebenden Hobbits aus dem Auenland, und Gandalf, des wandernden Zauberers mit einem beson-
deren Interesse an verrückten Unterfangen, wollen sie den
Drachen erschlagen und ihr Bergreich zurückerobern.

Es ist eine großartige Geschichte. Sie überqueren das Nebelgebirge, entkommen nur knapp einer flegelhaften und streit-
süchtigen Gruppe von Trollen, treffen auf eine fröhlich singende
Elbenschar und erreichen nach einer Weile die Grenzen der
Wildnis, wo sich das letzte gemütliche Haus des Westens befindet: das Haus von Elrond, der »edel und schön von Angesicht
wie ein Elbenfürst, stark wie ein Krieger, weise wie ein Zauberer,
würdevoll wie ein Zwergenkönig [war]«[8].

Von Elronds Haus aus, in dem sie sich kurze Zeit erholen, brechen sie wieder zu ihrem Abenteuer auf. Als sie den Paß über das
Nebelgebirge nehmen, werden sie von einer Bande von Kobolden[9] überfallen. Bilbo wird von seinen Gefährten getrennt, und es
kommt zu einem Zwischenfall, der sich erst später als wichtig
herausstellen soll. Hätte dieser kleine Zwischenfall nicht stattge-
funden, dann hätte das Abenteuer des Hobbits »in den langen Annalen des Dritten Zeitalters allenfalls eine Fußnote verdient«[10].

Weit vom Wege abgekommen, wandert Bilbo durch die Höhlen unter den Bergen. Und als er sich dort durch die Dunkelheit
tastet, findet er einen Ring, den er in die Tasche steckt. Nach einer Weile begegnet er auf einer Felseninsel inmitten eines kalten, schwarzen Sees einem widerwärtigen, verkümmerten kleinen Geschöpf, das sich Gollum nennt. Diese abstoßende Kreatur
lebt seit vielen Jahren allein in Dunkelheit und Kälte und fängt
Fische, die er roh verschlingt. Gollums einzige Freude ist ein ge-
heimer Schatz, den er sein »Geburtstagsgeschenk« nennt, ein
magischer goldener Ring, der seinen Träger unsichtbar macht.
Es ist das einzige, was Gollum wirklich liebt – sein »Schatz« –,

und natürlich handelt es sich dabei um den Ring, den Bilbo fand und in die Tasche steckte.[11]

Er hätte Bilbo wohl sofort angegriffen, wenn dieser nicht ein schimmerndes Elbenschwert getragen hätte. Um Zeit zu gewinnen, geben sich Gollum und Bilbo gegenseitig Rätsel auf, die Bilbo zu guter Letzt durch einen Trick gewinnt. Der verschlagene Gollum verspricht Bilbo, daß er ihn aus den Höhlen führen wird, wenn Bilbo ihm ein Rätsel aufgibt, das er nicht zu lösen vermag. Sollte er aber gewinnen, so wird er ihn töten und fressen. Schließlich steckt Bilbo seine Hand in die Tasche und stößt darin auf den Ring, den er aufgehoben und vergessen hatte. Er ruft aus: »Was hab ich da in meiner Tasche?«[11a] Dieses Rätsel kann Gollum nicht beantworten, und Bilbo zwingt die unglückliche Kreatur, ihr Wort zu halten. Aber Gollums Herz ist schwarz und voller Niedertracht, und er stiehlt sich in der Dunkelheit davon, nur um zu entdecken, daß sein Geburtstagsgeschenk, sein »Schatz«, sich nicht in seinem üblichen Versteck befindet. Gollum wird klar, daß Bilbo ihn hereingelegt hat, und er hastet zurück, um den Hobbit umzubringen. Aber als Bilbo flieht, gleitet ihm der Ring auf den Finger, und er wird unsichtbar. Bilbo hört, wie Gollum weinend und fluchend mit seinem verlorenen »Schatz« spricht, und ihm wird klar, daß es sich dabei um einen machtvollen Ring handelt. Durch seinen Zauber entgeht er Gollums Klauen und entkommt aus dem Berg. Indessen schreit das rachsüchtige kleine Monster ihm hinterher: »Dieb, Dieb, Dieb! Beutlin! Wir hassen ihn auf immerdar!«[12]

Bilbo schließt sich wieder seinen Gefährten an, und aus einem sonderbaren Schuldbewußtsein heraus erzählt er ihnen nicht die wahre Geschichte über den Ring. Gandalf allerdings läßt sich von seiner unschuldigen Darstellung nicht täuschen. Der alte Zauberer weiß alles über die Ringe der Macht, und obwohl sie schon bald wieder in ihrem Abenteuer gefangen sind und keine Zeit für weitere Unterhaltungen finden, bleibt Gandalf auch in späteren Jahren neugierig, was den Ring anbelangt, und behält Bilbo im Auge.

Tatsächlich folgen die Ereignisse von diesem Zeitpunkt an so schnell aufeinander, daß die Geschehnisse im *Hobbit* nur kurz zusammengefaßt werden können. Als sie weiter dem Einsamen Berg zustreben, werden die Reisenden von wilden Wargen angegriffen, durchleben eine gefahrvolle Zeit mit den Orks, vor denen sie von freundlichen Adlern gerettet werden, und überleben ein grausiges Zusammentreffen mit den riesigen Spinnen in den Tiefen des dunklen, geheimnisvollen Düsterwaldes, des größten Waldes des Nordens.

Sie erreichen den Berg, und Bilbo schleicht sich hinein, um einen Blick auf den Drachen zu erhaschen: »Mit angelegten Flügeln, wie eine unermeßlich große Fledermaus, lag Smaug ein wenig auf die Seite gedreht, […] ein gewaltiger rotgoldener Drache in tiefem Schlaf. Ein Dröhnen kam aus seinem Maul und seinen Nüstern, und Rauchfäden stiegen auf, aber sein Feuer schwelte nur, wenn er schlief. Unter ihm, unter seinen Gliedmaßen und dem riesigen zusammengerollten Schwanz und überall ringsum, soweit der Boden zu übersehen war, lagen haufenweise ungezählte Kostbarkeiten, Gold, geschmiedet oder roh, Gemmen und Edelsteine und Silber, das in der Glut rötlich schimmerte. […] Seine Unterseite und der lange, bleiche Bauch [hatten] sich in den vielen Jahren auf diesem kostbaren Bett mit einer Kruste von Gemmen und Goldstücken bedeckt.«[13] Fasziniert starrt Bilbo auf das gewaltige Tier und bemerkt dabei, daß der weiche Unterbauch mit harten Edelsteinen gepanzert ist – »einer Weste aus lauter edlen Diamanten«[14]. Außerdem fällt ihm auf, daß an Smaugs linker Brust ein großer leerer Fleck ist, den kein Edelstein bedeckt.

Smaug erwacht, und Bilbo verwickelt ihn in eine Unterhaltung. Der Drache ist wütend, denn er kann seinen unsichtbaren Peiniger nicht sehen. Er brüllt, und »das Licht aus seinen Augen erhellte die Halle vom Boden bis zur Decke wie ein scharlachroter Blitz«[15]. Der Drache macht sich über die Ankunft der Zwerge lustig: »Rache! Der König unter dem Berge ist tot, und wo wäre jemand von seiner Sippschaft, der auch nur den Versuch wagen würde, ihn zu rächen? Girion, der Fürst von Thal, ist tot, und unter seinem Volk hab ich mich sattgefressen wie der Wolf unter den Schafen, und wo sind die Söhne seiner Söhne, die sich getrauen, mir zu nahe zu kommen? Die alten Krieger hab ich zur Strecke gebracht, und ihresgleichen gibt es heut auf der ganzen Welt nicht mehr. Damals war ich noch jung und schmächtig. Heute bin ich alt und stark, stark, stark, du Dieb, der im Schatten wandelt!« prahlte er. »Mein Panzer ist wie zehn Schilde, meine Zähne sind Schwerter, meine Klauen Speere, mein Schwanz schlägt ein wie der Blitz, meine Flügel sind ein Hurrikan, und mein Atem bringt den Tod!«[16]

Der Drache, voll heiß entbranntem Zorn, verläßt den Berg, um die nahe Stadt der Menschen heimzusuchen. Wie es zugeht, wenn Smaug solchermaßen in Wut gerät, schildert Tolkien bereits höchst anschaulich in einer früheren Szene, die seinem Gespräch mit dem unsichtbaren Bilbo vorangeht:

Ein schwirrendes Geräusch kam näher. Ein roter Lichtschein fiel auf die Felsspitzen. Der Drache.
Ihre Bündel hinter sich herziehend und schleifend, hatten sie kaum Zeit, in den Tunnel zu flüchten, als Smaug von Norden herangebraust kam und die Berghänge mit Flammen bestrich. Sein gewaltiger Flügelschlag hörte sich an wie ein brüllender Sturm. Sein heißer Atem verbrannte das Gras vor der Tür, schlug durch den Spalt herein, den sie offengelassen hatten, und versengte einige, die dort lagen. Flammen loderten auf, und schwarze Felsschatten tanzten wild umher. Dann wurde es wieder dunkel, als er weiterflog. Die Ponys wieherten vor Entsetzen, zerrissen ihre Seile und galoppierten in Panik davon. Der Drache drehte eine Kurve und stieß ins Tal hinab, um sie zu verfolgen. Er war fort.[17]

Einer der Menschen, Bard, der Bogenschütze, tötet am Ende Smaug. Er durchbohrt den ungeschützten Fleck in der linken

Brustseite des Drachen – jenen Fleck, der Bilbo aufgefallen war –
mit einem schwarzen Pfeil.

So wurde Thorin Eichenschild zum König unter dem Berg
und gewann die Schätze seiner Vorfahren zurück. Allerdings gab
es einige Auseinandersetzungen mit verschiedenen Gruppen
von Leuten, die Ansprüche auf diesen oder jenen Teil des Horts
geltend machten. Eine Weile wurde er im Berg sogar von Menschen und Elben belagert und sah sich gezwungen, seinen Vetter
Dáin um Hilfe zu bitten.

Schließlich aber werden diese Probleme auf mehr oder minder
freundschaftlicher Basis gelöst, die Personen in dieser Geschichte trennen sich und gehen ihre eigenen Wege. So kehrt Bilbo mit
seinem Anteil am Schatz und mit dem Ring in sein geliebtes Auenland zurück.

Dieses Buch, *Der Hobbit*, ist die romanhafte Einleitung zur Trilogie, obwohl sie für sich gelesen und genossen werden kann. Aber
sie bereitet die Grundlage und bildet den notwendigen Rahmen
für die Themen, die im *Herrn der Ringe* sehr viel umfangreicher
behandelt werden: die Geschichte des Ringes und der Ringgefährten sowie des Krieges und der Abenteuer, die ihn umgeben,
nachdem feststeht, daß er der Große Ring der Macht ist, der Eine Ring, der Schlüssel im gewaltigen Kampf zwischen den Kräften des Lichts und den Mächten der Dunkelheit.

Anmerkungen

Das Zitat zu Beginn des Kapitels stammt aus Lord Dunsany: *The Book of
Wonders. (A Chronicle of Little Adventures at the Edge of the World)*
Elkin Mathews, London 1905, Vorwort (Übersetzung: Biene van de Laar)

[1] In den Conan-Geschichten, die Tolkien nach eigener Aussage mit
     großem Vergnügen las, ist das Land *Stygien* als eine prähistorische
     Version des Alten Ägyptens zu verstehen; *Vendhyen* symbolisiert In-
     dien, *Asgard* die skandinavische Halbinsel, *Hyrkanien* Rußland usw.

Diese Conan-Geschichten, die ursprünglich für das amerikanische Pulp-Magazin *Weird Tales* geschrieben wurden, sind Groschenromane in ihrer reißerischsten und blutrünstigsten Reinkultur, gleichzeitig aber auch sehr farbenprächtig und absolut unterhaltsam.

[2] Übersetzung: Biene van de Laar u. a.

[3] Nicht im *Zauberer von Oz,* sondern in einer der nachfolgenden Geschichten (Anm. d. Ü.)

[4] J. R. R. Tolkien: *Der Hobbit* [DH]. Übers. v. Wolfgang Krege. Klett-Cotta, Stuttgart 1998, S. 12

[5] *DH,* S. 14

[5a] *DH,* S. 24

[6] *DH,* S. 25

[7] *DH,* S. 33f., Zitat auf S. 34

[8] *DH,* S. 61

[9] Im *Hobbit* nennt Professor Tolkien diese Kreaturen, die Diener Mordors, »Kobolde«. Im *DHDR* verwendet er hingegen die Elbenbezeichnung »Ork«.

[10] J. R. R. Tolkien: *Der Herr der Ringe* [DHDR]. Übers. v. Wolgang Krege. Klett-Cotta, Stuttgart 2000, *1. Teil: Die Gefährten,* S. 28

[11] *DHDR, Die Gefährten,* S. 28

[11a] *DH,* S. 88

[12] *DH,* S. 78–100, Zitat auf S. 97

[13] *DH,* S. 221f.

[14] *DH,* S. 233

[15] *DH,* S. 232

[16] *DH,* S. 232

[17] *DH,* S. 225.

Kapitel 5
DIE GEFÄHRTEN

Die Bergluft ist frisch im Abendrot.
Die Vögel fliegen heim, Paar um Paar.
Diesen Dingen wohnt eine tiefe Bedeutung inne.
Doch wollen wir sie in Worte kleiden,
so sind wir plötzlich sprachlos.
T'AO CH'IEN

Der erste Band der Trilogie trägt den Titel *Die Gefährten.* Er nimmt den Faden der Geschichte sechzig Jahre nach Bilbos Rückkehr ins Auenland wieder auf. Mittlerweile ist Bilbo ein sehr alter Hobbit, der den Entschluß faßt, seinen einundelfzigsten Geburtstag auf eine wahrlich sehr ungewöhnliche Weise zu begehen: indem er verschwindet. Bilbo hat entschieden, ein letztes Mal Ferien zu machen beziehungsweise ganz und gar fortzugehen. »Ich will wieder Berge sehn, [...] *Berge,* und dann einen Ort finden, wo ich meine Ruhe habe«[1], gesteht er Gandalf. Er hat den jungen Frodo Beutlin adoptiert und zu seinem Erben erklärt: Ihm wird er Beutelsend und den Ring hinterlassen. Auf dem Höhepunkt der spektakulären Geburtstagsfeier verkündet Bilbo seinen alten Freunden und Nachbarn daher, daß er das Auenland für immer verläßt. Er steckt sich den Ring auf den Finger und löst sich vor ihren Augen in Luft auf.

Gandalf ist natürlich von Anfang an in den Plan eingeweiht. Er stellt sicher, daß der alte Hobbit den Ring tatsächlich an Frodo weitergibt. Gandalf macht sich zunehmend Sorgen über diesen scheinbar so unwichtigen Talisman – den großen Ring Saurons, den »Einen Ring«, den der dunkle Herrscher in einem früheren Zeitalter schmiedete. Bisher allerdings beschränkte er sich darauf, abzuwarten und zu beobachten.

Einige Jahre später hält Gandalf es für notwendig, Frodo von seinem Verdacht in Kenntnis zu setzen. Gerüchte über seltsame Dinge, die sich in der Welt ereignen, und bevorstehende Tage voller Dunkelheit und Schwierigkeiten sind im Umlauf. Die böse Macht, die ursprünglich ihren Sitz im dunklen, bedrückenden Düsterwald hatte, wurde vom Weißen Rat vertrieben, einer Gruppe mächtiger Magier und Elbenfürsten, die mit den Mächten des Guten arbeiten. Aber das Böse ist nur schwer zu vernichten, die dunkle Macht erscheint erneut im östlichen Land Mordor, ihrer ehemaligen Festung. Und jetzt nimmt ihre Kraft zu. Banden bewaffneter Orks werden gesichtet, es gibt Gerüchte über Drachen, der dunkle Turm wurde wiedererrichtet und ist erneut Hochburg einer grimmigen Macht. Im Osten und Süden werden Kriege ausgefochten, und Angst breitet sich aus.

Gandalf macht einen seiner seltenen Besuche im Auenland und berichtet Frodo von seinem Verdacht. Er führt eine letzte Probe durch, die beweist, daß der Ring einer der großen und schrecklichen Ringe der Macht ist. Sie wurden vor Urzeiten geschmiedet, drei von ihnen für die Elben, sieben für die Zwerge, neun für die sterblichen Könige der Menschen und einer für den dunklen Herrscher selbst. Dies ist der Eine Ring, den Bilbo einst fand und der sich jetzt in Frodos Besitz befindet:

Ein Ring, sie zu knechten, sie alle zu finden,
Ins Dunkel zu treiben und ewig zu binden
Im Lande Mordor, wo die Schatten drohn.[2]

O ja, dies ist der Eine Ring, der Mittelpunkt von Saurons Macht, als er in einem früheren Zeitalter danach strebte, die Herrschaft über Menschen und Elben zu erlangen. Es waren Gil-galad, der Elbenkönig, und Elendil von Westernis, die ihn damals überwältigten, dabei aber selbst das Leben verloren. Doch Isildur, Elendils Sohn, schnitt den Ring von Saurons Hand, als dieser fiel. Der Ring ging kurze Zeit später verloren, als die Orks Isildur auflauerten und seine Leute erschlugen. Isildur sprang in den großen Fluß Anduin, und der Ring glitt von seinem Finger. Die Orks erspähten und töteten ihn mit ihren Pfeilen, und so ging der Ring verloren.

Aber was einst überwältigt wurde, vermag sich wieder zu erheben, und das, was verloren war, mag wiedergefunden werden. Obwohl Sauron also besiegt war und sein Geist flüchtete und sich lange Jahre verbarg, um Kraft zu sammeln, nahm sein Schatten im Düsterwald erneut Gestalt an. Und jetzt ist er nach Mordor zurückgekehrt.

Den Ring fand ein Wesen namens Déagol, Angehöriger eines flinkhändigen und sachtfüßigen kleinen Volkes vom Hobbitschlag, das an den Ufern des Anduin lebte. Déagol fand den Ring beim Angeln, aber sein Freund Sméagol hatte ihn beobachtet, und es gelüstete ihn nach dem Ring. So erwürgte er den Freund, um ihn in seinen Besitz zu bringen. Der Ring verführte und verdarb ihn, wie er es mit allen tut, die ihn tragen und lange genug benutzen. Ausgerüstet mit der Macht der Unsichtbarkeit, wurde Sméagol boshaft und gewöhnte sich das Stehlen an. Er begann, vor sich hin zu murmeln und kehlig »Gollum, Gollum« zu glucksen.

Sein eigenes Volk wandte sich gegen ihn, verfluchte und verbannte aus seinen Höhlen. Er begann sich selbst Gollum zu nennen, zog den Strom hinauf und gelangte so zum Gebirge. Dort fand er eine Heimstatt in den dunklen Tiefen und Höhlen, in denen Bilbo später auf ihn stieß.

Dies alles teilt Gandalf Frodo mit, denn Gollum verlangt es immer noch nach dem Ring, und er sucht nach ihm. Seine Suche hat ihn sogar bis nach Mordor geführt. Auf diese Weise erlangte die Dunkle Macht, erneut auferstanden, aber sehr geschwächt durch den Verlust des Ringes, Kenntnis von den Hobbits und dem Auenland. Schwarze Reiter patrouillieren an den Grenzen des Auenlandes, und schon bald werden sie in voller Stärke in die Heimat der Hobbits eindringen, um den Ring für ihren grausamen Meister in Besitz zu nehmen.

Frodo ist äußerst beunruhigt und bestürzt. Bleibt er im Auenland, so wird er die Handlanger des erbarmungslosen Feindes auf sein Volk lenken. Er bietet Gandalf den Ring an, aber der Magier wehrt entsetzt ab und schreit:

»Nein! [...] Damit würde meine Macht zu groß und fürchterlich. Und noch entsetzlicher wäre die Macht, die der Ring über mich gewänne. [...] Versuche mich nicht! Denn ich will nicht selbst so werden wie der Dunkle Herrscher. Doch was dem Ring den Weg zu meinem Herzen öffnen könnte, ist das Mitleid, das Mitleid mit den Schwachen und das Verlangen nach der Kraft, Gutes zu tun. Darum versuche mich nicht! Ich wage nicht, ihn zu nehmen, nicht ein-

mal, um ihn unbenutzt zu verwahren. Ich könnte dem
Wunsch, ihn zu gebrauchen, nicht widerstehen.«[3]

Der Ring kann nicht lange vor dem dunklen Feind verborgen gehalten werden, aber man kann ihn vernichten. Dies ist aber nur
möglich, indem man ihn in den feurigen Schlund jenes Ortes
wirft, an dem er auch geschmiedet wurde – und dieser Ort liegt
mitten im Lande Mordor. Gandalf rät Frodo, aufzubrechen und
das Auenland zu verlassen. Er soll sich nach Bruchtal aufma-
chen, wo das Haus Elronds steht. Dort vermag der Weiße Rat
vielleicht einen Plan auszuarbeiten.

In einer dunklen Nacht verlassen daher Frodo und der Ring
das Auenland, begleitet von dreien seiner jungen Hobbit-Freun-
de: Samweis (Sam) Gamdschie, Meriadoc (Merry) Brandybock
und Peregrin (Pippin) Tuk. Ihre gefahrvolle Reise führt sie durch
die bewaldete Landschaft, in die das Auenland eingebettet liegt.
Dort entkommen sie mit knapper Not den Schwarzen Reitern
und treffen auf einen freundlichen Trupp Elben. Sie werden aus
der Umklammerung eines bösartigen Baumes gerettet, und
zwar von einem fröhlich singenden und zufriedenen Wesen namens Tom Bombadil. Weder Mensch noch Hobbit, Zwerg oder
Elb, ist Tom die Verkörperung des vollkommenen Guten und so
alt wie die Zeit selbst. Er selbst drückt es so aus:

>»Der Älteste, der bin ich. […] Tom war früher hier als der
>Fluß und die Bäume; Tom hat den ersten Regentropfen fal-
>len gesehn und die erste Eichel. […] Als die Elben gen
>Westen fuhren, bevor die Meere gekrümmt wurden, war
>Tom schon da. Er war schon da in der gestirnten Dunkel-
>heit, die noch ohne Schrecken war – bevor der Dunkle
>Herrscher von außen kam.«[4]

Nach einer düsteren Szene, in der die Hobbits innerhalb eines
Hügelgrabes von einem Grabunhold gefangen gehalten und von

Tom gerettet werden, erreichen sie Bree und nehmen Zuflucht
in einem Gasthaus mit dem Namen *Zum Tänzelnden Pony*. Dort
fällt ihnen ein merkwürdiger Mann auf, der sie beobachtet:

> Plötzlich bemerkte Frodo einen fremdländisch und wetter-
> fest aussehenden Menschen, der im schummrigen Licht an
> der Wand saß und den Hobbitgesprächen ebenso aufmerk-
> sam zuhörte wie er selbst. Der Mann hatte einen hohen
> Deckelkrug vor sich stehen und rauchte eine langstielige,
> eigenartig geschnitzte Pfeife. Die Beine, die er von sich ge-
> streckt hatte, steckten in gutsitzenden Schaftstiefeln aus
> weichem Leder, die schon viel durchgemacht haben mußten
> und jetzt mit Schlamm verkrustet waren. Eng um den Leib
> gezogen trug er einen ebenfalls nicht sehr reinlichen Man-
> tel aus dickem dunkelgrünem Tuch; und trotz der Hitze im
> Raum hatte er die Kapuze tief in die Stirn gezogen, so daß
> Frodo nur noch die Augen funkeln sah, mit denen er die
> Hobbits beobachtete.[5]

Der Gastwirt teilt Frodo mit, der Fremde sei »einer von den Fahrenden – Waldläufer nennen wir sie [...]. Seinen richtigen Namen hab ich nie gehört; aber hier heißt er überall nur Streicher.«[6] Außerdem übergibt der Wirt Frodo einen Brief von
Gandalf, in dem er den Hobbits mitteilt, daß sie einem Menschen, »schlank, groß, dunkelhaarig, von manchen Leuten Streicher genannt«[7] vertrauen können. Sein wahrer Name sei Aragorn. Des Weiteren zitiert der Brief einen verschlüsselten Vers,
von denen einige Zeilen wie folgt lauten:

> *Aus Schatten ein Licht entspringe!*
> *Aus Asche soll Feuer loh'n!*
> *Heil wird die zerbrochene Klinge,*
> *Der Kronlose steigt auf den Thron.*[7]

Mit Streicher, dem Waldläufer, als Führer machen sie sich auf den Weg nach Bruchtal, wo Gandalf hofft, sie wiederzutreffen. Streicher (oder Aragorn, wie er sich jetzt selbst nennt) erzählt ihnen alte Sagen über Gil-galad und Elendil, von Earendil, der Elwing, die Weiße, ehelichte und dessen Kinder die Könige von Númenor wurden, einem älteren Namen für Westernis. Obwohl sie von Schwarzen Reitern angegriffen werden, die Frodo mit einem magischen Dolchstich verletzen, erreicht die Gemeinschaft sicher Bruchtal. Gandalf ist dort und berichtet Frodo, daß Aragorn dem Geschlecht großer Könige entstammt, den Dúnedain, den Menschen des Westens, die einst über das Meer gesegelt kamen.

Der Rat versammelt sich, um über das Problem zu beraten, das der Ring darstellt. Im Rat sitzen Angehörige der Elben, darunter Glorfindel, ein Elbenprinz, »groß und schlank, das Haar golden schimmernd, das Gesicht edel, jugendlich, furchtlos und heiter, die Augen hell und scharf. Seine Stimme klang wie ein Orchester, Weisheit leuchtete ihm von der Stirn, und wieviel Kraft in seiner Hand war, konnte man nur ahnen.«[8] Im Rat sitzen auch Glóin, einer der Zwerge, der Bilbo im *Hobbit* begleitet hatte, und sein Sohn Gimli, des weiteren ein fremder Elb, in Grün und Braun gekleidet, Legolas, ein Bote seines Vaters Thranduil, des Königs der Elben vom Nördlichen Düsterwald. Und etwas abseits sitzt ein hochgewachsener Mann mit einem schönen und edlen Gesicht, dunkelhaarig und grauäugig, und einem stolzen und ernsten Blick, Boromir, ein Mensch aus dem Süden. Der Halbelbe Elrond spricht von Sauron und den Ringen der Macht und wie sie im lang vergangenen Zweiten Zeitalter der Welt geschmiedet wurden:

Von Númenor sprach er, seiner Glanzzeit und seinem Untergang und von der Rückkehr der Menschenkönige aus den Weiten des Meeres, getragen von den Flügeln des Sturms. Elendil der Lange und seine gewaltigen Söhne Isil-

dur und Anárion wurden damals große Herrscher; und sie
gründeten das Nordreich in Arnor und das Südreich in
Gondor über den Mündungen des Anduin. Doch Sauron
von Mordor bekriegte sie, und sie schlossen das Letzte
Bündnis zwischen Elben und Menschen, und in Arnor wurden Gil-galads und Elendils Heere gemustert.[9]

Und so enthüllt Elrond sein unglaubliches Alter, denn wenn
auch nur die Elben unsterblich sind, so haben die Halbelben dennoch erstaunliche Lebensspannen:

>Meine Erinnerungen aber reichen zurück bis in die Älte-
sten Tage. Earendil war mein Vater, der in Gondolin gebo-
ren war, bevor es fiel; und meine Mutter war Elwing, Toch-
ter Diors, welcher der Sohn Lúthiens von Doriath war. Drei
Zeitalter habe ich im Westen der Welt erlebt, mit vielen
Niederlagen und vielen fruchtlosen Siegen.
Gil-galads Herold war ich und marschierte mit seinem
Heer. Ich kämpfte in der Schlacht auf der Dagorlad vor dem
Schwarzen Tor von Mordor, wo wir den Sieg davontrugen,
denn niemand hielt Stand vor Aiglos und Narsil, Gil-galads
Speer und Elendils Schwert. Das letzte Gefecht auf den
Hängen des Orodruin sah ich mit an, wo Gil-galad fiel und
Elendil fiel und sein Schwert unter ihm zerbrach; doch auch
Sauron wurde niedergeworfen, und mit dem Heftstück von
Narsil schnitt ihm Isildur den Ring von der Hand und
nahm ihn zueigen.«[10]

Elrond berichtet weiterhin, daß die Menschen von Westernis
nach dem Krieg geschwächt waren. Das Volk von Arnor schwand
dahin und wurde von seinen Feinden verschlungen. Im Süden
jedoch hielt sich das Reich Gondor lange, und eine Zeitlang
nahm sein Glanz zu und rief gleichsam die Macht von Númenor
vor dessen Sturz in Erinnerung.

Der Rat tagt weiter. Frodo erblickt Arwen, Elronds Tochter, eine Frau von überirdischer, ungetrübter Schönheit. Er hört viele Geschichten über das Zweite Zeitalter. Glóin enthüllt, daß der Dunkle Herrscher Boten zu den Zwergen sandte, die von gegenseitiger Freundschaft redeten und viel versprachen. Sie sprechen über Gondor, welches über das Schwarze Tor wacht, und wie es seit dem Zweiten Zeitalter gedieh:

> »Hohe Türme bauten die Menschen dort, feste Burgen und
> Häfen für viele Schiffe; und der Flügelkrone der Menschen-
> könige begegneten Völker vieler Zungen mit Ehrfurcht. Ih-
> re Hauptstadt war Osgiliath, die Zitadelle der Sterne, durch
> die der Anduin mitten hindurchfloß. Nach Osten hin, auf
> einem Vorsprung des Schattengebirges, erbauten sie Minas
> Ithil, den Turm des aufgehenden Mondes; weiter westlich,
> zu Füßen des Weißen Gebirges, Minas Anor, den Turm der
> sinkenden Sonne. In den Gärten des Königs dort wuchs ein
> weißer Baum aus dem Samen des Baumes, den Isildur übers
> tiefe Wasser mitgebracht hatte; und der Same zuvor war
> aus Eressëa und noch früher aus dem Fernsten Westen ge-
> kommen, an dem Tage vor den Tagen, als die Welt jung
> war.«[11]

Da erhebt sich Boromir, der Mensch aus dem Süden, um seine Geschichte zu erzählen. Er kommt aus Gondor und berichtet darüber, daß das Südreich immer noch das Bollwerk des Westens ist, das dem wilden Volk des Ostens Einhalt gebietet und die Kräfte des Schwarzen Landes von Mordor in Schach hält. Aber Mordors Macht wächst, der Dunkle Herrscher verbündete sich mit den Ostlingen und den grausamen Haradrim. Dennoch steht Gondor fest, wenn es auch nicht mehr lange standzuhalten vermag. Seine Verbündeten sind abgefallen. Jene, die hinter dem Bollwerk Schutz fanden, spenden Gondor Lob, bieten aber keine Hilfe in diesen unsicheren Zeiten an. Nur von Rohan werden noch Männer zur Hilfe Gondors reiten, um ihm mit seinen Waffen zur Seite zu stehen.

Aber Boromir sucht im Hause Elronds keine Verbündeten im Krieg, sondern Weisheit. Der Herrmeister des Reiches Gondor hatte einen prophetischen Traum, in dem eine Stimme ihm mitteilte, daß er das geborstene Schwert in Imladris suchen müsse. Es war ein unruhiger Traum, in dem der östliche Himmel sich verdunkelte, als zöge ein Unwetter aus Westen näher heran. Denethor, der Herr von Minas Tirith, entsandte Boromir, seinen Sohn, um bei Elrond um Rat zu bitten, denn *Imladris* ist der alte Name für den Ort, an dem Elrond weilt. Bei diesen Worten steht Aragorn auf, wirft sein Schwert auf den Tisch und ruft aus, dieses sei das geborstene Schwert. So wird enthüllt, daß Aragorn ein Nachfahre Isildurs ist und das Haupt der Dúnedain des Nordens. Es ist das Schwert, das in der letzten Schlacht unter Elendil zerbrach. Seine Erben hüteten es wie einen Schatz bis zum heutigen Tage, denn seit alters geht die Rede, daß es neu geschmiedet werden soll, wenn der Ring wiedergefunden ist. Aragorn fragt eindringlich, ob der Tag gekommen sei, an dem das Haus Elendil die Macht im Land Gondor wieder übernehmen soll.

Der Rat tagt weiter. Gandalf eröffnet der Versammlung, daß Saruman der Weiße, ein großer Magier und Oberhaupt von Gandalfs eigenem Orden, der Dunkelheit verfiel und zum Verräter wurde, verführt durch die Verlockung des Ringes und seinen Neid auf die Macht des Dunklen Herrschers. Der Ring muß zerstört werden. Doch weder Glorfindel noch Gandalf oder Elrond wagen es, die Bürde auf sich zu nehmen. Wer aber soll der auserwählte Ringträger sein?

Niemand antwortete. Die Mittagsglocke läutete. Immernoch sprach niemand. Frodo blickte in alle Gesichter, aber niemand blickte ihn an. Alle im Rat hatten die Augen gesenkt wie in tiefem Nachsinnen. Eine große Furcht ergriff ihn, als erwartete er die Verkündung eines Urteils, das er

lange vorausgesehen und von dem er vergebens gehofft
hatte, es würde am Ende nie ausgesprochen werden. Sehn-
sucht nach Ruhe und Frieden überkam ihn; sein Herzens-
wunsch war es, mit Bilbo in Bruchtal zu bleiben. Schließlich
zwang er sich, etwas zu sagen, und wunderte sich über die
eigenen Worte, als hätte ein fremder Wille sich seiner
schwachen Stimme bedient.

»Ich werde den Ring tragen«, sagte er, »obwohl ich den Weg
nicht weiß.«[12]

So ist es entschieden. Aber Frodo wird diese furchtbare Bürde
nicht allein tragen. Eine Gemeinschaft des Ringes wird gebildet,
um ihn zu begleiten und ihm bei den Gefahren, die auf seinem
Weg liegen, zur Seite zu stehen. Neun werden auf die Reise gehen: Legolas der Elb, der seinen Bogen mitnimmt; Gimli der
Zwerg, der ein Panzerhemd und eine große Axt trägt; Gandalf
der Graue mit seinem Stab, an seiner Seite das Schwert Glamdring; Aragorn trägt das Schwert Elendils, das die Elben neu geschmiedet hatten und dem er den Namen Andúril, »Flamme des
Westens«, gab. Boromir von Gondor gehört dazu, Pippin, Merry
und Sam, die ihre eigenen Schwerter tragen, sowie Frodo, der
Ringträger, dem Bilbo ein Panzerhemd der Zwerge schenkt sowie sein altes Schwert Stich.

Sie machen sich auf den Weg und durchqueren dunkle Wälder
und Sümpfe. Von bösartigen Wargs gejagt, versuchen sie das un-
terirdische Reich von Moria zu durchschreiten, das ehemalige
große Königreich der Zwerge. In den tiefen unterirdischen Gän-
gen werden sie von Orks überfallen und fliehen zu einer schmalen Brücke, die einen tiefen Abgrund überspannt. Sie erkämpfen
sich ihre Freiheit gegen die Orkscharen, und nicht einmal ein
großer Troll vermag sie aufzuhalten. Aber dann kommt ein
wahrhaft entsetzlicher Feind über sie. »Ai! Ai!« jammert Legolas. »Ein Balrog! Es kommt ein Balrog!« Gandalf sackt verzwei-
felt in sich zusammen. »Ein Balrog«, murmelt er. »Jetzt versteh'

ich.« Er wankt und stützt sich schwer auf seinen Stab. »Was für ein Unglück! Und ich bin doch schon müde.«[13]

Sich aufraffend, scheucht der alte Zauberer sie über die Brücke. »Flieht! Dies ist kein Feind, für einen von euch. Ich muß ihm den Engpaß versperren. Flieht!«

> Das Balrog kam an die Brücke. Gandalf stand in der Mitte des Bogens, mit der linken Hand auf seinen Stab gestützt, in der rechten Glamdring, das kalt und weiß schimmerte. Ihm gegenüber blieb das Unwesen wieder stehen und breitete die Schatten, von denen es umgeben war, wie zwei große Schwingen aus. Es hob die Peitsche und ließ die Riemen sausen und knallen. Aus den Nüstern schnob es Feuer. Gandalf wich keinen Schritt.
>
> »Du kommst nicht durch«, sagte er. Die Orks blieben stehen, und es wurde totenstill. »Ein Diener des Geheimen Feuers bin ich und walte der Flamme Anors. Du kommst nicht durch. Das dunkle Feuer wird dir nicht helfen, Flammen von Udûn! Geh zurück in den Schatten! Du kommst nicht durch.«[14]

Sie kämpfen miteinander, auf dem schmalen Weg über dem Abgrund. Das Balrog erhebt ein flammendes rotes Schwert gegen das kalte Feuer von Glamdring, aber das rote Schwert zerspringt in zerschmolzene Stücke. Gandalf weicht schwankend zurück, dann steht er wieder fest. »Du kommst nicht durch«, wiederholt er. Das Balrog springt ganz auf die Brücke und holt mit der Peitsche aus. »Das kann er nicht allein durchstehen!« ruft Aragorn plötzlich und rennt wieder auf die Brücke. »Elendil!«, schreit er. »Ich steh' zu dir, Gandalf.« »Gondor!«, ruft Boromir und setzt ihm nach, um dem Zauberer ebenfalls zu Hilfe zu eilen.[15]

In diesem Augenblick hob Gandalf seinen Stab und hieb ihn mit einem lauten Schrei auf den Boden der Brücke. Der

Stab brach entzwei und fiel ihm aus der Hand. Eine blen-
dend weiße Flammenwand sprang auf. Die Brücke knackte.
Genau unter den Füßen des Balrogs brach sie, und […]
stürzte in die Tiefe […].
Mit einem wüsten Schrei stürzte das Balrog vornüber und
verschwand mitsamt seinem Schatten. Aber noch im Fallen
schwang es die Peitsche, und die Riemen prasselten und
wickelten sich dem Zauberer um die Knie und zerrten ihn
zum Rand. Er verlor den Halt und fiel, vergebens nach dem
Stein greifend, in die Tiefe. »Flieht, ihr Narren!« rief er
noch, und weg war er.[16]

Und so fällt Gandalf der Graue. Dunkelheit bricht herein. Weinend vor Schmerz und Entsetzen stolpert die Gemeinschaft vorwärts, angetrieben von Aragorn, der jetzt die Führung übernimmt. Schießlich kommen sie ans Tageslicht. Sie fliehen weiter
und finden Zuflucht in Lothlórien, wo ihnen die freundliche Königin Galadriel für eine Weile Unterschlupf gewährt. Als sie
weiterziehen, übergibt sie ihnen eine kleine Phiole aus Kristall,
in der sich das reine Wasser ihres Springquells befindet. Sie wird
sich zu gegebener Zeit noch als sehr nützlich erweisen.

Jetzt, da Gandalf nicht mehr unter ihnen weilt, vermißt die
Gemeinschaft seine weise Führung. Uneinigkeit kommt unter
ihnen auf, und sie streiten sich. Dabei werden die alten Empfind-
lichkeiten zwischen Zwergen und Elben wieder zur Sprache gebracht. Boromir stellt Aragorns Führerschaft in Frage und argumentiert, daß sie den Ring zuerst nach Gondor bringen sollten.
Als Frodo sich absondert, um alles zu überdenken, geht Boromir
ihm heimlich nach und versucht ihm den Ring abzunehmen, an-
fangs mit schmeichelnden Worten und dann durch rohe Gewalt.
Frodo flieht, entsetzt über die Gier im Gesicht des Mannes, den
er für seinen Freund hielt. Ihm wird klar, welche schwere Bürde
der Ring tatsächlich ist, daß er Neid und Versuchung in allen
weckt, die dem Ringträger nahestehen. So macht er sich unbe-

merkt in die Wildnis auf, nur begleitet von Sam, und sie erreichen die Grenzen des Landes der Schatten, das sie allein betreten müssen.

Auf der Suche nach Frodo zerbricht die Gemeinschaft für immer. Die lange Reise ist fast vorüber. Der Große Krieg steht unmittelbar bevor.

Anmerkungen

Das Zitat zu Beginn des Kapitels stammt aus *Poetry of T'ao Chien*. Hg. v. T'ao Ch'ien u. James R. Hightower, Oxford Univ. Press, Oxford 1970 (Übersetzung: Biene van de Laar).

[1] J. R. R. Tolkien: *Der Herr der Ringe*, [DHDR]. Übers. v. Wolfgang Krege. Klett-Cotta 2000, *1. Teil: Die Gefährten*, S. 48.

[2] *DHDR*, S. 5

[3] *DHDR, Die Gefährten*, S. 79

[4] *DHDR, Die Gefährten*, S. 152f.

[5] *DHDR, Die Gefährten*, S. 177

[6] *DHDR, Die Gefährten*, S. 177f.

[7] *DHDR, Die Gefährten*, S. 193

[8] *DHDR, Die Gefährten*, S. 250

[9] *DHDR, Die Gefährten*, S. 268

[10] *DHDR, Die Gefährten*, S. 268

[11] *DHDR, Die Gefährten*, S. 269f.

[12] *DHDR, Die Gefährten*, S. 296

[13] DHDR, *Die Gefährten*, S. 357

[14] DHDR, *Die Gefährten*, S. 357

[15] DHDR, *Die Gefährten*, S. 358

[16] DHDR, *Die Gefährten*, S. 358

Kapitel 6
DIE ZWEI TÜRME

Was ist mit den Asen? Was ist mit den Alfen?
All Jötunheim ächzt, die Asen versammeln sich.
Die Zwerge stöhnen vor steinernen Türen,
Der Bergwege Weiser: wißt ihr, was das bedeutet?
Die Ältere Edda, Wölnspa

Der zweite Band der Trilogie trägt den Titel *Die zwei Türme*. Das
Buch schließt nahtlos an die Abschlußszene des ersten Bandes
Die Gefährten an. Auf der Suche nach Frodo und Sam teilt sich
die Gemeinschaft auf. Boromir, der tiefe Reue über sein Fehlver-
halten empfindet, eilt den beiden jungen Hobbits Pippin und
Merry zu Hilfe, die von den anderen getrennt wurden und sich
im Wald verlaufen haben. Als eine Bande Orks sie überfällt,
schlägt sich Boromir tapfer und stößt in sein Horn. Sein letztes
Gefecht ist ruhmvoll, doch trotz seines Heldenmutes fällt er, von
vielen Pfeilen durchbohrt.

So stirbt der Erbe des Denethor, des Truchseß von Gondor,
und leistet Buße für den Verrat an der Gemeinschaft.

Die anderen erreichen nach und nach das Schlachtfeld. Pippin
und Merry sind verschwunden, vermutlich haben die Orks sie
verschleppt. Als sie die Gefallenen nach Hinweisen untersuchen,
stellen die Zurückgebliebenen fest, daß einige der Toten unbekannte Rüstungen und fremdartige Ausrüstung tragen. Ihre
Helme schmückt ein fremdes Wappen: eine weiße Hand und
eine S-Rune, die wahrscheinlich den undurchsichtigen Magier
des Westens, Saruman den Weißen, repräsentieren, das Oberhaupt von Gandalfs eigenem Orden. Sie gehen zu Recht davon
aus, daß Saruman durch seinen Machthunger korrumpiert wurde und aus eigenen dunklen Beweggründen nach dem Ringträger suchen läßt.

Aragorn der Mensch, Gimli der Zwerg und Legolas der Elb
sind die einzigen, die von der Gemeinschaft verblieben sind. In
Ermangelung eines besseren Plans folgen sie der Spur der Orks,
in deren Gefangenschaft sich Pippin und Merry befinden. Sie erreichen das Land der Rohirrim und begegnen den Kriegern von
Rohan, die ihre Pferde zügeln und sie mißtrauisch ausfragen.
Die Rohirrim sind großgewachsen wie Eschenspeere und uner-
müdliche Reiter mit hellem, flachsblondem Haar, bemalten
Schilden und Panzerhemden. In diesen ruhelosen und ungewis-
sen Zeiten, in denen Kriege drohen und überall Kriegsgerüchte

kursieren, in denen die Macht des Feindes von Tag zu Tag zu-
nimmt, sind merkwürdige Reisende nicht willkommen. Aragorn
spricht mit Éomer, einem Marschall der Riddermark. Er überzeugt den Krieger davon, daß sie Freunde sind, und Éomer berichtet ihnen, daß er und seine Reiter auszogen und jene Ork-
schar niederschlugen, die Aragorn verfolgt. Sie fanden keine
Hobbits unter den Erschlagenen. Éomer überläßt ihnen Pferde
und kehrt zurück, um seinem König von den Geschehnissen zu
berichten. Aragorn und seine Begleiter aber reiten in Richtung
des alten Fangorn-Waldes, um nach den beiden vermißten Hobbits zu suchen.

Die Handlung verlagert sich sodann zu Merry und Pippin.
Wir erfahren, wie sie den Orks entkamen, entflohen und Schutz
in Fangorn suchten – einem sehr großen und alten Wald mit einem unheilvollen Ruf. Dies geschieht, bevor die Rohirrim die
Orks einholen und Sarumans Trupp vernichten. Als sie in dem
dunklen Wald herumirren, begegnen sie einem merkwürdigen,
aber freundlichen Wesen mit Namen Baumbart, der jener fast
vergessenen Rasse der Ents, der »Hirten der Bäume«, angehört.
Weise, humorvoll, philosophisch und sehr bedächtig sprechend,
findet der freundliche alte Ent die munteren Hobbits sehr eigen-
artig. Sie finden ihn sogar noch merkwürdiger:

Sie blickten in ein Gesicht, wie sie noch keines gesehen hatte. Es gehörte zu einer großen, menschenänlichen, aber fast
auch trollähnlichen Gestalt, mindestens vierzehn Fuß hoch,
sehr stämmig, mit großem Kopf und kaum einer Spur von
einem Hals. Ob das Zeug an ihrem Leib, das wie graugrüne
Baumrinde aussah, eine Bekleidung war oder die Haut, war
schwer zu sagen. Jedenfalls warfen die Arme dicht am
Rumpf keine Falten, sondern waren mit einer glatten braunen Haut bedeckt. Die großen Füße hatten je sieben Zehen.
Der untere Teil das Gesichts verschwand unter einem lang
herabwallenden grauen Bart, buschig, fast zweigig an den

Wurzeln, fein und moosig an den Enden. Doch fürs erste
achteten die Hobbits auf wenig anderes als auf die Augen.
Von diesen tiefgründigen Augen wurden sie jetzt erforscht,
langsam und bedächtig, aber sehr eindringlich. Es waren
braune Augen, mit einem grünen Licht durchwirkt.[1]

Baumbarts bedächtige, wohlüberlegte Rede enthüllt ein ernstes,
ehrwürdiges und sehr altes Wesen. Er ist einer der wohl einzig-
artigsten und faszinierendsten Charaktere der gesamten Trilogie, eine kreative Schöpfung, die auf derselben Stufe steht wie
Tom Bombadil aus dem ersten Band. Er nimmt die jungen Hobbits mit zu sich nach Hause und gibt ihnen zu essen. Die Hobbits
berichten ihm von den Orkgesprächen, die sie mithören konnten, davon, daß Saruman sich dem Bösen verschrieben hat, eine
Tatsache, die Baumbart bereits vermutete. Allerdings hat der
Weiße Magier mitnichten die Absicht, sich Sauron von Mordor
anzuschließen. Er will sich selbst als neue Macht im Land eta-
blieren. Baumbart ist nur schwer aufzurütteln[2], aber er verspürt
heiligen Zorn auf Saruman, denn der Herr von Orthanc ließ
Bäume am Rande von Fangorn fällen, und seine Orks durch-
streifen den Wald. Fangorn ist Baumbarts eigener Herrschaftsbereich, die Bäume darin stehen unter seinem Schutz. Zusammen mit anderen Ents hegt er sie und kümmert sich um ihre
Bedürfnisse, so wie ein Gärtner seine Pflanzen versorgt. Er rüt-
telt die anderen Ents auf, und sie marschieren nach Isengart, zu
Sarumans Turm.

In der Zwischenzeit gelangen Aragorn und seine Begleiter auf
der Suche nach den verlorenen Hobbits ebenfalls in den Wald. In
der Nacht erhaschen sie einen kurzen Blick auf einen alten
Mann, dessen Hutkrempe sein Gesicht beschattet und der sie
aus dem Dunkel heraus beobachtet. Sie befürchten, Saruman
vor sich zu haben, aber als sie ihn anrufen, verschwindet er. Am
nächsten Tag setzen sie ihre Suche fort.

Aragorn blickte hin und sah, nicht weit von ihnen, eine gebeugte Gestalt, die langsam näher kam, dem Aussehen nach ein alter Bettler, der, auf einen derben Stock gestützt, müde dahinschritt. Er hielt den Kopf gesenkt und blickte nicht in ihre Richtung. Anderswo hätten sie ihn mit freundlichen Worten begrüßt, aber hier nun sahen sie ihm stumm entgegen, jeder im Gefühl einer seltsamen Erwartung: Etwas näherte sich ihnen, von dem eine geheime Macht ausging – oder eine Drohung.[3]

Unter den grauen Lumpen seines Mantels sehen sie ein *weißes* Gewand aufblitzen! Dies muß der gefürchtete Saruman sein. Der alte Mann hält inne und richtet mit sanfter Stimme verschleierte und vieldeutige Worte an sie. Dabei verbirgt er immer noch sein Gesicht vor ihnen. Gimli schleudert ihm ungeduldig den Namen Saruman entgegen und will sich auf ihn stürzen, aber:

Der Alte war zu schnell für ihn. Im Nu war er auf den Beinen und auf einen großen Felsklotz gesprungen. Da stand er, plötzlich hoch aufgewachsen und sie überragend. Seine Kapuze und die grauen Lumpen flogen beiseite. Sein Gewand war strahlend weiß. Er hob seinen Stock, und Gimlis Axt fiel klirrend zu Boden. Aragorns Hand mit dem Schwert erstarrte, und die Klinge leuchtete jäh auf. Legolas stieß einen lauten Schrei aus und schoß einen Pfeil hoch in die Luft, wo er sich in einen flammenden Blitz auflöste. »Mithrandir!« rief er. »Mithrandir!«
»Grüß dich, sag' ich dir noch mal, Legolas«, sagte der Alte. Alle drei starrten sie ihn an. Sein Haar war weiß wie Schnee im Sonnenschein, und weiß schimmerte sein Gewand; die Augen unter den dichten Brauen waren scharf und stechend wie Sonnenstrahlen; und Macht lag in seiner Hand. Schwankend zwischen Staunen, Freude und Furcht standen die Gefährten vor ihm und fanden keine Worte.[4]

Es ist wahrhaftig Gandalf. Gandalf, der zurückgekehrt ist, um wieder unter den Lebenden zu weilen, nachdem er zuvor furchtbare Prüfungen überstehen mußte. Immer noch von Ehrfurcht überwältigt, berichten sie ihm alles, was sich ereignet hat, seit er ihnen auf der schmalen Brücke über dem Abgrund genommen wurde, als die Peitsche des Balrog ihn in die Tiefe zog und sie allein weitergehen mußten. Er erzählt ihnen nur wenig von seinen merkwürdigen Erfahrungen in jenem dunklen Reich, von dem die Lebenden so wenig wissen.

»Lange bin ich gestürzt«, sagte er endlich, langsam, als könne er nur mit Mühe zurückdenken. »Lange bin ich gestürzt, und es stürzte mit mir. Sein Feuer war um mich und sengte mich. Dann fielen wir ins tiefe Wasser, und alles war dunkel. Kalt war es wie der Tod, daß mir fast das Herz stehenblieb. [...] Doch hat er einen Grund«, sagte Gandalf, »jenseits allen Lichts und Wissens, und dort kam ich schließlich an, auf dem tiefsten Grund des Gesteins. Es war noch immer bei mir. Sein Feuer war erstickt, doch nun war es ein schleimiges Untier, stärker als eine Würgeschlange.
Dort, tief unter der belebten Erde, wo die Zeit nicht gezählt wird, kämpften wir miteinander. Immer wieder umklammerte es mich, und immer wieder hieb ich auf es ein, bis es schließlich in dunkle Stollen entfloh – keine, die Durins Volk gegraben hat, Gimli Glóinssohn. In der Tiefe, weit unter den tiefsten Schächten der Zwerge, nagen Wesen an der Welt, die keinen Namen haben.«[5]

Mit gemessener, traumartiger Stimme berichtet Gandalf weiter, wie er seinen Feind, den Balrog, verfolgte und ihm auf den Fersen blieb – durch die Tiefen von Moria, die Endlose Treppe hinauf bis zum höchsten Gipfel der Berge. Dort, wo die Sonne auf weißem Schnee glitzerte, kämpften sie erneut.

»Ich warf das Unding nieder und stürzte es von dem hohen Sims herab, und die Flanke des Berges, wo es unten aufschlug, wurde zertrümmert. Dann wurde mir schwarz vor Augen, und ich irrte umher, fern von aller Zeit und aller Besinnung, auf Wegen, von denen ich nicht sprechen will. Nackt wurde ich wieder zurückgesandt – für eine kurze Zeit noch, bis meine Aufgabe erfüllt ist.«[6]

Gandalf spricht es nicht aus (auch Tolkien hält sich bedeckt), aber es entsteht der Eindruck, daß Gandalf den Tod fand und überwand, um gestärkt, geläutert und erneuert nach Mittelerde zurückzukehren, machtvoller als je zuvor. Er ist nicht länger Gandalf der Graue – jetzt ist er der Weiße. Und er muß noch viele große und wichtige Taten im Lauf der Welt vollbringen, bevor er sie wieder verläßt.

Als erstes reiten sie nach Rohan. Gandalf reitet Schattenfell, einen großen Hengst, der nicht seinesgleichen hat. Sie finden Théoden, den König der Mark, alt und in Träume versunken. Seine Manneskraft ist versiegt, und sein Geist wurde durch Mißtrauen vergiftet – durch die verschlagenen, hinterlistigen Worte, mit denen ihn sein Diener Gríma Schlangenzunge umgarnte, der ihn in einem Netz aus Andeutungen und verdrehten Anschuldigungen gefangenhält. So festigt er seine eigene hohe Stellung im Land. Sie fechten einen Wortstreit aus, aber Gandalf kann keine Zeit verschwenden. Er enthüllt seine strahlende Macht und wirft Gríma mit einem magischen Blitzschlag zu Boden. Dann führt er den alten König hinaus ins Licht und an die Luft. Seine beflügelnden Worte verscheuchen Nebel und Schatten aus Théodens Gedanken, verleihen im neue Kraft und beleben ihn.

Théoden ruft seine Krieger zu den Waffen, und das Heer bricht auf. In Helms Klamm werden sie von Orks eingeschlossen, und eine große Schlacht entbrennt, in der Legolas und Gimli sich herausragend schlagen und Gandalf sie zum Sieg führt.

Dann, so schnell die dahinfliegenden Hufe sie tragen können, ei- len sie nach Isengart, um Saruman gegenüberzutreten. Denn Gríma wurde als Diener der Weißen Hand entlarvt, und Théo- den verbannte ihn aus seinem Reich. Sie erreichen Orthanc, die magische Zitadelle des verräterischen Magiers, nur um heraus- zufinden, daß diese eine belagerte Festung ist.

Baumbart und die Ents haben die Macht Sarumans gebro- chen, seine Diener getötet oder vertrieben und all sein Werk zer- stört. Der Magier selbst (zusammen mit Gríma Schlangenzun- ge, wie wir bald erfahren) wird belagert. Gandalf tritt dem Weißen Magier gegenüber, dessen honigsüße Stimme sogar bei- nahe den grimmigen und nach Rache sinnenden König der Mark betört. Aber Gandalf hält ihm stand und enthüllt ihm, daß er ei- nen höheren Rang bekleidet. Er zerbricht Sarumans magischen Stab und verstößt ihn aus dem Orden. Gríma, der wie eine Schlange aus dem Unterholz zustößt, wirft einen Stein nach Gandalf. Gandalf wird nicht getroffen und stellt zu seinem Ent- zücken fest, daß Saruman diesen Stein bestimmt nicht freiwillig hergegeben hat. Es handelt sich um einen Palantír, einen magi- schen Kristall von großer Macht, ein Bindeglied zwischen Ort- hanc und dem Dunklen Turm von Barad-dûr (den zwei Türmen des Buchtitels), über das in früheren Tagen Informationen aus- getauscht werden konnten.

Nachdem sie sich von Baumbart verabschiedet und es sich für die Nacht bequem gemacht haben, begeht der unvorsichtige Pip- pin den Fehler, in den Kristall zu blicken. Er wird dabei vom Geist Saurons übermannt. Die schreckliche Erfahrung fügt ihm jedoch keinen bleibenden Schaden zu, und zum Glück für alle wußte er nur wenig, was für den Dunklen Herrscher von Nut- zen wäre.

Gandalf reitet in höchster Eile nach Minas Tirith, der Haupt- stadt von Gondor, in der Hoffnung, dort einzutreffen, bevor die Wogen des Krieges es umbranden.

Die Handlung wechselt zu Frodo und Sam, die sich ihren Weg

entlang der Grenzen von Mordor suchen. Als sie durch bergiges Gelände wandern, stoßen sie auf Gollum, der dort herumschleicht. Das erbärmliche kleine Geschöpf ist so bemitleidenswert, daß Frodo ihm gegenüber Gnade walten läßt, obwohl Sam unbeirrbar darauf hinweist, daß der verräterischen kleinen Schlange nicht zu trauen ist. Frodo setzt sich jedoch durch. Er geht sanft und voller Mitgefühl mit Sméagol um. Selbst unter der erdrückenden Bürde des Ringes leidend, vermag er einen Teil der Qualen und Erniedrigungen nachzuvollziehen, unter denen dieses kleine Geschöpf schon so lange leidet. Es ist lange her, seit irgendein anderes Lebewesen ihm ein anderes Gefühl als Verachtung entgegenbrachte (und schon gar nicht Mitleid), so daß Gollum sich aufgrund von Frodos Freundlichkeit diesem kriecherisch andient und die Hobbits durch die Sümpfe führt. Diese Szenen, in denen Gollum mit mitleiderregendem Eifer auf den geringsten Hauch von Freundlichkeit und Vertrauen reagiert, sind sehr bewegend und wunderbar ausgeführt.

Vor dem Schwarzen Tor, das nach Mordor führt, trifft die Gruppe auf Truppen aus Minas Tirith. Sie werden angeführt von Faramir, dem Heermeister von Gondor, mit dem sie Neuigkeiten austauschen. Schließlich verabschieden sie sich wieder und versuchen, durch einen dunklen Gebirgstunnel erneut ins Dunkle Land zu gelangen. Aber diese lichtlose Höhle ist der dunkle und übelriechende Bau von Kankra, einem schrecklichen Spinnenmonster von unnatürlicher Größe und abscheulicher Laune. Sam erinnert sich an die Sternenphiole vom Quell der Elbenkönigin und die Worte, die Galadriel sprach, als sie sie ihnen überreichte: »Ein Licht, wenn alle andern Lichter erlöschen!«[6a] Er hebt die Phiole hoch, und ihr reines Licht drängt Kankra in die tieferen Winkel ihrer Behausung zurück.

Sie schreiten voran, hauen sich einen Pfad durch die dicken, wirren und verklebten Spinnweben, die ihr Vorwärtskommen behindern. Dann fällt Kankra wieder über sie her, und in der übelriechenden Dunkelheit entbrennt ein verzweifelter Kampf.

Gollum wendet sich gegen Sam, den er nie mochte (wahrscheinlich, weil der stämmige Hobbit ihm niemals traute und Frodo maßregelte, als dieser sich auf das klägliche kleine Geschöpf verließ). Gollum wird abgewehrt und flieht. Sam wendet sich Frodo zu, um diesem beizustehen, und muß zu seinem ungläubigen Entsetzen feststellen, daß sein Herr vom giftigen Stachel der Spinne getroffen wurde und tot zu sein scheint. Weinend wirft sich Sam in einem Anfall von Heldenmut auf Kankra. Galadriels Phiole entflammt in unerträglicher Helligkeit, und Sams Schwert macht die geblendete Kankra kampfunfähig. Das verkrüppelte Wesen kriecht fort, um sein einsames, verborgenes Nest zu finden.

Jetzt steht Sam, der arme, einfältige, vertrauenswürdige Sam, vor der Entscheidung, wie es weitergehen soll. Muß er – kann er – die Bürde des Ringes auf sich nehmen und allein weitergehen, um die Aufgabe zu vollenden, die Frodo durch seinen Tod nicht mehr zum Abschluß bringen kann? Das würde bedeuten, daß er aufbrechen und Frodos Körper für immer an diesem stinkenden Ort zurücklassen müßte. Dennoch weiß er, daß er genau das tun muß. Er ist der letzte der Ringgefährten, und die Verantwortung liegt nun auf seinen stämmigen Schultern: Er muß weitergehen, solange er die Kraft dazu hat. Schluchzend streift er Frodo sanft den Ring ab und begibt sich zum Ende des unterirdischen Ganges.

Eine Orkpatrouille findet den Körper des Hobbits. Sie beraten sich darüber, wessen Körper das sein möge und wie er an diesen Ort gelangt sein könne. Sie tragen ihn fort, und Sam bleibt in ihrer Nähe. Er zieht den Ring an, um ihnen unsichtbar dichtauf folgen zu können. Als sie sich ihrer Festung nähern, bekommt er einen Teil der Unterhaltung zwischen zwei Orks mit. Was er hört, läßt ihn vor Entsetzen taumeln.

Einer der Orks beharrt darauf, daß kein Grund besteht, den Körper seinen Vorgesetzten in Lugbúrz zu übergeben, da er ja tot sei:

»Was Lugbúrz damit machen will, kann ich mir nicht vorstellen. Er könnte ebenso gut auf den Müll wandern.«

»Du Idiot!«, fauchte Schagrat. »Du kannst zwar klug reden,
mußt aber noch einiges dazulernen, was jedes Kind weiß.
Du wanderst noch selbst auf den Müll oder zu Kankra,
wenn du dich nicht vorsiehst. Von wegen Aas! Kennst du
die alte Dame nicht besser? Wenn sie etwas so einschnürt,
dann geht es ihr ums Fleisch. Sie frißt kein Aas und säuft
kein kaltes Blut. Dieser Kerl ist nicht tot.«[7]

Von Entsetzen überwältigt, wird Sam schlagartig klar, daß das
Gift der Spinne Frodo nur gelähmt hat. Wäre er nicht in der Nähe geblieben, um dem Geplapper der Orks zu lauschen, dann
wäre er wahrscheinlich losgezogen und hätte Frodo Kankra
überlassen – sofern dieses Monster die Wunden überleben sollte, die das Schwert und die sengenden Strahlen von Galadriels
Phiole ihm zugefügt haben. Im anderen Fall wäre das Schicksal
des armen Hobbits noch viel gräßlicher gewesen: Er hätte gelähmt in den dunklen Höhlen Kankras gelegen, bis er verhun-
gert wäre.

Sam schwankt, zerrissen in seiner Unentschlossenheit. Was
soll er jetzt bloß tun? Er muß den Ring weitertragen, um die
Große Aufgabe zu erfüllen. Und dennoch – wie kann er weitergehen und seinen hilflosen Herrn lebend, aber ohne die Fähigkeit, zu sprechen oder sich zu bewegen, in den Händen des grausamen Feindes lassen?

Während Sam noch unschlüssig dasteht, wird Frodos Körper
in die grimmige Orkfestung gebracht, und die Tore schlagen zu.

Anmerkungen

Das Zitat zu Beginn des Kapitels stammt aus *Die Ältere Edda*. Übers. v.
Karl Simrock (www.amanita.de/home/edda), Wöluspa – Der Seherin
Ausspruch, Vers 52.

[1] J. R. R. Tolkien: *Der Herr der Ringe* [DHDR]. Übers. v. Wolfgang Krege. Klett-Cotta 2000, 2. Teil: Die zwei Türme, S. 491 f.

[2] Vgl. *DHDR, Die zwei Türme,* S. 503/510; der Begriff »aufrütteln« wird für entischen Ärger benutzt, »aufgerüttelte« Ents sind sehr, sehr wütend.

[3] *DHDR, Die zwei Türme,* S. 520f.

[4] *DHDR, Die zwei Türme,* S. 520f.

[5] *DHDR, Die zwei Türme,* S. 530

[6] *DHDR, Die zwei Türme,* S. 531

[6a] *DHDR, Die zwei Türme,* S. 405; *DHDR, Die Gefährten,* S. 759;

[7] *DHDR, Die zwei Türme,* S. 781

Kapitel 7
DIE WIEDERKEHR DES KÖNIGS

Alle Götter
sind versammelt und all die Mächte namenloser Welten,
Gewaltige, bekrönte Phantome; Helden, Männer und Bestien;
Und Demogorgon, eine gewaltige Düsternis.
SHELLEY, *Prometheus Unbound*

Der letzte Band der Trilogie trägt den Titel *Die Wiederkehr des Königs*. Zu Beginn reiten Gandalf und Pippin in Windeseile dem belagerten Königreich Gondor entgegen. Sie erreichen die Hauptstadt Minas Tirith und treten vor den Thron Denethors, des Truchsesses von Gondor. Gandalf warnt den lebhaften jungen Hobbit, auf seine Worte zu achten, wenn er mit dem schlauen und raffinierten Lord Denethor spricht, der einem noch weit vornehmeren und älteren Geschlecht als Théoden entspringt und mächtig wie ein König ist, obwohl er diesen Titel nicht führt, sondern nur als Truchseß über das Reich des verlorenen Königs regiert. Gandalf wünscht ganz offensichtlich nicht, daß Denethor bereits jetzt Nachricht von der bevorstehenden Ankunft Aragorns erhält, der als Nachkomme der verlorenen Könige Gondors Anspruch auf den verwaisten Thron hat. Und er warnt Pippin, seine Zunge zu hüten, wenn er von Boromir berichtet: »Tu jetzt, was ich dir sage! Wenn man einem Mächtigen die Nachricht vom Tod seines Erben überbringt, wäre es nicht klug, allzuviel von der Ankunft eines Mannes zu reden, der, wenn er kommt, auf die Königswürde Anspruch erheben wird.«[1]

Denethor befragt den jungen Hobbit eindringlich über die Ringgefährten und Boromirs Tod, genau wie Gandalf es vorausgesehen hatte. Aber schließlich neigt sich die schmerzliche Befragung dem Ende zu. Von einer seltsamen Regung getrieben – vielleicht einer Mischung aus Mitleid und Bewunderung für den verbitterten, stolzen und trauernden alten Herrscher –, schwört Pippin dem Truchseß den Lehnseid, und seine Dienste werden angenommen.

Danach hat Pippin nur wenig Anteil an den Beratungen der Mächtigen, die sich auf die bevorstehende Auseinandersetzung vorbereiten. Er streift durch die Stadt und gewinnt neue Freunde. Kurz darauf findet die kurze friedliche Atempause ihr Ende. Die Wolken des Krieges ziehen sich zusammen, der Sturm rückt näher, und die großen Heerführer aus den Außenlehen treffen mit ihren Mannen ein, um die Verteidigung Gondors zu stärken.

Dennoch ist ihre Zahl viel zu gering. Was wird sein, wenn Rohan nicht kommt?

Jetzt wenden wir uns wieder Aragorn, Gimli und Legolas zu, die Gandalf verließ, um voraus nach Gondor zu reiten. Sie befinden sich immer noch in der Nähe der Ruine von Orthanc, Sarumans Festung. Aber schon bald machen auch sie sich auf den Weg mit Théoden, der die Rohirrim zu den Waffen ruft. Zu ihnen stoßen die Waldläufer, Aragorns eigenes Volk aus dem Norden, um an diesem größten aller Kriege teilzunehmen. Sie bringen auch ein wertvolles Geschenk von Arwen, der Tochter des Halbelben Elrond von Bruchtal: das königliche Banner der wiederauferstandenen Könige von Gondor.

In einer Szene, die ohne Zweifel das beabsichtigte Gegenstück zu dem Eid darstellt, den Pippin vor Denethor ablegt, schwört Merry, der andere junge Hobbit, Théoden, dem König der Mark, Lehnstreue und wird Knappe Rohans. Aragorn, Gimli und der Elb Legolas trennen sich von den aufmarschierenden Reitern Rohans. Aragorn hat in den *Palantir* geblickt. Als Isildurs Erbe und wahrer Herr des magischen Steines ist dies sein Recht. Er erfuhr, daß der Krieg an der Schwelle Gondors steht und daß er dort sein muß, wenn der Sturm losbricht. Das Ende der Heerschau der Rohirrim abzuwarten würde ihn zu lange aufhalten. Die drei Gefährten machen sich daher auf, die gefahrvolle und verrufene Abkürzung über den Pfad der Toten zu nehmen. Sie treten ein in die Schatten unter dem schwarzen Dwimorberg, dem Geisterberg. Über ihre seltsamen Erfahrungen in diesem Reich erzählt uns Tolkien nicht besonders viel. Das Volk, das hier einst lebte, wurde für eine vor unendlich langer Zeit begangene Sünde verflucht. Aragorns Ankunft scheint sie von ihrer Strafe zu erlösen. Als er und die anderen wieder ins Tageslicht schreiten, reitet ein Schattenheer der Toten mit ihnen.

Der Krieg bricht jäh über Gondor herein. Schwarze Magie überzieht alles mit einem bleiernen Schatten. Die Morgensonne ist nicht auszumachen, und ein namenloses Grauen beraubt die

Verteidiger ihrer Kraft. Die Heere des Feindes belagern die Mauern von Minas Tirith. Im unheimlichen Zwielicht werden Schlachten geschlagen. Zweifel stehlen sich in die Herzen der Tapferen, und zwischen den Verbündeten flackern Zwistigkeiten auf. Denethor streitet mit Gandalf und seinem Sohn Faramir, dem Anführer des Heeres, dem Frodo an den Grenzen des Schwarzen Landes begegnete und der ihn ziehen ließ. Denethor erfüllt eine Ahnung, was Frodo da bei sich trägt, und er beklagt bitterlich, daß es nicht nach Gondor gebracht und seine Macht in den Dienst des gefährdeten Reiches gestellt wurde. Denethor und sein Sohn Faramir trennen sich im Streit.

Der Krieg schreitet voran. Die Heere von Mordor erstürmen die Außenmauern. Der Herr von Barad-dûr, Ringgeist, Hexenmeister der fliegenden Nazgûl, König von Angmar vor langer Zeit, führt das Dunkle Heer an. Gandalf nennt ihn »einen Speer des Schreckens in Saurons Hand«[2]. In der ungebrochenen Düsternis, mitten im größten Getümmel der Schlacht, schlagen die Herzen der Männer immer verzagter. Aber die Schwanenritter von Dol Amroth durchbrechen die Flanken des Feindes, und Gandalf, auf dem Rücken des mächtigen Hengstes Schattenfell, vereitelt den Anschlag der gefürchteten Nazgûl mit einem strahlendweißen Lichtblitz. Die Heere von Mordor lösen sich auf und fliehen in alle Richtungen; die Verteidiger von Gondor indes haben furchtbare Verluste erlitten. Es bleibt nur noch wenig Hoffnung. Und immer noch gibt es keine Kunde von Rohan.

Unter den Niedergestreckten befindet sich Faramir, der letzte lebende Sohn von Denethor und einziger Erbe des Truchseßamtes. Er schlug sich herausragend, wurde aber dennoch überwältigt. Schwer, vielleicht sogar tödlich verwundet, tragen sie ihn in die Sicherheit der Stadt.

Fürst Imrahil brachte Faramir in den Weißen Turm, und er sagte: »Euer Sohn ist nun zurückgekehrt, Herr, von großen

Taten«; und er berichtete von allem, was er gesehen hatte.
Denethor aber stand auf, blickte seinem Sohn ins Gesicht
und schwieg. Er ließ in seiner Kammer ein Bett herrichten
und Faramir hineinlegen; dann schickte er alle fort. Er
selbst aber stieg in die geheime Kammer an der Spitze des
Turms hinauf; und viele, die zu dieser Zeit emporblickten,
sahen einen fahlen, flackernden Lichtschein, der eine Weile
durch die schmalen Fenster hinausdrang, bis er nach einem
hellen Aufblitzen erlosch. Und als Denethor wieder hin-
unterkam, trat er zu Faramir und setzte sich an sein Bett;
und sein Gesicht war grau, totenähnlicher als das seines
Sohnes.[3]

Die Belagerung hält an. Die einzige Hoffnung liegt in der Ankunft von Rohan. Die Rohirrim sind alte Verbündete Gondors.
In vielen Schlachten kämpften diese beiden Völker Seite an Seite. Aber Rohan kommt nicht, und schon bald könnte es zu spät
sein. Jetzt läßt Mordor mächtige Kriegsmaschinen gegen die
Verteidigungen der Stadt auffahren. Wurfmaschinen donnern,
und feurige Geschosse regnen herunter. Eine nie endende Horde
dunkler Krieger wirft sich gegen die Wälle, als entsprängen sie
einer bodenlosen Quelle. Der Mut der Verteidiger wird von absoluter Verzweiflung aufgezehrt.

In der Feste sitzt Denethor an der Seite seines sterbenden
Sohnes und nimmt keinen Anteil an der Verteidigung seines
Reiches. Die Befehlsgewalt fällt auf Gandalf, der mit all seinem
Mut und seiner Weisheit unermüdlich kämpft, aber es scheint,
als sei alles verloren. Der erste Ring der Stadt steht in Flammen.
Männer fliehen von den Wällen und lassen sie unbewacht zu-
rück. Und Denethor verflucht die Boten, die ihm diese Botschaf-
ten überbringen.

»Warum? Was flüchten die Narren?« sagte Denethor. »Lieber früher verbrennen als später, denn verbrennen müssen

wir ja doch! Geht nur zurück zu eurem Freudenfeuer! Und ich? Ich geh' zu meinem, zu meinem Scheiterhaufen! Kein Grabgewölbe für Denethor und Faramir! Kein Gewölbe, kein ewiger Schlaf der einbalsamierten Leiber! Brennen wollen wir wie die Barbarenkönige, bevor je ein Schiff von Westen hier landete. Der Westen ist am Ende. Geht und verbrennt!«[4]

Ein großer Rammbock zerstört das Tor von Gondor. Es zerbirst krachend. Durch den Torbogen reitet der Herr der Nazgûl, ein furchterregendes und gesichtsloses Wesen. Alle fliehen vor ihm, nur Gandalf sitzt still auf seinem Pferd, stellt sich ihm entgegen und verlangt, daß der Ringgeist sich zurückzieht. Der Herr der Nazgûl lacht.

»Alter Narr!« rief er. »Alter Narr! Dies ist meine Stunde. Erkennst du den Tod nicht, wenn er dir begegnet? Stirb und fluche vergebens!« Damit hob er sein Schwert, und Flammen züngelten die Klinge entlang.
Gandalf rührte sich nicht. Und im gleichen Augenblick, irgendwo hinter ihm auf einem Hof in der Stadt, krähte ein Hahn. Hell und klar krähte er, unbekümmert um Krieg und Zauberei, nur um den Morgen zu begrüßen, der von fern über den Todesschatten am Himmel heraufdämmerte.
Und wie zur Antwort kam von fern ein anderer Ton. Hörner, Hörner, Hörner. Schwach hallten sie von den Hängen des dunklen Mindolluin wider. Große Hörner des Nordens, stürmisch geblasen. Rohan war gekommen.[5]

Die Heere aus Rohan stürmen über die Felder von Pellenor und gegen die Horden von Mordor. Ihnen voran reitet König Théoden, als sei ein großer Krieger der alten Legenden wiedererwacht. Sein Schwert führt den ersten Schlag, seine Hand streckt das schwarze und scharlachrote Banner des Südländer-Häupt-

lings nieder. Am Tor, wo er Gandalf gegenübersteht, schreit der
Herr der Nazgûl auf und verschwindet. Zwischen den stinkenden Schwingen seines grauenhaften geflügelten Reittieres sit-
zend, wirft er sodann den Schrecken der Nazgûl über die Rohirrim. Der alte König der Mark fällt unter dessen Wut. Aber ein
Ritter von Rohan steht dem gefallenen König bei, um die fürchterliche Macht des Heerführers der Nazgûl herauszufordern –
ein junger Ritter mit Namen Dernhelm, der sich nun als Théodens Nichte Éowyn erweist. Sie gab vor, ein junger Mann zu
sein, um an der Seite des Königs zu kämpfen, den sie wie einen
Vater liebt.

Die Kriegerprinzessin erschlägt das fliegende Monster, aber
der Herr der Nazgûl, der Schwarze Heerführer der Horden von
Mordor, wirft sie nieder und zertrümmert mit einem einzigen
Schlag, der ihr den Arm bricht, ihren Schild. Dann strauchelt er
unter dem kalten Biß eines unerwarteten Hiebes. Es ist der junge Hobbit Merry, der den ganzen weiten Weg von Rohan im
Sattel hinter »Dernhelm« saß und dessen Schwert den Schwarzen Reiter im Augenblick des Sieges verletzt. Der Herr der Nazgûl schwankt und achtet nicht auf seine Deckung. In diesem Augenblick stößt Éowyn zu. Ihr Schwert verwundet ihn tödlich.
Sein erbarmungsloses Schwert zerbirst. Er stürzt zu Boden –
und es bleibt nichts von ihm als ein leerer Helm und ein ebenso
leeres Panzerhemd! Das geisterhafte Wesen, das diese Kriegs-
ausrüstung trug, verfliegt und kehrt in das Schattenreich des To-
des zurück, aus dem der Herr der Ringe es gerufen hatte.

Der junge Éomer reitet herbei, um über die siegreiche
Schlacht zu berichten. Er wird von Théoden, dem sterbenden
König der Mark, als Nachfolger ausgerufen. Die trauernden Sie-
ger tragen die Leiche des gefallenen Théoden vom Schlachtfeld.
Gothmog, der Statthalter Mordors, reißt den Oberbefehl über
die zerschlagenen Heere des Dunklen Herrschers an sich, und
der Kampf geht weiter. Er wogt lange und heftig hin und her,
und kurz vor dem Ende verläßt sogar den edlen jungen König

Éomer der Mut. Dann aber ist unten auf dem Fluß das Heran-
kommen einer großen Flotte zu erkennen. Die Ritter wanken
und schreien, daß die grausamen Corsaren von Umbar gekommen seien, um die Reihen von Mordor zu verstärken.

Alles scheint verloren. Éomer reitet auf einen Hügel hinauf,
blickt auf die Flotte dunkler Schiffe hinunter und schmeckt die
Bitterkeit der Niederlage. Er singt:

> *Zweifelnd und zagend aus dem Zwielicht kam ich*
> *Ins Licht der Sonne, singend und lachend,*
> *Reitend, bis Herz und Hoffnung zerrissen.*
> *Nun wüte das Eisen bis zum wehen Abend!*[6]

Aber das Blatt hat sich gewendet. Als er noch auf die Schiffe
blickt und sein Schwert herausfordernd hebt, überkommen ihn
Staunen und eine große Freude. Denn auf dem vordersten Schiff
entfaltet sich eine große Fahne im Wind. Ein weißer Baum ist
darauf gestickt und Sieben Sterne und über allem das Wahrzei-
chen Elendils – Symbole, die seit unzähligen Jahren kein Herrscher Mittelerdes in die Schlacht getragen hatte.

So eilt Aragorn, der Sohn Arathorns und Isildurs Erbe, mit
Gimli und Legolas an seiner Seite zu Gondors Verteidigung heran, zusammen mit einer Heerschar seines eigenen Volkes, den
Dúnedain, den Waldläufern des Nordens. Die erschöpften, schon
fast geschlagenen Verteidiger spüren, wie ihnen die Herzen
übergehen angesichts dieser unerwarteten Hilfe.

Und der Jubel der Rohirrim war ein wogendes Gelächter
und ein Aufblitzen von Schwertern, und die Freude und
Verwunderung der Stadt wurde laut in einer Musik von
Trompeten und Glockengeläut. In den Heeren von Mordor
aber machte sich Verwirrung breit, und wie starker Zauber
kam es ihnen vor, daß die eigenen Schiffe ihre Feinde her-
antrugen; und das nackte Entsetzen packte sie, als sie er-

kannten, daß das Schicksal gegen sie entschieden hatte und
daß ihr Ende bevorstand.[7]

Die Heere von Éomer und Aragorn bahnen sich ihren Weg
durch den Feind, und sie treffen sich inmitten der Schlacht, um
sich die Hände zu reichen.

Und der Tag gehört ihnen.

Denethor aber – um ihn fürchten sie. Gebrochen durch den
angeblichen Verlust Faramirs (der zwar im Sterben liegt, aber
noch nicht tot ist), versinkt Denethor in einem dunklen Alp-
traum, den das Licht der Vernunft und der Wahrheit nicht zu
durchdringen vermag. Der Scheiterhaufen ist errichtet. Sein
Sohn liegt darauf gebettet. Gandalf drängt sich am wahnsinni-
gen Truchseß vorbei und hebt den jungen Mann herunter. Faramir brennt im Fieber, ist aber am Leben. Denethor wirft sich auf
den Scheiterhaufen und wird von seinem Schicksal ereilt.

Gandalf weiß, worin die Ursache für Denethors geistige Verwirrung liegt. Der Truchseß besaß einen weiteren *Palantír*. Hier,
genau wie in Orthanc wurde einer der *Sehenden Steine* verwahrt. Denethor muß ihn in jener dunklen Nacht benutzt haben, als Vorübergehende merkwürdige Lichter in den Fenstern
des geheimen Gemaches sahen. Der Dunkle Herrscher muß mit
Hilfe des magischen Kristalls Denethors Vernunft zerrüttet haben, um auf diesem Wege Gondor zu schwächen.

Gandalf bringt Faramir in die Häuser der Heilung, wohin auch
Merry und die verwundete Éowyn kommen. Sie versuchen ver-
zweifelt, das Leben des jungen Truchsesses zu retten, aber nur
noch ein legendäres Mittel, die *Königshand*[8], vermag ihm zu helfen. Auf Gandalfs Bitte hin betritt Aragorn heimlich die Stadt
und legt Faramir einige Kräuter und seine Hände auf. Danach
ruht dieser entspannter, und sein Fieber geht zurück. In der Stadt
aber verbreitet sich die Kunde: Der König ist zurückgekehrt.

Nachdem alle ausgeruht haben, die Waffen neu geschärft und
die Rüstungen ausgebessert sind, versammeln sich die Heere des

Westens auf den Feldern von Pellenor, um zum Schwarzen Tor
zu reiten und die Macht Mordors herauszufordern. Als Antwort
auf ihre Kampfansage erscheint der Abgesandte Saurons unter
dem düsteren Portal und verspottet sie. Er teilt ihnen mit, daß
Frodo ergriffen wurde. Aber nicht einmal um den Ringträger zu
retten, ist Gandalf bereit, sich zu unterwerfen.

Die Geschehnisse verlagern sich wieder an die Grenzen von
Mordor. Sam, der jetzt Träger des Ringes ist, den er Frodo abstreif-
te, schleicht sich in die Ork-Festung und findet heraus, daß Frodo
immer noch lebt und sich von dem betäubenden Gift erholt hat, das
ihm durch Kankras Biß eingeflößt wurde. Durch die allgemeine
Verwirrung, die das unerwartete Erscheinen von Sam und seiner
Elbenwaffe inmitten der feindlichen Hochburg auslöst, entkommen sie aus der Festung. Sie mühen sich erneut durch das schrof-
fe Wüstenland, ohne noch einmal behindert zu werden. Nach
furchtbaren Qualen, durch Durst und Erschöpfung hervorgerufen,
erreichen sie schließlich den Schicksalsberg, in dem der Ring einst
geschmiedet wurde. Sie nähern sich dem Ende ihrer langen Reise.

Frodo ist durch seine Bürde tief gezeichnet und zerrüttet, erschöpft und besudelt durch die düstere Faszination, die den Ring
umgibt. Sie steigen hinauf bis zum Rand des tiefen Abgrundes,
wo das blutrote Glühen um sie herum pocht, das aus den Schick-
salsklüften selbst emporsteigt. Frodo erstarrt, als sei er unfähig,
sich von dem Ding zu befreien, das er so lange trug. Sam brüllt
ihn an, weiterzugehen und es ins Feuer zu werfen. Aber Frodo
weigert sich. Mit scharfer, klarer Stimme erklärt er: »Doch jetzt
ziehe ich vor, nicht zu tun, wozu ich gekommen bin. Ich will diese Tat nicht tun. Der Ring ist mein.«[8a]

Etwas stieß ihn heftig in den Rücken, die Beine wurden ihm
weggerissen, und er flog beiseite und schlug mit dem Kopf
auf den steineren Boden, als eine dunkle Gestalt über ihn
hinwegsprang.

[…]

Sam stand auf. Er war benommen, Blut rann ihm von der
Stirn und tropfte ihm in die Augen. Er tastete sich vorwärts,
und dann sah er etwas Seltsames und Schreckliches. Am
Rand der Spalte kämpfte Gollum wie verrückt mit einem
unsichtbaren Gegner. Hin und her wand er sich, jetzt so nah
am Abgrund, daß er fast hineigestürzt wäre, dann sich zu-
rückreißend, zu Boden fallend, aufstehend, wieder fallend.
Die ganze Zeit zischte und fauchte er, sprach aber kein Wort.
Die Flammen aus der Tiefe stiegen wütend auf, der rote
Lichtschein erglühte, und in der ganzen Höhle wurde es
hell und heiß. Plötzlich zog Gollum seine Hände zum
Mund hinauf; seine weißen Fangzähne blitzten und
schnappten zu. Frodo schrie auf, und da war er wieder, am
Rand der Spalte auf die Knie gesunken. Gollum aber, wie
ein Wahnsinniger umhertanzend, hielt den Ring hoch, in
dem noch ein Finger steckte und der nun leuchtete, als sei
er wahrhaftig aus einer lebenden Flamme geschmiedet.
»Schatz, Schatz, Schatz!« schrie Gollum. »Mein Schatz! O
mein Schatz!« Und bei diesen Worten, als er den Blick erhoben hatte, um sich an seiner Beute zu weiden, trat er fehl,
schwankte, suchte für einen Augenblick am Rand der Spalte das Gleichgewicht und stürzte mit einem schrillen Auf-
schrei hinab. Aus der Tiefe klang noch eine letztes klagen-
des *Schatz!* herauf, und weg war er.[9]

Frodo, im letzten Augenblick verführt, hatte sich unfähig ge-
zeigt, der Verlockung des Ringes zu widerstehen. Aber Gollum,
der seiner Spur gefolgt war, griff ihn an und biß Frodo den Finger samt Ring ab. Jetzt sind er und der Ring in den Feuern des
Schicksalsberges vergangen.

Der Berg brüllt auf. Flammen lodern empor. Sam hebt den
verletzten, aufgewühlten Frodo auf und hilft ihm nach draußen
ins Freie. Mordor wankt und erbebt donnernd um sie herum.
Türme stürzen ein, und Berge rutschen. Der Ring, der Eine

Ring, der große Ring der Macht, ist vernichtet, und mit ihm ist der größte Teil von Saurons Macht verloren. Erschöpft, überwältigt, am Ende ihrer Kraft und ihres Mutes, haben Frodo und Sam unzählige Gefahren überwunden, um die Aufgabe zu erfüllen, die ihnen seinerzeit im fernen Bruchtal auferlegt wurde.

Auf dem Feld von Cormallen sind die Heerführer des Westens in eine fürchterliche Schlacht mit den eisernen Horden von Mordor verstrickt. Im letzten Augenblick schwankt die Erde unter ihren Füßen, und hoch über dem Gebirge erhebt sich eine gewaltige aufsteigende Dunkelheit mit flackerndem Feuer zum Himmel. Die Hügel beben und stöhnen, und die Türme des Schwarzen Tores stürzen ein.

Gandalf ruft den Männern zu, das Reich Saurons habe geendet und der Ringträger seine Aufgabe erfüllt.

Und als die Heerführer nach Süden über Mordor hinblickten, glaubten sie, dort eine riesige Schattengestalt aufsteigen zu sehen, undurchdringlich schwarz gegen die Wolkendecke und von Blitzen gekrönt, den ganzen Himmel einnehmend. Ungeheuerlich bäumte sie sich über die Welt auf und streckte drohend die Pranke nach ihnen aus, schrecklich, aber ohnmächtig: Denn als sie sich eben über sie beugte, wurde sie von einem starken Wind gepackt, davongeweht und zerstreut; und dann wurde es still.
Die Heerführer senkten die Köpfe, und als sie wieder aufblickten, da sahen sie die Feinde in wilder Flucht; und Mordors Macht verflog wie Staub vor dem Winde.[10]

Gandalf besteigt den großen Adler Gwaihir und fliegt mit ihm über Mordor hinweg, um die bis ins Mark erschöpften Hobbits den Feuern des gespaltenen Berges zu entreißen. Und sie werden emporgehoben in die kalten Höhen und versinken im gnädigen Nichts, bis sie in der duftenden Luft von Gondors Ithilien wieder erwachen. Immer noch in die zerschlissenen Sachen ihrer Reise

gekleidet, werden sie in die Gegenwart hoher Herrschaften geführt. Geblendet blinzeln sie, als hochgewachsene Ritter in
schimmernder Rüstung sich ehrerbietig vor ihnen verneigen.
Als Trompeten erschallen, erreichen sie einen hohen Thron, der
inmitten einer gewaltigen Heerschar errichtet wurde. Von diesem empfängt König Aragorn sie mit großen Ehren, und ein
Sänger aus Gondor besingt ihre Taten.

Eine Weile rasten sie inmitten von Frohsinn und Wohlbeha-
gen, um ihre Wunden heilen zu lassen. Faramir, der Letzte
Truchseß von Gondor, ist wieder zu Kräften gekommen und hat
sich in die mutige Schildmaid Éowyn von Rohan, die Schwester-
tochter des gefallenen Théoden, verliebt. In großer Pracht betritt
Aragorn sein Königreich und wird zum König gekrönt. Heraus-
ragende Persönlichkeiten reisen an, um den neuen Monarchen
zu besuchen, darunter Frau Galadriel und Celeborn und aus großer Ferne Herr Elrond und Arwen, seine Tochter, die sich zu
Mittsommer mit dem neuen König von Gondor vermählt.

Schließlich trennen sich die Gefährten und kehren nach Hause zurück. Frodo, Sam und Merry machen sich auf die gemäch-
liche Heimreise. Dabei rasten sie an vielen Orten, durch die sie
auf der Hinreise kamen. Und sie stoßen auf schreckliche Veränderungen, die eingetreten sind, seit sie vor ein paar Monaten
aufbrachen. Das Auenland ist ein trister Ort geworden. Unge-
hobelte Strolche und diebisches Gesindel haben dort die Führung an sich gerissen. Doch die mutigen Helden der Ringge-
meinschaft stellen sich den Trollen und Orks, fechten Kämpfe
mit ihnen aus und lassen sich auch nicht von Angebern und Rü-
peln einschüchtern. Die Befreiung des Auenlandes erfolgt rasch
und gründlich, und die Hobbits sind sehr in Sorge, als sie
schließlich dahinterkommen, daß der geheime Drahtzieher des
geschundenen Auenlandes niemand anderes als Saruman ist,
der abgesetzte Magier von Orthanc. Seine magischen Kräfte
wurden ihm zwar genommen, aber er hat nichts von seiner
Hinterlist und Niederträchtigkeit verloren. Frodo vertreibt ihn

und seinen winselnden Sklaven Grima Schlangenzunge. In einem plötzlichen Auflodern blinden Hasses, weit über das erträgliche Maß hinaus erniedrigt von seinem grausamen Herrn, springt Schlangenzunge Saruman hinterrücks an und schneidet ihm die Kehle durch. Frodo hat Mitleid mit dem gequälten kleinen Mann, aber bevor er seinen rachedurstigen Kameraden Einhalt zu gebieten vermag, schwirren die Bogen, und Schlangenzunge sinkt tot zu Boden.

Danach liegt die lange, schmerzliche Aufgabe vor ihnen, den Frieden und Überfluß des Auenlandes wiederherzustellen und seine geknechteten Bewohner dabei zu unterstützen, ihre Selbstachtung zurückzugewinnen – ein mühseliges und herzzerreißendes Unterfangen, das aber schließlich zu Ende gebracht wird. Sam heiratet seine große Liebe, und die Tage ziehen wie ein langer, beschaulicher Sommer vorüber.

Aber noch ist nicht alles vollendet. Frodo erlitt durch die lange Qual, die ihm durch das Tragen des giftigen Talismans aus böser Magie zugefügt wurde, eine bleibende innere Verletzung. Von Zeit zu Zeit wird er von Krankheit geschüttelt, und die Wunde zehrt ihn langsam auf. Er weiß, daß er nie mehr vollkommen gesund wird, jedenfalls nicht in Mittelerde. Aber Arwen, die Tochter des Halbelben Elrond und nun Königin von Gondor, überläßt ihm ihren Platz im Segensreich. Sie möchte lieber in Mittelerde verbleiben, als zu den uralten Heimstätten der Elben zurückzukehren (denn die Elben ziehen sich aus der Welt der Menschen zurück, nun, da das Dritte Zeitalter endet). Frodo weiß, daß er nur an jenem heiligen Ort, an dem absoluter Frieden herrscht, wirklich geheilt werden kann. Daher begibt er sich auf eine letzte Reise: zu den Grauen Anfurten, wo die Elben sich einschiffen, um zu ihrem fernen Land jenseits des Meeres zu segeln. Mit ihm reiten Elrond und Galadriel und noch andere zum Meer hinunter. An den Anfurten treffen sie auf Gandalf, dessen Arbeit in Mittelerde getan ist. Zum letzten Mal sagen alle einander Lebewohl. Frodo, der alte Bilbo und Gandalf verabschieden sich von Sam und legen ab. Sam aber kehrt ins Auenland und zu seiner Familie zurück.

> Segel wurden gehißt, der Wind wehte, und langsam glitt das Schiff in die lange graue Förde hinaus; und das Licht in Galadriels Glas, das Frodo in der Hand hielt, schimmerte noch eine Weile und verschwand. Und bald war das Schiff auf hoher See und fuhr immer weiter gen Westen, bis Frodo schließlich in einer Regennacht einen lieblichen Duft bemerkte und Gesang hörte, der übers Wasser schallte. Und dann war es ihm, wie er schon einmal in Bombadils Haus geträumt hatte, als werde der graue Regenschleier in silbernes Glas verwandelt und weggezogen, und vor ihm lägen weiße Strände und dahinter ein weites grünes Land unter einer rasch aufsteigenden Sonne.[11]

Und hier findet die lange Geschichte ihr Ende.

Anmerkungen

Das Zitat zu Beginn des Kapitels stammt aus Percey Bysshe Shelley: *Prometheus Unbound. A lyrical drama. In 4 acts. With other poems.* Hg. v. Lawrence John Zillman. Univ. of Washington Press, Seattle 1959, Akt 1, Szene 1 (Übersetzung: Biene van de Laar).

[1] J. R. R. Tolkien: *Der Herr der Ringe* [DHDR]. Übers. v. Wolfgang Krege. Klett-Cotta 2000, 3. Teil: Die Wiederkehr des Königs, S. 795.

[2] *DHDR, Die Wiederkehr des Königs*, S. 863

[3] *DHDR, Die Wiederkehr des Königs*, S. 866

[4] *DHDR, Die Wiederkehr des Königs*, S. 870

[5] *DHDR, Die Wiederkehr des Königs*, S. 874

[6] DHDR, *Die Wiederkehr des Königs*, S. 893

[7] DHDR, *Die Wiederkehr des Königs*, S. 894

[8] Vgl. DHDR, *Die Wiederkehr des Königs*, S. 995

[8a] DHDR, *Die Wiederkehr des Königs*, S. 995

[9] DHDR, *Die Wiederkehr des Königs*, S. 995f.

[10] DHDR, *Die Wiederkehr des Königs*, S. 999

[11] DHDR, *Die Wiederkehr des Königs*, S. 1086f.

Kapitel 8
DIE TRILOGIE – SATIRE ODER ALLEGORIE?

In seiner ganzen Weite, Höhe und Tiefe ist das Reich des Märchens voller Merkwürdigkeiten: Jederlei Tiere und Vögel finden wir hier, uferlose Meere und ungezählte Sterne, Schönheit als Verzauberung und allgegenwärtige Gefahr, Freude und Leid, beide scharf wie Schwerter. Mag einer sich auch zu den Glücklichen zählen, die in diesem Lande gewesen sind, so binden ihm doch, wenn er davon berichten möchte, eben die Pracht und Seltsamkeit des dort Erblickten die Zunge. Und solange er dort verweilt, ist es gefährlich, allzuviel zu fragen, denn die Tore könnten sich schließen und die Schlüssel verlorengehen.

J. R. R. TOLKIEN, *Über Märchen*

Soweit die Nacherzählung eines Werkes, das der Bostoner *Herald-Traveler* als »eine der besten märchenhaften Geschichten« bezeichnete, »die jemals geschrieben wurden – und eine der am besten geschriebenen«. W. H. Auden feierte es gar als »Meisterstück seines Genres«. Ich habe der Zusammenfassung dieser Trilogie in den vorangegangenen Kapiteln soviel Raum gegeben, da wir von hier aus den Text ausführlich und detailliert untersuchen werden, um nach seinen literarischen Ahnen zu forschen, die genaue Tradition zu bestimmen, der er angehört, und uns mit einigen Absonderlichkeiten dieser Geschichte eingehender zu beschäftigen. Aber ich möchte noch einmal betonen, daß die Lektüre dieser Zusammenfassung gewiß keinen Ersatz für den Lesegenuß der Trilogie selbst darstellt. Ich habe gelegentlich aus dem Originaltext zitiert, aber Professor Tolkiens Prosa muß man unmittelbar erleben, um die Atmosphäre und die Musik seines Schreibstils genießen zu können.

Mr. Audens Kommentar wirft die Frage auf, welchem Genre der *Herr der Ringe* eigentlich exakt angehört. Auch wenn ich Mr. Audens Ansicht teile, daß Tolkiens »Erfolg vollkommener ist als der jedes vorhergehenden Autors in diesem Genre«, so stehen wir immer noch vor der Aufgabe, das Genre der Trilogie überhaupt erst einmal zu identifizieren und zu klassifizieren.

Die Klärung dieser Frage fügt sich problemlos in das Spektrum und die Absichten dieses Buches ein. Eine treffende Klassifikation dieser Trilogie ist absolut notwendig. Eine große Anzahl der enthusiastischsten Bewunderer des Professors scheinen das Lesen zum ersten Mal für sich zu entdecken (und zwar unabhängig von ihrem Alter – die Anziehungskraft des *Herrn der Ringe* wirkt auf Menschen jeden Alters). Außerdem unterliegen sie offenbar der irrigen Annahme, daß der *Herr der Ringe* in der modernen Literatur eine einzigartige und beispiellose Stellung einnimmt. Dies geht sogar so weit, daß selbst einige der Rezensenten und Kritiker, die zu Beginn des Buches zitiert wurden, anscheinend davon ausgehen, in diesem Bereich oder auf dieser künstlerischen Ebene sei seit den guten alten Tagen von Spenser, Ariosto und ihren Kollegen nichts dergleichen mehr geschrieben worden. Doch das entspricht nicht der Wahrheit.

Der Herr der Ringe wurde wohl am häufigsten mit Edmund Spenser verglichen beziehungsweise mit Spensers Meisterstück, einem sehr langen Gedicht mit Namen *The Faerie Queene* (dt.: *Die Gesänge der Feenkönigin)*; es ist sowohl eine poetische Romanze als auch eine Allegorie. Aber die Trilogie ist mit Sicherheit weder eine Satire noch eine Allegorie, sondern eine reine Romanze und nichts weiter. Tolkien mit den großen Meistern der allegorischen Romanze gleichzusetzen ist eine einfache und logische Vorgehensweise, denn hinsichtlich Tiefe, Fülle und Komplexität von Stil und Hintergrund gibt es in der Tat Übereinstimmungen. Doch diese sind oberflächlicher Natur. Tolkien erzählt lediglich eine Geschichte, und diese wird von keinerlei symbolischer Bedeutung überfrachtet.

Der Herr der Ringe ist schlicht und ergreifend ein Fantasy-Roman. Als Literaturzweig ist die Fantasy in letzter Zeit allerdings etwas in Verruf geraten, und das, obwohl sie einst angesehener und rechtmäßiger Tummelplatz der hohen Kunst des Geschichtenerzählens war. Kaum ein literarischer Künstler oder auch nur Schreiberling, der nicht ihre vielfältigen Möglichkeiten ausgeschöpft hätte. Keiner von ihnen mußte gleich damit rechnen, aufgrund seiner »Phantasiegeschichten« diskriminiert zu werden. Tatsächlich sprechen einige Argumente dafür, daß die Fantasy-Geschichte eines der Hauptbetätigungsfelder der Weltliteratur darstellt, denn nur wenige der angesehensten Vertreter der englischen oder europäischen Literatur haben sich ihm entzogen. Rabelais, Chaucer, Goethe, Milton, Cervantes, Swift, Shakespeare[1], Voltaire, Byron, Ariosto, Keats, Flaubert, Spenser, Dante, Marlow und eine oder zwei der Brontë-Schwestern schrieben Fantasy – ganz zu schweigen von Stevenson, Kipling, Doyle, Wilde, Haggard und Anatole France.

Da Swift, Cervantes, Spenser und Bunyan aber Fantasy schrieben, die gleichzeitig eine Allegorie oder Satire darstellte (so mag man dagegenhalten), stellt sich die Frage, warum *Der Herr der Ringe* nicht unter diese Kategorien fällt. Oberflächlich gesehen lassen sich Argumente für die allegorische Natur von Tolkiens Trilogie finden: Ohne Zweifel geht es darin um den ewigen Kampf zwischen Gut und Böse (oder Licht und Dunkelheit), will man die gesamte Handlung auf dieses einfache Strickmuster reduzieren. Einige Leser sahen im Kampf zwischen den Heeren des Westens und dem östlichen Mordor sogar eine Allegorie auf den Kalten Krieg zwischen den Demokratien des westlichen Europa und dem totalitären Rußland – mit dem zentralen, unendlich gefährlichen Ring als Symbol für die heutigen Nuklearwaffen. Aber dies trifft auch auf jeden anderen actionreichen Handlungsablauf zu, in dem die Guten gegen die Bösen antreten. So läßt sich auch ein Max-Brand-Western auf diese einfache Art und Weise reduzieren und dieses Argument letztendlich als Blödsinn entlarven. Das entscheidende Element sollte immer die vom Autor selbst bekundete Absicht sein. So ist Spensers *Faerie Queene* erklärtermaßen eine Satire auf die politischen Personen des elisabethanischen England, kombiniert mit einer Allegorie, in der die Tugend über das Laster triumphiert. Die politische Interpretation entzieht sich jedem außer einigen gelehrten Spezialisten, die in die Tiefen selbst der trivialsten Einzelheiten elisabethanischer Politik eingedrungen sind. Die moralische Bedeutung allerdings ist überdeutlich – Spenser reibt es seinen Lesern sozusagen unter die Nasen.

Von Anfang an war geplant, *The Faerie Queene* in zwölf Abenteuer zu unterteilen.[2] Jedes Abenteuer feiert den siegreichen Kampf einer der zwölf klassischen Tugenden des Aristoteles über die ihnen entsprechenden Laster: Heiligkeit, Mäßigung, Höflichkeit, Gerechtigkeit u.s.w. gegen Völlerei etc.

Die Symbolik erschließt sich über die Charaktere des Gedichtes. So wird die Heiligkeit zum Beispiel durch einen Kreuzritter repräsentiert, der ebenfalls für den heiligen Georg steht. Sir Calidore vertritt die Höflichkeit, Sir Guyon die Mäßigung etc. Der

alle überstrahlende Held des Gedichtes ist Prinz Arthur, der
noch nicht zum König aufgestiegen ist. Er soll die Vereinigung
aller zwölf Tugenden in einem einzigen heroischen Bündel ver-
sinnbildlichen.

Soweit zur allegorischen Bedeutung, die im Text des Gedichtes ganz klar zutage tritt. Wesentlich weniger offensichtlich ist
die zweite symbolische Ebene: die Identifikation jedes tugendsa-
men Charakters mit einer zeitgenössischen politischen Figur jener Epoche. Sir Artegall steht für einen gewissen Lord Grey de
Wilton. Sir Calidore (die Höflichkeit) soll dem Hofdichter Sir
Philip Sidney entsprechen, Spensers Mäzen und Freund. So läßt
sich jede Person zuordnen. Die Feenkönigin des Titels, Gloriana,
verkörpert Königin Elizabeth I., der Spenser auch das Gedicht
widmete. Und das Muster an Tugendhaftigkeit, Prinz Arthur,
war nach Auffassung von John Hayward vielleicht nach dem
Vorbild des Earl of Leicester gestaltet.[3]

Sinn und Zweck einer solchen kunstvollen und zutiefst kom-
plizierten Symbolik-Übung sind allerdings völlig verfehlt und
absolute Zeitverschwendung seitens des Autors, wenn der Leser
nicht versteht, worum es eigentlich geht. Genau dies aber widerfuhr Spenser. Selbst in seiner eigenen elisabethanischen Epoche
sahen sich zeitgenössische Leser wie Sir Walter Raleigh außer-
stande, die Bedeutung dieses Spenserschen »allegorischen Kunst-
stückes« zu erfassen oder gar die »verschleierten«, versteckten
Bezüge zu enträtseln. Nachdem Sir Walter sich mühselig durch
die ersten drei Bücher gekämpft hatte, sah er sich gezwungen, den
Dichter um eine ausführliche Erklärung zu ersuchen, indem er
ihn (jedenfalls sinngemäß) folgendes fragte: »Wirklich sehr
hübsch, aber was zum Teufel *bedeutet* das alles?« Darauf antwortete Spenser in einem Brief vom 23. Januar 1589 an Sir Walter
Raleigh, in dem er Vorsatz und Ziel des Gedichtes erläuterte. »Die
grundsätzliche Absicht des Buches«, schrieb er, »ist es, einen
Gentleman oder eine wohlgeborene Person zu tugendhafter und
edler Disziplin anzuleiten.«

The Faerie Queene hat ihre Bewunderer, allen voran Shelley, Keats, Byron und in neuerer Zeit auch T. S. Eliot und C. S. Lewis. Dennoch lag Spensers Problem vor allem in der Tatsache begründet, daß die allegorische Interpretation des Lebens und des eigenen Verhaltens selbst in seiner eigenen Zeit bereits als ziemlich altmodisch verschrien war. *The Faerie Queene* war der letzte Atemzug dieser Schule, die ihre Glanzzeit schon lange hinter sich gelassen hatte und langsam aus der Welt der Literatur verschwand.[4]

Wenn Professor Tolkien im Bereich der Symbolik einen derartigen politischen oder moralischen Tiefgang im Sinn hatte, als er den *Herrn der Ringe* entwarf, dann war er ausgesprochen erfolgreich darin, diesen selbst vor dem scharfsinnigsten und eifrigsten seiner vielen Leser zu verbergen – wie zum Beispiel jener Dame, die mit dem Zählen durcheinandergeriet, nachdem sie die gesamte Trilogie bereits dreißigmal gelesen hatte.

Der Professor ist von Reportern oft zu diesem Punkt befragt worden. Er ist weithin dafür bekannt, energisch darauf zu beharren, daß *Der Herr der Ringe* »sich selbst genug ist«. An anderer Stelle stellt er nachdrücklich fest: »Er enthält *keinerlei* allegorische Absichten, weder allgemeiner, noch besonderer, weder thematischer noch moralischer, religiöser oder politischer Art.«

In seinem Vorwort zur BALLANTINE-Ausgabe der Trilogie legt er seine Absichten sogar noch genauer dar:

»Doch die Allegorie in allen ihren Formen verabscheue ich von Herzen, und zwar schon immer, seit ich alt und argwöhnisch genug bin, ihr Vorhandensein zu bemerken. Geschichte, ob wahr oder erfunden, mit ihrer vielfältigen Anwendbarkeit im Denken und Erleben des Lesers ist mir viel lieber. Ich glaube, daß »Anwendbarkeit« mit »Allegorie« oft verwechselt wird; doch liegt die eine im freien Ermessen des Lesers, während die andere von der Absicht des Autors beherrscht wird.

Der Autor kann natürlich von der eigenen Erfahrung nicht
völlig unberührt bleiben, aber der Vorgang, in dem der
Keim einer Geschichte aus dem Boden der Erfahrung seine
Nahrung zieht, ist äußerst verwickelt, und Versuche, ihn zu
beschreiben, beruhen bestenfalls auf Mutmaßungen an-
hand unzureichender und mehrdeutiger Befunde.«[5]

Besonders nachdrücklich wehrt er sich gegen die scheinbar of-
fensichtliche politische Symbolik der Trilogie (ich meine die
Übereinstimmung, die einige Leser und Kritiker im Krieg zwischen Gondor und Mordor und der Ost-West-Konflikt des Kalten Krieges sehen). Einige seiner Leser gehen von einem direk-
ten Zusammenhang zwischen der Befreiung des Auenlandes im
dritten Band und den derzeitigen politischen Bedingungen des
modernen Großbritanniens aus und nehmen an, daß das eine etwas vom anderen reflektiere. Bei einer Diskussion über diese
Ansichten merkte Tolkien folgendes an: »Das stimmt nicht. Das
Kapitel war ein von Anfang an vorgesehener wesentlicher Teil
des Handlungsplans […] ohne daß – muß ich es eigens sagen? –
irgendeine allegorische Bedeutung oder ein aktueller politischer
Bezug hinzukam.«[6]
     Nur für den Fall, daß einige Leser immer noch nicht völlig
überzeugt sind und zusätzlich zum unmißverständlichen und
häufigen Widerspruch des Autors dennoch eine weitere Verteidigung gegen die Satire-cum-Allegorie-Interpretation der Trilogie nötig sein sollte, möchte ich aus einem der Briefe von C. S.
Lewis zitieren, der für dieses Thema von Belang ist. Danach
wenden wir uns fruchtbareren Gefilden der Forschung zu. In einem Brief an Fr. Peter Milward mit Datum 22. September 1956
schrieb C. S. Lewis:

Tolkiens Buch ist keine Allegorie. Er verabscheut diese
Form. Seiner Einstellung zu solchen Themen kommen Sie
am nächsten, wenn Sie sein Essay »Über Märchen« studie-

ren, das in den Essays *Presented to Charles Williams* er-
schien. Seine grundlegende Idee zur Erzählkunst ist die
»Zweitschöpfung« – die Schaffung einer Parallelwelt. Was
Sie wahrscheinlich als »nette Geschichte für Kinder« be-
zeichnen würden, ist für ihn *viel ernstzunehmender* als jede
Allegorie. Aber um seine Sichtweise zu verstehen, müssen
Sie sein Essay lesen, das ist unentbehrlich.

Nachdem wir nun festgestellt haben, daß *Der Herr der Ringe* weder eine Satire noch eine Allegorie ist, sollten wir uns Professor
Tolkiens Essay zuwenden und seine Gedanken über die »Zweitschöpfung« näher untersuchen, um herauszufinden, ob wir irgendwelche tieferen Einsichten in die Natur und das Genre des
Herrn der Ringe zu gewinnen vermögen.

Anmerkungen

Das Zitat zu Beginn des Kapitels stammt aus J. R. R. Tolkien: »Über
Märchen«, in: *Baum und Blatt*, Ullstein, Frankfurt a. M., Berlin, Wien
1982, S. 13

[1] Ohne die Glaubwürdigkeit überzustrapazieren, könnte man *Hamlet*
durchaus als Geistergeschichte bezeichnen (denn der Geist von Hamlets Vater liefert dem Prinzen das Motiv und setzt die Handlung in
Gang). *Macbeth* mit seinen Hexen und dem grausigen Phantom Ban-
quos auf dem Fest weist Elemente einer Horrorgeschichte auf. Sowohl *Der Sturm* als auch *Ein Sommernachtstraum* sind allein schon
von der Handlung her schlicht und einfach Märchen.

[2] Wie die meisten anderen epischen Gedichte, die seit dem Niedergang
der klassischen Literatur verfaßt wurden (und einige Literaturhistoriker betrachten *The Faerie Queene* als echtes englisches Epos, was
nicht zutrifft), ist auch Spensers Gedicht unvollständig. Es wurde
ohne erkennbaren Grund abgebrochen oder unvollständig belassen –
ein Schicksal, das Keats' *Hyperion*, Byrons *Don Juan* und vielen weiteren epischen Versuchen widerfuhr. Es ist nur noch teilweise verfüg-

bar, weil die zweite Hälfte durch ein Feuer zerstört wurde (davon wird zumindest ausgegangen). Doch selbst als Fragment ist es immer noch das längste englische Gedicht aller Zeiten.

[3] In der Einführung der Ausgabe, die zu Ehren der Krönung von Elizabeth II. herausgegeben wurde, wird darauf verwiesen, *The Faerie Queene* sei mit Sicherheit einer jener »Klassiker«, die heutzutage nur wenige Menschen rein zur Unterhaltung läsen. Ich habe mich selbst durch das gesamte Werk gekämpft, aber es hat mich tatsächlich ein volles Jahr gekostet, und zuweilen mußte ich mich zum Lesen zwingen. Dies liegt zum Teil an der extremen Komplexität von Spensers Erzählung, zum anderen aber auch an dem gewollt archaischen Stil, den er pflegte – archaisch selbst für 1580. Er verwendete Wörter wie *whyleare* (»alldieweil«), *ypight* (»gestimmt, geneigt sein«), *agraste* (»beehren«, »gewähren«), *noriture* (»Artigkeit«), *algates* (»immerfort, allewege, gemeiniglich«) usw.

[4] Obwohl John Bunyan den Versuch unternahm, diese Methodik in seiner Prosa-Romanze *The Pilgrim's Progress* wiederzubeleben – wenn auch in wesentlich einfacherer und leichter zu lesender Form –, war ihm ebenfalls kein Erfolg beschieden bis auf ein kurzes Aufflackern im späten 19. Jahrhundert, das sich allerdings kaum auf seinen interessanten Inhalt oder seine literarischen Qualitäten zurückführen läßt.

[5] J. R. R. Tolkien: *Der Herr der Ringe* [DHDR]. Übers. v. Wolfgang Krege. Klett-Cotta 2000, S. 12

[6] *DHDR*, S. 13

Kapitel 9
TOLKIENS MÄRCHENTHEORIE

Fairy Tale [Feengeschichten/Märchen]
1. Eine Erzählung von den Feien oder Feiengeschichte
2. Eine unwirkliche oder unglaubhafte Geschichte
oder Unwahrheit
The American College Dictionary

Das Essay, auf das sich C. S. Lewis in seinem im letzten Kapitel zitierten Brief bezieht, wurde eigentlich im Rahmen der Andrew-Lang-Vorlesungen als Vortrag konzipiert. In *Baum und Blatt* merkt Professor Tolkien dazu an, daß *Über Märchen* 1938 in etwas kürzerer Form als Vorlesung an der University of St. Andrews gehalten wurde. Später wurde die Thematik leicht erweitert und in einem von der OXFORD UNIVERSITY PRESS verlegten Essayband zu Ehren von Charles Williams abgedruckt. Siebzehn Jahre später erfolgte der Nachdruck mit einigen geringfügigen Veränderungen in *Baum und Blatt* (zusammen mit einer in der *Dublin Review* erstmals veröffentlichten Kurzgeschichte »Blatt von Tüftler«), den Tolkiens britischer Verlag GEORGE ALLEN AND UNWIN 1964 herausbrachte. Die amerikanische Ausgabe wurde 1965 bei HOUGHTON MIFFLIN verlegt.

Für die beiden letztgenannten Ausgaben schrieb Tolkien eine neue Einführung. Darin stellt er fest, daß das Essay »immer noch von Interesse für Leser« sein könnte, »denen *Der Herr der Ringe* gefallen hat«. Der Aufsatz wurde tatsächlich »zur gleichen Zeit geschrieben, in den Jahren 1938/39, als *Der Herr der Ringe* sich eben aufzurollen begann und strapaziöse Erkundungen in noch unbekannten Ländern verhieß, für mich nicht minder beklemmend als für die Hobbits«.[1]

Der Aufsatz gewährt uns zweifellos einen wertvollen Einblick in das Denken (und besonders in die kreative Philosophie) des Autors, während er das Buch schrieb. Daher ist er einer tieferen Betrachtung mehr als würdig, wie C. S. Lewis es so weise in seinem Brief an Fr. Milward empfahl.

Bereits recht früh weist Tolkien darauf hin, daß in den meisten sogenannten *fairy stories*, also Märchen im Sinne von Feengeschichten, gar keine Feen vorkommen. Wird der durchschnittliche Märchenleser aufgefordert, typische Beispiele für dieses Genre zu nennen, würde er wahrscheinlich den *Gestiefelten Kater* oder *Rotkäppchen* aufzählen, also Märchen, in denen keinerlei Feen erwähnt werden. Der Professor argumentiert in diesem

Sinne weiter und legt nahe, daß es in den meisten (wenngleich nicht allen) sogenannten Märchen weniger um Feen geht als vielmehr um die Welt des Feenreiches an sich. Er stellt es folgendermaßen dar: »In den meisten guten *fairy stories* geht es um *Abenteuer* von Menschen in diesem Reich der Fährnisse oder in den Grenzbezirken, die es überschattet.«[2] Diese recht klare Formulierung legt die ebenso eindeutige These nahe, daß für Tolkien *Der Herr der Ringe* zweifellos ein echtes Märchen ist, wenn auch eines von außerordentlichem Umfang.

Weiterhin führt er das Argument an, daß in einem echten Märchen die Wunder und phantastischen Elemente wahr werden müssen. Dies bedeutet, daß der Autor nicht auf den »Es war alles nur ein Traum«-Betrug[3] zurückgreift – auch dürfen die magischen und wundersamen Ereignisse der Geschichte sich nicht als Bühnenzauber oder Sinnestäuschungen herausstellen. Er beharrt darauf, daß es wesentlich sei, echte Märchen als wahre Geschichten darzustellen.[4]

Die eigentlich faszinierende Frage nach dem Ursprung des Feenmärchens oder gar der Feen selbst ist ihm in diesem Aufsatz weniger wichtig. Statt dessen befaßt er sich im Anschluß eingehend mit dem *Wesen* des Feenreiches. Er geht ausführlich auf die Verknüpfungen zwischen Märchen, Mythologie und Religion ein. Dabei streift er die Verbindungen zwischen Geschichte und Mythologie. Er kommt zu der interessanten Schlußfolgerung, daß Geschichte deshalb so oft dem Mythos oder der Legende gleicht, weil sie letztlich aus dem gleichen Stoff geformt wird.

Danach folgt eine Untersuchung der althergebrachten Vorstellung, daß Märchen eher für Kinder gedacht seien – ein Konzept, gegen das, davon bin ich überzeugt, die meisten Fantasy-Leser ebenso nachdrücklich wie ich selbst Widerspruch einlegen. Glücklicherweise beweist der Professor die Nichtigkeit dieses abgedroschenen Konzeptes und bezeichnet die Verbannung des Märchens in die Kinderstube als bloßen Zufall unserer Geschichte.[5] Zudem zeigt er auf, daß eben dieses Konzept der Ent-

stehung guter Märchenliteratur zuwiderläuft. Der Autor oder
Erzähler solcher Geschichten sieht Kinder mittlerweile als sein
natürliches Publikum an. Diese Einstellung ermöglicht es, das
hilflose Kind mit einer ganzen Lawine zweitklassigen Ge-
schreibsels zu überschütten, denn die Verfasser können sich auf
die Leichtgläubigkeit des kindlichen Verstandes verlassen – auf
dessen Neigung, ganz und gar an das zu glauben, was die be-
druckte Seite ihm erzählt.

Coleridge nannte diese Geisteshaltung die »willentliche Unterdrückung des Unglaubens«.[5a] Sie ist eine Grundvorausset-
zung, damit der Leser an einem Werk der Phantastik seine Freude hat, sei es nun ein Gedicht, eine Geschichte oder irgend etwas
anderes aus diesem Bereich. Tolkien lehnt diese Vereinnahmung
der kindlichen Leichtgläubigkeit ab und besteht auf einem höheren Qualitätsniveau bei der Erschaffung phantastischer Geschichten. Die Fähigkeit des Verfassers, die eigene künstliche
Welt vollkommen, realistisch und in jeder Hinsicht stimmig zu
gestalten, ist das wichtigere Merkmal einer echten (und gelungenen) »Feen-« oder Fantasy-Geschichte.

Er selbst formuliert es folgendermaßen: »Eigentlich geschieht
vielmehr dies, daß sich der Geschichtenerfinder als ein erfolgrei-
cher ›Zweitschöpfer‹ erweist. Er schafft eine Sekundärwelt, in
die unser Geist eintreten kann. Darinnen ist ›wahr‹, was er erzählt: Es stimmt mit den Gesetzen jener Welt überein.«[6]

Als nächstes geht der Professor näher auf diese Theorie der
Zweitschöpfung ein. Er ist der Meinung, sie sei nicht nur die
Domäne des Märchens allein, sondern das Universum jeder
Kunstform. Alle Künstler befaßten sich mit der Erschaffung von
Sekundärwelten. Die Welten müßten in sich stimmig sein und
sich in Übereinstimmung mit ihren eigenen Naturgesetzen be-
finden, auch wenn diese Gesetze sich oft erheblich von jenen
unserer eigenen Welt unterscheiden. Die Zweitschöpfung – die
Erschaffung stimmiger und in sich geschlossener Sekundärwel-
ten – ist (so sieht es Tolkien) das Ziel jedweder Kunst und wird

am besten durch das Medium der phantastischen Geschichte erreicht.

Tolkien vertritt die Ansicht, daß die Phantasie danach trachte,
das Elbenhandwerk der Verzauberung auszuüben. Ein wahrhaft
gelungenes Werk der Phantasie komme der wahren Verzauberung näher als jede andere Kunstform.[7]

Im weiteren Verlauf diskutiert er den Wert und die Bedeutung
der Phantasie: Sie macht uns erneut mit den Wundern und
Schönheiten der natürlichen Welt um uns herum vertraut. Wir
neigen dazu, diese als gegeben hinzunehmen, anstatt sie als
wahrhaftige Wunder zu bestaunen. Außerdem wendet er sich
dem Stoff zu, aus dem Fantasy gemacht ist – Stoff, der sich überall direkt um uns herum findet. Dabei zeigt er auf, wie Fantasy
unsere Wertschätzung der wirklichen Welt, der Primärwelt, erweitert und unterstreicht.

> Das Phantasiegebilde wird aus den Stoffen der Primärwelt
> geschaffen, aber der gute Handwerker liebt sein Material;
> er begegnet dem Ton, Stein und Holz mit einer Kenntnis
> und Einfühlung, wie sie nur aus der Kunst des Schaffens
> erwachsen kann. Als Gram geschmiedet wurde, wurde das
> kalte Eisen entdeckt; mit der Erschaffung des Pegasus wur-
> den die Pferde geadelt; und in den Bäumen von Sonne und
> Mond bezeigt sich die Pracht von Wurzel und Stamm, Blü-
> te und Frucht.[8]

Das Zeichen wahrer Fantasy, das Gütesiegel, das ihre Echtheit
bezeugt und durch das sie von Blendwerk und Nachahmung un-
terschieden werden kann, ist die Art der »Freude«: die Freude
des Schöpfers an seinem Werk; die Freude des Lesers, der dem
Zauber des Zweitschöpfers verfallen ist und sich eine Zeitlang in
einer Sekundärwelt aufhält, die liebevoll und sorgsam gestaltet
wurde.

Die Intensität dieser »Freude« ist zum großen Teil von der in-

neren Stimmigkeit der Geschichte abhängig: »Wohl jeder
Schriftsteller, der eine Sekundärwelt, ein Phantasiereich schafft,
jeder Zweitschöpfer wünscht in gewissem Maße ein echter
Schöpfer zu sein oder hofft aus dem Wirklichen zu schöpfen –
hofft, daß die Eigenart dieser Sekundärwelt (wenn auch nicht alle Einzelzüge) von der Wirklichkeit abstammt oder in sie ein-
mündet.«[9]

Wirklichkeit, innerlich folgerichtige Realität, »Wahrheit« –
wie lassen sich diese Elemente oder Charakteristika der Fantasy
gegenüberstellen, von der wir gewöhnlich annehmen, daß sie
zum Großteil aus dem Unwirklichen geschaffen wurde? »Das
Besondere der ›Freude‹ im gelungenen Phantasiewerk kann so
als ein plötzliches Durchschimmern der tieferen Wahrheit oder
Wirklichkeit erklärt werden.«[10]

Falls dieses Essay tatsächlich Professor Tolkiens Philosophie als
Fantasy-Schriftsteller wiedergibt, können wir vielleicht etwas
von der inneren Natur seines Werkes begreifen. Offensichtlich
müssen die Theorien, die den *Herrn der Ringe* als Satire oder
Allegorie definieren, zurückgewiesen werden. Das Werk hat keine verborgene Bedeutung; es ist nicht mehr als ein Fantasy-
Roman, eine Erzählung, etwas von Menschenhand Geschaffe-
nes, ein Märchen in Tolkiens einzigartiger Definition dieses
Begriffes.

In welchem Maße erfüllt seine Trilogie dann seine eigenen
Anforderungen an gelungene Fantasy? Gedenken wir seiner
These, daß die Fantasy »als *wahr* dargestellt werden muß«, dann
ist offensichtlich, daß er seinen eigenen Kriterien durchaus gerecht wurde. *Der Herr der Ringe* wird als wahre historische Bege-
benheit präsentiert, und der Autor untermauert seinen Darstel-
lungsanspruch dadurch, daß er die Geschichte an sich mit einem
ausgeklügelten Zusatzwerk von Anhängen versieht, die Fakten
über seine Welt enthalten, welche in der Erzählung selbst nicht
genannt werden. Zu seinen Mittelerde-Sprachen existieren um-

fangreiche Wortlisten und Schriftalphabete. Er hat eine Chronologie der vorangegangenen Zeitalter ausgearbeitet, die, komplett
mit Jahreszahlen und anderen Daten, eine über viele Jahrhunderte reichende historische Zusammenfassung liefert. Königslisten und Familienstammbäume verleihen den Hauptfiguren seiner Geschichte mehr Substanz und liefern einen historischen
Hintergrund.

Natürlich entspricht dieser Aufwand ganz seiner Überzeugung, daß der Zweitschöpfer einer Sekundärwelt seinen künstli-
chen Kosmos in allen Einzelheiten vollkommen, realistisch und
in sich stimmig auszuarbeiten hat. Weder schreibt er für Kinder,
noch vertraut er allzu sehr auf die »willentliche Unterdrückung
des Unglaubens«, um seine Erzählung und die Welt, in der sie
spielt, glaubhaft wirken zu lassen. Das Element, das die meisten
Tolkien-Leser am faszinierendsten finden, ist die Stimmung der
Überzeugtheit und der Autorität, die jede Seite durchdringt: Für
die Leser ist Mittelerde ein wirklicher, vollkommener und wahr-
haftiger Ort.

Und wie steht es mit seiner letzten Forderung – daß die leben-
dige Eigenart, die er »Freude« nennt, sich einstellt durch das
plötzliche Durchschimmern der tieferen Wahrheit oder Wirklichkeit? Was er damit genau meint, ist nicht ganz einfach her-
auszulesen, aber ich habe eine – zumindest für mich – zufrie-
denstellende Interpretation gefunden. Ich denke nicht, daß der
Professor uns sagen will, seine Sekundärwelt sei mit dem echten
Stoff der nordischen Legenden verbunden. Genausowenig versucht er uns einzureden, seine Welt sei die unsrige, wenn auch
lange zuvor die ordentliche Geschichtsschreibung sich etablier-
te. Obwohl er Zwerge und Elben, Trolle und Drachen aus dem
Repertoire der nordischen oder germanischen Literatur verwendete, bezweifle ich, daß er diesen Zweck verfolgte. Mit den tie-
ferliegenden Wirklichkeiten meint er wahrscheinlich die ewigen
Wahrheiten der menschlichen Natur. Während die Trilogie zumindest oberflächlich betrachtet eine unterhaltsame phantasti-

sche Abenteuer-Erzählung ist, zeigt sich dennoch deutlich das moralische Element: Die Eifersüchtigen, die Gierigen, die Stolzen, die Machthungrigen, sie alle erhalten ihre gerechten Strafen. Die Bescheidenen, die Uneigennützigen, die Fleißigen, die Anständigen und die Edlen werden in einem Maße belohnt, das weit über die eigene Einschätzung ihres Verdienstes hinausgeht. Boromir stirbt nicht, weil er böse war, sondern weil sein Ehrgeiz und sein Stolz so stark wurden, daß sie den ihm angeborenen Edelmut überwanden.

Vielleicht ist die Vorstellung, daß Literatur eine Moral vermittelt, recht altmodisch. In dem Falle muß man allerdings den Hauptteil der größten Literatur aller Zeiten als altmodisch bezeichnen.

Vergegenwärtigt man sich die obengenannten Punkte, so ist erkennbar, daß die sogenannten exzentrischen Eigentümlichkeiten der Trilogie – die ausgefeilten, unabkömmlichen Anhänge aus Alphabeten, linguistischen Tafeln, Stammbäumen und historischen Zusammenfassungen – nicht bloß die Auswüchse des gelehrten Steckenpferds eines Universitätsprofessors darstellen, sondern gemäß der Definition des Autors für ein wahrhaftiges und einleuchtendes Fantasywerk unabdingbar sind; oder auch für ein Märchen bzw. eine Feengeschichte, wie er es nennt. Tolkien geht jedoch weit über jede lexikalische Definition hinaus, um die überlieferte Bedeutung des Begriffs *fairy story* zu erweitern. Er hat ihn so sehr erweitert, daß er die gesamte Welt der Kunst mit einschließt.

Daraus ergibt sich eine weitere Frage. Ist der *Herr der Ringe* ein Fantasy-Roman, so eröffnet sich ein neues Definitionsproblem. Der Ausdruck *Fantasy* erlaubt an sich schon eine sehr breit gefaßte Anwendung. Welche Art Fantasy stellt Tolkiens Trilogie dar? Ist sie eher eine Schelmerei wie James Stephens' *Der Goldene Hort* oder Teil des übernatürlichen Grauens wie in H. P. Lovecrafts *Schatten über Innsmouth*? Hat sie eher etwas gemein mit den säbelrasselnden Heldentaten aus Robert E. Howards *Conan-*

Geschichten oder mit der ironischen Symbolik von James Branch Cabells *Jürgen*? Zeigen sich Übereinstimmungen mit dem hehren Abenteuer von H. Rider Haggards *Sie* oder der subtilen Legendenschreibung à la Lord Dunsanys *Die Wasser des Yann*? Gleicht sie der Traumerzählung von George MacDonalds *Phantastes* oder der Mythenschreibung moderner »historischer« Romane, die zu König Artus' Zeiten oder im Reich der griechischen Legende angesiedelt sind wie zum Beispiel Robert Graves' *Hercules, My Shipmate*?

Fantasy ist ein allumfassender Begriff, der alles von Homer bis Swift, von Kafka bis Poe, Milton und *Das Durchdrehen der Schraube* einschließt. Science-Fiction gehört zur Fantasy ebenso wie die Gothic-Horror-Literatur oder sogar Kinderbücher wie L. Frank Baums Meisterwerk *Der Zauberer von Oz* und seine rund vierzig Fortsetzungen. Ein Genre, so breitgefaßt, daß *Dracula* und *Utopia* ebenfalls darunterfallen, bedarf weiterer feiner Unterscheidungen.

Am offensichtlichsten ist die Trilogie mit der epischen Dichtung verwandt. Von ihrem Umfang her, ihrem Konzept, dem Schwung und der Pracht der Erzählung in Verbindung mit dem Umstand, daß die Helden überlebensgroß dargestellt werden, ist sie wahrlich homerisch zu nennen. Es wäre daher kein Mißgriff, den *Herrn der Ringe* als »epische Fantasy« einzustufen. Ein solches Genre existiert tatsächlich, und seine Wurzeln lassen sich bis zur epischen Literatur der Griechen und Römer zurückverfolgen. Diese Definition reicht jedoch nicht ganz aus. Tolkien schöpft nicht nur aus der Tradition des klassischen Epos, sondern ebenso aus anderen Stoffen der Literatur. Er hat viele Traditionen und Formen der nordischen Sagen, der germanischen Folklore und Legenden, der mittelalterlichen Romanze, der Gralssuche und der Heldengeschichte und in einem gewissen Umfang auch anderer Fantasy-Autoren aufgegriffen.

Um die Form und die Themen des *Herrn der Ringe* zu begreifen, um ihn sozusagen insgesamt als epische Fantasy zu verste-

hen, müssen wir diese Traditionen zu ihren Wurzeln zurückverfolgen. Es ist notwendig, die Entstehung und die Entwicklung zu
betrachten, die dieses Konzept nahm, bis es zu jener Schule epischer Fantasy reifte, der Tolkien so eindeutig zuzuordnen ist.

Anmerkungen

Das Zitat zu Beginn des Kapitels stammt aus *The American College
Dictionary* (Übersetzung: Biene van de Laar)

[1] J. R. R. Tolkien: »Vorbemerkung«, übers. v. Wolfgang Krege, in: *Baum
und Blatt*, Ullstein, Frankfurt a. M., Berlin, Wien 1982, S. 9

[2] J. R. R. Tolkien: »Über Märchen«, übers. v. Wolfgang Krege, in: *Baum
und Blatt*, Ullstein, Frankfurt a. M., Berlin, Wien 1982, S. 18

[3] Dadurch wird der Einordnung von *Alice im Wunderland* als Märchen
die Grundlage entzogen. Es müßte seinen Platz im Bereich allgemeiner Fantasy oder in solchen Untergattungen wie der Traumliteratur
suchen.

[4] Vgl. »Über Märchen«, S. 22 (Anm. d. Ü.)

[5] Vgl. »Über Märchen«, S. 38

[5a] Samuel Taylor Coleridge: *Biographia Literaria.* Chapter I–IV,
XIV–XXII. Wordsworth, prefaces and essays on poetry 1800–1815.
Cambridge University Press 1920. (Übersetzung: Biene van de Laar)

[6] »Über Märchen«, S. 41

[7] Damit impliziert Tolkien, daß Fantasy niemals gelingen kann, wenn
sie ihre eigenen grundlegenden Gesetze mißachtet oder sich nicht
ernst genug nimmt. [Vgl. »Über Märchen«, S. 55.] Dies unterstreicht
er mit einem Hinweis auf Andrew Langs Pantouflien-Romane *Prinz
Rigio* und *Prinz Ricardo*. Für Tolkien befleißigen sie sich entweder eines gönnerhaften Tones oder (was das Schlimmste ist) werden mit einem Kichern hinter der vorgehaltenen Hand erzählt, nach dem Bei-

fall der anwesenden Erwachsenen schielend. [Vgl. »Über Märchen«,
S. 46.] Er schreibt: »Solche Albernheit will ich Andrew Lang nicht
vorwerfen, aber ohne Zweifel grinste auch er in sich hinein, und ohne
Zweifel hatte er allzuoft den Blick über die Köpfe seines kindlichen
Publikums hinweg auf die Gesichter anderer kluger Leute gerichtet –
sehr zum Schaden seiner *Chronicles of Pantouflia.* [Vgl. »Über Märchen«, S. 46.]

[8] »Über Märchen«, S. 60

[9] »Über Märchen«, S. 69

[10] »Über Märchen«, S. 69

Kapitel 10
FANTASY IM KLASSISCHEN EPOS

Die Könige, die um Helena kämpften,
Sind wie Geister verweht.
Und all ihre Kriege sind vergangen
Und all ihre Begierden vergebens.
Aber jener, der die Harfe spielte für Helena,
Seine Finger noch streichen und schlagen,
auch wenn Helenas Hände sind zerfallen zu Staub
und Helenas Lippen verstummt.
J. U. NICOLSON, *Gesang*

Zwei Hauptthemen durchziehen den *Herrn der Ringe*: der Kampf der Heerführer des Westens gegen die finstere Macht Saurons und die Große Fahrt *(Quest)* einer kleinen Gemeinschaft von Helden, die den furchtbaren Talisman von Saurons Macht zu jenem Ort bringen, an dem er zerstört werden kann. Diese beiden Handlungsstränge sind in Tolkiens Werk geschickt miteinander verwoben.

Im klassischen Epos sind die Zwillingsthemen des Krieges und der zielgerichteten Heldenfahrt im allgemeinen deutlich voneinander getrennt. Allerdings sind auch einige Epen erhalten, die sich weder des einen noch des anderen Themas bedienten. Dies sieht man am deutlichsten im Werk Homers, der als Begründer der epischen Tradition gilt. Seine *Ilias* handelt vom Trojanischen Krieg, während die *Odyssee* sich mit den Wanderungen und Abenteuern eines Helden auf dem Weg in seine Heimat befaßt.

Unsere eigene Suche nach den Quellen des *Herrn der Ringe* führt uns als erstes in die Welt, die Homer erschuf, und danach die Welt, in der er lebte.

Die Welt des Epos

Das »Epos« wird als langes, ernstes Gedicht in erhabenem Stil definiert, in dem von einer Reihe heroischer Leistungen oder Ereignissen berichtet wird. Das Wort »Epos« kommt vom griechischen *epos*, das soviel bedeutet wie: »eine Rede, eine Geschichte, ein Lied«.

Die frühen Dichter des Epos meinten damit etwas, das sich von unserer modernen Anwendung dieses Wortes deutlich unterscheidet. Für sie war ein Epos etwas, das rezitiert werden sollte (nicht etwa gesungen wie ein lyrisches Gedicht) und sich vom Drama nur insofern unterschied, als es ohne jedwede nachahmende Handlung vorgetragen wurde. Aristoteles listete als einzige wesentliche Bestandteile eines Epos ein würdiges Thema, eine innere organische Einheit und das geordnete Fortschreiten der Handlung auf.

Der Aufstieg der epischen Literatur Griechenlands fand etwa im achten Jahrhundert vor Christi Geburt statt und endete um 650 v. Chr. In jenen Tagen waren die Menschen noch in der Welt ihrer eigenen Vorstellungen befangen. Damit meine ich, daß von der Welt, ihrem Platz im Universum oder ihrer Beschaffenheit, nur sehr wenig entdeckt worden war. Alles, was die Menschen um sich herum erblickten, wurde mittels ihrer eigenen Vorstellungskraft interpretiert. Man kann wahrlich sagen, daß am Anfang der Mensch die Welt erschuf. Denn wie ein Fantasy-Autor, der ein erfundenes Weltgebilde kartographiert, gestaltete sich der Mensch sein Bild der Welt. Sie war flach wie ein Tisch. Der Himmel bedeckte sie wie eine umgedrehte Suppenschüssel. Das Ganze wurde von einem Fluß gesäumt, der wie eine Schlange geformt war, die ihren eigenen Schwanz verschlang. Die Sonne, der Mond und die Sterne waren irgendwie an den Kristallschalen des Himmels befestigt, und diese Schalen drehten sich ineinander wie jene ausgefeilten chinesischen Kugeln, deren Inneres durch filigrane Schnitzarbeit eine Serie von konzentrischen Kreisen bildet.

Die Menschen teilten sich die Welt mit allerlei phantastischen Geschöpfen. Da gab es natürlich die Götter, für gewöhnlich etwa ein rundes Dutzend davon, von denen ein jeder seinen genau abgegrenzten Verantwortungsbereich hatte: Der eine war Beherrscher der Meere, der andere Fürst der Winde usw. Dann gab es Völker von halbgöttlicher Abstammung, die als Vermittler zwischen Menschen und Göttern auftraten. Bei einigen handelte es sich um harmlose Naturgeister, die Bäume, Bäche und dergleichen bewohnten. Andere weniger greifbare Wesen bewohnten die Elemente Erde, Luft, Feuer und Wasser. Des weiteren gab es noch die Geister. Einige meinten, daß diese in einer wie auch immer gearteten düsteren und schattenhaften Unterwelt wohnten, wieder andere sagten, daß sie aus ihrem sterblichen Leben als Menschen in andere Lebensformen übergingen. Für die frühen Menschen konnte jede Begonie und jeder Kakerlak von der eigenen Urgroßmutter oder einem Dämon bewohnt sein.

Dann gab es da noch die Bestien. Die wirkliche Welt mit ihren Skorpionen, Kobras, Haien und menschenfressenden Tigern ist ja schon schlimm genug, aber die erfindungsreiche Vorstellungskraft der frühen Gesellschaften ersann imaginäre Schrecken und noch scheußlichere Kreaturen, die jeden schattigen Hain oder ausgehöhlten Hügel bewohnten. Da existierte zum Beispiel der Drache, angetan mit undurchdringlichen Schuppen und mit Flügeln wie denen einer Fledermaus versehen, der beim geringsten Scheppern eines ritterlichen Helmes sofort Feuer und Schwefelatem ausstieß. Oder es gab die Hybriden wie zum Beispiel den Greif, der aus Körperteilen von Adler, Löwe und Schlange zusammengesetzt war; außerdem den Wyvern, den Feuerdrachen, die Hydra, den Hippogriff, die Sphinx und den Basilisken – letzterer eine kleine Eidechse, die so bemerkenswert gräßlich aussah, daß ein zu eingehender Blick darauf den Betrachter töten konnte; und andere Biester von ähnlichem Schlag, denen man heutzutage am ehesten noch auf Wappenschildern begegnet. Und in irgendeiner entlegenen Weltgegend, so um Java oder Borneo herum, wuchs der Upas-Baum, der so giftig war, daß, wenn ein hoch dahinfliegender Vogel ihn auch nur mit seinem Schatten streifte, unser gefiederter kleiner Freund tot wie ein Stein vom Himmel fiel.

Natürlich existierte in Wirklichkeit nicht einer dieser Götter, Geister und Gorgonen, und die Tischplattenwelt entsprach ebensowenig der wahren Weltnatur, aber das hielt niemanden davon ab, dem Katalog der erdachten Fauna und Flora nicht fleißig etwas hinzuzufügen, wenn sich gerade eine gute Idee eingestellt hatte. Ob nun irgend etwas davon der Wahrheit entsprach oder nicht, schien irgendwie irrelevant zu sein.

Betrachten wir beispielsweise jenen ernsten alten Realisten

Plinius, einen Mann, so pragmatisch wie jeder andere ehemalige
Reiteroberst. Im VII. Buch seiner *Naturkunde* beschreibt er völlig nüchtern die Zyklopen und die Laestrygonen. Es finden sich
die Arimaspi (»ein Volk, dessen Menschen dadurch bemerkenswert sind, daß sie ein Auge mitten auf der Stirn haben«), die sich
anhaltende Kriege mit den Greifen liefern, sodann die Einwohner von Abarimon, »deren Füße sich nach hinten gedreht an ihren Beinen befinden«. Es gibt auch die Ophiogenen, deren Körper so giftig ist, daß eine Schlange stirbt, wenn sie sie beißt,
sowie die Machlyen, die »abwechselnd die Funktionen beider
Geschlechter übernehmen« und deren linke Brust die einer Frau
und die rechte die eines Mannes ist. Er beschreibt den Stamm
der Thibii von Pontus, die in einem Auge zwei Pupillen haben
und im anderen das Bild eines Pferdes und die nicht ertrinken
können. Auch führt er die Monocoli auf oder Schirmfußmen-
schen, die nur ein Bein und riesige Füße haben (»bei heißem
Wetter liegen sie auf dem Rücken … und schützen sich durch
den Schatten ihrer Füße«), nicht zu vergessen das Westvolk, das
in zweifacher Hinsicht bemerkenswert ist, weil es keine Hälse
hat und die Augen ihm in den Schultern sitzen. Ebenfalls vorgestellt wird ein indisches Nomadenvolk, das schlangenförmige
Nasen hat und das man die Sciritae nennt.[1]

Das Epos

Es überrascht nicht, wenn in einer solchen Welt nach Erfindung
der Schrift und dem Aufschreiben von Geschichten die ersten literarischen Werke der phantastischen Literatur angehörten.

Wenn wir an Epen denken, so kommen uns gewöhnlich griechische Epen in den Sinn – also Homer. Aber vor Homer gab es
schon andere Epen – zum Beispiel *Gilgamesch*. Dieses uralte
Epos, das man als das erste große Gedicht überhaupt bezeichnet
hat, ist mindestens eintausend Jahre älter als die *Odyssee* oder

die vedischen Gesänge oder Echnatons *Hymne an die Sonne* oder
die Sagen und Lieder der Bibel. Es liegt uns in einer sehr späten
Übersetzung vor, die in der Privatbibliothek des ersten (Tonta-
fel-)Literatursammlers der Welt, König Assurbanipal von Assy-
rien, gefunden wurde. (Aus irgendeinem Grund nennen die
Griechen ihn »Sardanapalus«.) Assurbanipal herrschte im siebten vorchristlichen Jahrhundert, aber das Gedicht reicht noch
viel weiter zurück – es entstand vermutlich irgendwann vor
2000 vor Christus und ist eine Fantasy-Geschichte.

Gilgamesch, König von Uruk, entstammt einer ungewöhnlichen Familie. Sein Vater läßt zum Beispiel Methusalem im Vergleich wie einen Hosenmatz aussehen – er herrschte 1200 Jahre
lang. Wie Herakles oder Robert E. Howards *Conan* ist auch
Gilgamesch ein Superheld, der gerne Monster bekämpft und gefahrvolle Reisen unternimmt. Er kämpft gegen »den Humbaba«,
einen Riesen mit dem Gesicht eines Löwen und den Fängen eines Drachen. Trotzdem macht Gilgamesch rasch Kleinholz aus
ihm. Auf seinen verschiedenen Reisen überquert unser Held die
finsteren Wasser des Todesflusses Kur, eine Art sumerischen
Styx, wagt sich in den Garten der Götter und vollbringt noch einiges mehr. Es gibt noch viele andere sumerische, babylonische
und assyrische Epen, die vor langer Zeit verloren und vergraben
und erst in jüngster Zeit wiederentdeckt wurden.

Einige Experten hegen die Ansicht, daß die homerische Dichtung Spuren eines Gilgamesch-Einflusses aufweist. Soweit wir
wissen, begannen die griechischen Epen mit Homer. Wenn es
zuvor irgendwelche Epen gegeben hat, dann haben sie die Zeit
nicht überdauert. Dieser Homer (eigentlich *Homeros*) ist eine
verwirrende Gestalt. Niemand weiß, wo er geboren wurde, allerdings verlegen verschiedene Autoritäten aus ebenso verschiedenen Gründen seine Geburtsstätte nach Smyrna, Chios, Kolophon, Salanis, Rhodos, Argos und Athen[2]. Es weiß auch
niemand, wann er überhaupt tätig war; Schätzungen reichen
von dem recht vernünftigen Geburtsdatum 685 v. Chr. (das der

Historiker Theopompus vorschlägt) bis zum äußerst unwahr-
scheinlichen Datum 1159 v. Chr. (Philostratus). Es verhält sich
ganz einfach so, daß wir nicht mit Sicherheit sagen können, wer
Homer war oder wann er geboren wurde. Allerdings soll es in
Athen eine definitive Textausgabe der homerischen Dichtung
aus der zweiten Hälfte des sechsten vorchristlichen Jahrhunderts gegeben haben, auch wenn es keinen absoluten Beweis dafür gibt, daß Homer die alleinige Autorenschaft für die *Ilias* und
die *Odyssee* in Anspruch nehmen kann.

Um wieder auf die zwei Epen zurückzukommen: Sie gehören
beide dem Fantasy-Genre an. In der *Ilias* geht es um den Trojanischen Krieg – oder genauer gesagt, um eine Episode aus diesem Krieg: um das Mißverständnis, das einen Streit zwischen
König Agamemnon, dem Anführer der achäischen Truppen, und
Achilles, dem tapfersten Krieger unter seinem Kommando, aus-
löste. In der Erzählung sind die Götter des Olymps emsig damit
beschäftigt, die Geschichte zu manipulieren und den einen oder
anderen Lieblingshelden vor dem sicheren Untergang zu bewahren – ein Hauptelement der Fantasy. In der *Odyssee* wird die
Geschichte eines jener Helden erzählt, der nach dem Krieg nach
Hause zurückkehrt. Im Laufe der Irrfahrten des Odysseus führt
Homer den Leser durch einige spektakuläre imaginäre Länder,
zu den Zauberinseln der Calypso und der Circe, zur Insel der Lo-
tusesser und dergleichen mehr.

Beide Erzählungen sind Werke großer Dichtkunst, wenngleich einander sehr unähnlich. Die *Ilias* ist vermutlich der erste
psychologische Roman der Literatur, während die *Odyssee* eine
abenteuerliche Heldengeschichte reinsten Wassers ist – »die
Hochwassermarkierung der Abenteuergeschichte«, wie Ezra
Pound es so treffend formuliert.[2a]

Homer – ob nun eine Person oder vielleicht auch zwanzig –
war ein hervorragender Schriftsteller mit ungewöhnlich stark
ausgeprägter Phantasie, und seine Epen übten einen außeror-
dentlichen Einfluß auf jene Dichter aus, die ihm nachfolgten.

Tatsächlich war dieser Eindruck so stark, daß zahlreiche Autoren in seine Fußstapfen traten und weitere Epen in seinem Stil nach-dichteten. Ein Dichter nach dem anderen richtete seine Auf-merksamkeit auf diejenigen Teile der gewaltigen Troja-Sage, die Homer unbeachtet gelassen hatte. Den *Homerica* wurde ein Ge-dicht um das andere hinzugefügt; sie spielten entweder vor dem Zwillingsepos, dazwischen oder danach. Dieses Verfahren wurde mehrere Jahrhunderte lang beibehalten, bis schließlich eine rie-sige Enzyklopädie in Versen entstanden war, eine Weltgeschich-te aus mindestens 16 Epen, die die gesamte Geschichte des Uni-versums abdeckte (so wie sie den Griechen bekannt war): von der Erschaffung der Welt bis zur Heirat von Odysseus' beiden Söhnen Telegonus und Telemach.

Von diesem gesamten Epenzyklus blieben uns nur die *Ilias* und die *Odyssee*. Abgesehen von Homer ist die Zeit mit den Ar-beiten der anderen Zyklendichter sehr unsanft umgesprungen. Bis auf ein paar Kommentare von Gelehrten des Altertums wie beispielsweise Proclus, eine kurze Zusammenfassung hier und dort oder eine oder zwei direkt zitierte Zeilen sind alle diese Werke verschollen[3].

Die zyklischen Epen wurden in keiner bestimmten Reihenfol-ge und von mehreren verschiedenen Dichtern über Jahrhunder-te hinweg verfaßt. In der hellenistischen Epoche wurden die Ge-dichtzyklen dann in chronologische Reihenfolge gebracht; dies geschah vermutlich durch Zenedotus von Ephesos etwa zu Be-ginn des dritten vorchristlichen Jahrhunderts. Die Gelehrten von Alexandria ordneten sie wie folgt:

Zuerst kam die *Titanomachia* (»Der Kampf der Titanen«), die entweder Eumelos von Korinth oder Arctinos von Milet zuge-schrieben wird. Sie erzählt von der Vereinigung von Himmel und Erde, davon, wie die Titanen aus dieser Vereinigung hervor-gehen, und von dem berühmten Krieg. Zwei Zeilen sind erhal-ten, und es gibt ein halbes Dutzend Bezugnahmen auf das Werk.

Dann folgten drei Gedichte über die legendäre Geschichte

Thebens. Das erste ist die *Oidipodeia*, die vermutlich von Cinaethon geschrieben wurde. Von den ursprünglich 6600 Versen ist gerade mal eine Zeile erhalten geblieben. Das zweite Gedicht ist die *Thebais*, die abwechselnd Homer, Antimachos, Kolophon oder Claros zugeschrieben wird. Es erzählt die Geschichte der Sieben gegen Theben. Uns liegen nur noch 21 Zeilen vor. Beim dritten Werk handelt es sich um die *Epigonoi*, deren Verfasserschaft Homer oder Antimachos von Teos zugeordnet wird. Ursprünglich umfaßten sie 7000 Verse, von denen uns nur eine Zeile blieb. Dennoch haben wir vom Inhalt dieser drei thebanischen Epen eine recht gute Vorstellung, da Sophokles beim Verfassen seiner Stücke ihren Handlungsabläufen folgte.

Es folgt der Trojanische Zyklus, der mit der *Cypria* beginnt; sie wurde von Stasinus von Zypern oder Hegesias (oder Hegesinus) von Salamis (oder Halikarnassos) verfaßt. In elf Büchern erzählt sie, wie der Trojanische Krieg begann: vom Goldenen Apfel, dem Urteil des Paris, dem Raub der Helena usw., gefolgt vom Aufmarsch der Achäer und dem Krieg bis zum Beginn der Ilias. Etwa 53 Zeilen sind erhalten geblieben und der Grammatiker Proclus hat uns einen etwa 1000 Wörter umfassenden Handlungsabriß hinterlassen. Alles in allem wissen wir mehr von Stil, Inhalt und Substanz der *Cypria* als von jedem anderen zyklischen Epos mit Ausnahme der *Homerica*.

An die *Cypria* schließt die *Ilias* an, und danach kommt die *Aethiopis*, die demselben Arctinos zugeschrieben wird, der angeblich auch die *Titanomachia* verfaßt hat. Sie umfaßte fünf Bücher und nimmt die Geschichte unmittelbar nach dem Ende der *Ilias* auf. In der *Ilias* wurden Patroklos und Hektor und etliche andere Helden getötet. Arctinos schafft daher eine neue Gruppe, bestehend aus der Amazone Penthesilea, Tochter des Kriegsgottes Ares, und Memnon, dem König der Äthiopier, dessen Rüstung vom Schmiedegott Hephaistos gemacht wurde, sowie einigen anderen. Arctinos lebte um 776 v. Chr. Heute sind lediglich zwei Zeilen überliefert, aber Proclus schrieb eine Zusammenfassung.

Als nächstes kommt die *Iliasmikra* (die »Kleine Ilias«) des Lesches (oder Lescheos) von Pyrrha (oder Mitylene), der um 660 vor Christus lebte. Sie enthält den letzten Teil der Geschichte Trojas: wie Odysseus die Waffen des Achilles erwarb, den Bau des Trojanischen Pferdes und wie die Griechen vorgeblich davonsegeln und die Trojaner ihre Mauern niederreißen, um das Riesenpferd in die Stadt zu ziehen. Da die »neue Gruppe« (die Amazone Penthesilea und der Äthiopier Memnon) in Arctinos' *Aethiopis* ihr Leben lassen muß, holt Lesches neue Helden heran, um die Reihen aufzufüllen. Er stellt uns Neoptolemus, den Sohn des Achilles, vor sowie, um der Sache noch die Krone aufzusetzen, Eurypylus, den *Enkel* des Herakles! Von diesem Epos kennen wir noch etwa 33 Zeilen, und ich wünschte, es gäbe mehr davon.

An die »Kleine Ilias« knüpft die *Iliupersis* an (die »Plünderung Trojas«), geschrieben in zwei Büchern, von denen nur zwölf Zeilen erhalten sind. Das Werk soll ebenfalls von Arctinos geschrieben worden sein und erzählt davon, daß sich die List mit dem Trojanischen Pferd als erfolgreich erwies. Danach beschreibt es den Fall Trojas, die Brandschatzung der Stadt und die Abreise der Griechen mit ihren Gefangenen.

Danach kamen die *Nostoi* (oder »Die Rückkehr der Helden«). Agias (oder Hagias) von Troizen ist der mutmaßliche Verfasser dieses Epos. Es hilft uns, die Zehnjahreslücke zu schließen, die zwischen dem Ende der *Ilias* und dem Beginn der *Odyssee* klafft. Es wird berichtet, was mit verschiedenen Helden geschieht – darunter Neoptolemos, Menelaos und Nestor –, und beinhaltet die berühmte Geschichte von der Ermordung Agamemnons durch Aegisthos, den Liebhaber seiner Frau, sowie die Geschichte von Orestes' Rache. Aus dem ursprünglich aus fünf Büchern bestehenden Werk zitieren die altertümlichen Kommentatoren der *Nostoi* nur vier Zeilen.

Es folgt die *Odyssee* mit der Geschichte des Odysseus und seinen verschlungenen Irrfahrten auf dem Weg in die Heimat. Die

Handlung ist allgemein bekannt, und ich verzichte darauf, sie hier wiederzugeben. Es sei mir aber der Hinweis gestattet, daß Homer einige Handlungsfäden gewissermaßen im Winde flattern ließ. Er berichtete nie über die Ereignisse nach der Tötung der Freier und gab keinen Hinweis auf Odysseus' endgültiges Schicksal. Der um 568 v. Chr. lebende Eugammon von Cyrene nahm es auf sich, diese Fragen in seiner *Telegonia* zu beantworten, einem Gedicht in zwei Büchern, das von der Verwicklung des Odysseus in einen Krieg mit den Thresprotiern berichtet. Als der Gott Ares Odysseus' Heer aufreibt, kehrt dieser nach Ithaka zurück. Zuvor hat er allerdings mit Kallidike, der Königin der Thresprioten, einen Sohn namens Polypoetes gezeugt. In der Zwischenzeit sucht Telegonos, ein Sohn, den er während der Odyssee mit Circe gezeugt hat, nach seinem Vater und landet mit einem Heer auf Ithaka. Odysseus kämpft mit Telegonos und wird von ihm getötet. Keiner der beiden ahnt, wer der andere ist, und die Verwechslung entfaltet sich wie einst das Drama um Sohrab und Rustum. Trauernd bringt Telegonos den Leichnam seines Vaters mit Penelope und Telemach auf Circes Zauberinsel. Auf der Insel heiratet Telemach Circe, und Telegonos heiratet Penelope, und wenn sie nicht gestorben sind, so leben sie noch heute – das ist durchaus wörtlich gemeint, da Circe ihnen allen Unsterblichkeit verleiht.

Mit dieser Geschichte endet der Trojanische Zyklus, aber es gab noch einige weitere Epen ohne eine bestimmte Reihenfolge wie die *Phokais*, die *Expedition des Amphiaraos* und die *Oechalias Alosis* (»die Erstürmung Oechalias'«), die alle drei Homer zugeschrieben werden, sowie die *Margites*, von denen etwa sechs Zeilen überliefert sind. Zudem haben wir einige Informationen über ein paar Epen, die weder vorliegen noch unter den Gedichtzyklen aufgeführt wurden, wie zum Beispiel ein Gedicht des Eumelos von Korinth (eines der mutmaßlichen Autoren der oben ausgeführten *Titanomachia*) namens *Korinthiaka*. Wir wissen nur wenig darüber: Es mag vielleicht die Geschichte des Bellerophon enthalten haben, der das geflügelte Roß Pegasos bezähmte und gegen die Chimäre kämpfte. In Anbetracht dessen, daß Korinth Bellerophons Heimatstadt war – und unter Berücksichtigung des Gedichttitels –, können wir eine einigermaßen begründete Vermutung über die Handlung des verschollenen Epos abgeben, das sich offenbar mit der mythologischen Geschichte Korinths befaßte. Außerdem gibt es ein Epos namens *Herakleia*, dessen Autor der im sechsten vorchristlichen Jahrhundert lebende Panyasis war, der Onkel des Geschichtsschreibers Herodot. Die Tage des griechischen Epos waren nahezu vorbei.

Die Macht Griechenlands schwand, als andere, neuere Reiche sich erhoben wie das Mazedonische Reich von Philip und Alexander, das binnen eines Menschenalters zu einer Weltmacht wurde und im Anschluß fast umgehend wieder unterging.

Sobald Alexander, sein gottgleicher Begründer, 323 vor Christus im Alter von nur 33 Jahren in Babylon an Lungenentzündung gestorben war, ging das Reich in die Hände seiner wichtigsten Stellvertreter über. Diese waren so sehr damit beschäftigt, gegeneinander um die Herrschaft über das gesamte Reich zu kämpfen, daß sie dabei seinen Zerfall übersahen. Sobald diese »Nachfolger« die Situation erfaßt hatten, lenkten sie ihr Augenmerk so ausschließlich darauf, sich ihre eigenen Teilreiche zu sichern, daß sie wiederum keine Zeit für den Versuch erübrigten, diese wieder zu einem Reich zusammenzufügen.

Bevor jedoch das Zeitalter des griechischen Epos erlosch, hatte es eine machtvolle literarische Tradition begründet. Einige Elemente im Werk von J. R. R. Tolkien können bis zu jenen alten Gedichtzyklen zurückverfolgt werden: der Weltenentwurf, die sich entfaltende weite Landschaft mit phantastischen Kriegen und erdachten Orten, bewohnt von wilden und phantastischen Ungeheuern und seltsamen Völkern, die von Gottheiten mit übermenschlicher Macht beherrscht werden. Das Konzept einer Geschichte, die sich ausschließlich inmitten einer erfundenen Umgebung abspielt, war geboren.

Der Großteil der übrigen klassischen Literatur verfolgt recht unterschiedliche Konzepte. Persönliche Liebeslyrik, ernsthafte Geschichtsschreibung, Kunstkritik, Dramen, die auf der halberfundenen Historie eines Landes oder einer Stadt beruhen – das waren die anderen Themen. Nur im Epos ließ man der Vorstellungskraft freien Lauf. Und in jenen langen Gedichten über die heldenhaften Abenteuer tapferer Recken in sonderbaren Städten und im Kampf gegen seltsame Ungeheuer wurde die geistige Saat für das Genre der Fantasy gelegt.

Anmerkungen

Das Zitat zu Beginn des Kapitels stammt aus J. U. Nicolson: *Gesang* in: Sainted Courtezan, P. Covici, Chicago 1924 (Übersetzung: Biene van de Laar)

[1] C. Plinius Secundus d. Ä.: *Naturalis Historia/Naturkunde.* In 10 Bänden. Bd. 7: *Anthropologie.* Hg. u. übers. v. Roderich König. 1975

[2] Andere führen ebensogute Gründe an für die Behauptung, daß er in Kyme, Ithaka, Ios, Pylos oder Sparta geboren worden sei. Sogar Ägypten und Babylon haben einen gewissen Anspruch auf ihn.

[2a] Ezra Pound: *ABC of Reading.* J. Lauglin, New York 1960. (Übersetzung: Biene van de Laar)

[3] Genau gesagt sind nur 135 Zeilen den Verheerungen der Zeit entronnen. Sämtliche Bezüge und die knappen Zitate sind in einem von Hugh G. Evelyn White zusammengestellten und bei HEINEMANN verlegten Band unter dem Titel *Hesiod, the Homeric Hymns and Homerica* gesammelt erschienen.

Kapitel 11
FANTASY IM CHANSON DE GESTE

Oliver sagte: »Die Heiden haben eine große Heeresmacht,
Und ich sehe, daß unsere Franken viel weniger zahlreich sind.
Roland, mein Gefährte, so blast doch Euer Horn:
Karl wird es hören, und das Heer wird umkehren.«
Roland antwortete: »Ich würde wie ein Narr handeln
Und dadurch im lieblichen Frankreich mein Ansehen verlieren.
Ich werde gleich mit Durendal gewaltig zuschlagen,
Blutrot wird die Klinge sein, bis hin zum goldenen Stichblatt.
Die heidnischen Schurken sind zu ihrem Unheil
zu den Pässen gekommen.
Ich schwöre Euch, sie sind alle zum Tode verurteilt.«
Das Rolandslied

Als das Reich zerfiel, erhielt Ptolemäus Ägypten, Seleukos fiel Babylon zu, und einige andere bekamen Klingen in die Hälse. Und die Dichter waren viel zu sehr damit beschäftigt, dem Einmarsch der einen oder anderen Armee auszuweichen, um in einer gemütlichen Ecke zu schreiben.

Doch Ptolemäus und auch jene, die ihm auf den Thron Ägyptens nachfolgten, besaßen ein Ohr für gute epische Versgedichte. Ein früher Ptolemäus errichtete die große Bibliothek in Alexandria, der neuerbauten Hauptstadt Ägyptens, und begann sämtliche Eposzyklen zu sammeln. Dort wurden sie in chronologischer Reihenfolge von Zenodotus geordnet, dem leitenden Bibliothekar des größten und frühesten Bücherhortes des Altertums (ohne Berücksichtigung der Bibliothek des Assurbanipal, die im Vergleich klein ausfiel).

Apollonios Rhodios (»von Rhodos«), der nach Zenodotus die Leitung der Bibliothek innehatte, war mit dem Dichter Kallimachos in einen Gelehrtenstreit verwickelt. Dies geschah im dritten vorchristlichen Jahrhundert, lange nach Arctinos und Lesches und den anderen Zyklendichtern. Kallimachos war der Ansicht, der epische Geist habe die Griechen verlassen. Er ging sogar so weit zu behaupten, daß es nicht mehr möglich sei, Gedichte von der Länge der alten Epen zu schreiben. Vielleicht hatte er das Gefühl, die Zukunft der erzählenden Heldendichtung läge in den *epyllia*, den Miniepen, die nur ein paar hundert Zeilen maßen wie z. B. Hesiods *Der Schild des Herakles*. Apollonios vertrat die gegenteilige Ansicht: Er war der Meinung, daß es durchaus möglich sei, Epen in alter Tradition zu schreiben, und tat dies entsprechend kund. Um seine Position zu rechtfertigen, schrieb Apollonios ein eigenes Epos: die Geschichte von Jason und den Argonauten und ihrer Suche nach dem Goldenen Vlies. Die *Argonautika* ist das erste nach Homer geschriebene Epos, das die Zeiten überdauerte. Leider konnten die Anhänger des Kallimachos danach behaupten, rein technisch gesehen sei es zwar möglich, immer noch in epischer Länge zu schreiben, aber es bestünde auch eine hohe Wahrscheinlichkeit, daß das Ergebnis zu wünschen übrigließe. Es bleibt eine traurige Tatsache, daß die *Argonautika* von ausführlichen mythologischen Anspielungen und pedantischen Anmerkungen nur so strotzt. Außerdem ist sie, was epische Länge angeht, recht kurz: Sie umfaßt nur vier Bücher und ist etwa 7000 Zeilen lang, während die *Ilias* es auf über 15 000 Zeilen bringt. Jasons Geschichte ist gewiß für ein Epos prächtig geeignet, aber die *Argonautika* war ein fehlgeschlagener Versuch. Sogar die Charaktere sind langweilig; die einzige Figur mit etwas Leben ist Medea. Longinus und Quintilian bezeichneten das Werk als mittelmäßig.

Allerdings erwies Varro von Atax, ein Zeitgenosse des Catull, dem Werk das höchste Kompliment durch Nachahmung – er schrieb sein eigenes langes Argonautenepos. Ihm nach taten es dann auch keine geringeren Dichter als Vergil persönlich (im 4. Buch der *Aeneis*) sowie Valerius Flaccus, der das früheste überlieferte Argonautenepos auf Latein verfaßte. Valerius Flaccus, der etwa um 93 n. Chr. lebte, war ein römischer Priester und gehörte jenem Kolleg an, das die berühmten Sibyllinischen Bücher verwahrte, in denen Prophezeiungen über die Zukunft Roms niedergeschrieben sein sollten. Und noch viel später, um 1572, sollte Ronsard Apollonios von Rhodos nacheifern, als er mit der *Franciade* ein französisches »Nationalepos« zu verfassen versuchte.

Da nun der Dichter von Rhodos bewiesen hatte, daß das Schreiben eines Epos möglich war, versuchten sich einige weitere Griechen an diesem Spiel. Zu den letzten, die diesbezüglich ernsthafte Anstrengungen unternahmen – viel zu spät, um Niedergang und Tod des Griechischen als Epensprache schlechthin zu verhindern –, gehörte Quintus von Smyrna, der sich für seinen szenischen Hintergrund unmittelbar bei den Zyklendichtern der alten Zeit bediente.

Quintus von Smyrna deckte in seinen *Posthomerica* (d. h. »was nach Homer geschah«, also nach der *Ilias*) in etwa das gleiche Gebiet ab wie etliche der oben erwähnten Epos-Zyklen, darunter die *Aethiopis* des Arctinos von Milet, die *Iliasmikra* (»Kleine Ilias«) des Lesches von Mitylene und die *Iliupersis*, die ebenfalls Arctinos zugeschrieben wird. Tatsächlich erachtet man es als recht wahrscheinlich, daß Quintus während seiner Arbeit die Texte dieser verlorenen Epen vorliegen hatte, denn zu seiner Zeit waren sie noch im Umlauf.

Quintus erbrachte nicht nur den Beweis dafür, daß Apollonius recht hatte – Epen also immer noch auf die althergebrachte Art verfaßt werden konnten –, sondern strafte die Behauptung der Kritiker der *Argonautika* Lügen, daß spätere Bemühungen unweigerlich fehlschlagen müßten. Kurz gesagt, handelt es sich bei Quintus' Epos nicht nur um recht gute Dichtkunst voller Farbe, Dramatik und fesselnder Bildhaftigkeit, die mit Grandeur, Schwung und einem guten Blick für Details daherkommt, sondern es erzählt auch noch eine packende Geschichte[1]. Der Stoff, aus dem die Heldengeschichten sind, ist reichlich vorhanden – blutdurchtränkte Schlachtfelder, erregende Zweikämpfe der Helden, Stürme auf hoher See, übernatürliche Erscheinungen aus der Gruft, unheimliche Prophezeiungen und dergleichen mehr.

Dennoch war die Zeit des griechischen Epos nahezu vorüber. Der epische Impuls drang mittels Livius Andronicus' nach Rom vor. Dieser übersetzte in der zweiten Hälfte des dritten vorchristlichen Jahrhunderts die Odyssee in lateinische Metren – ein Ereignis, das als der Beginn des Epos in der römischen Welt betrachtet wird. Etwas später verfaßte Naevius ein Epos über den Ersten Punischen Krieg. Etwa ein Jahrhundert danach kam Ennius.

Die lateinische Dichtkunst setzt eigentlich mit Ennius um 240 v. Chr. ein. Seine Annalen zeichnen die Geschichte Roms von den Anfängen bis zum Beginn seines eigenen Lebens nach. Die epischen Verse sind recht primitiv, aber sie erforschten wacker das Potential des Lateinischen als klangvolles poetisches Medium, und jene, die ihm nachfolgten, verdankten seiner Pionierarbeit vieles.

Kallimachos, der die Auffassung vertrat, lange Epen seien eine Unmöglichkeit, und jene, die seine Meinung teilten, daß die Zukunft bei den *epyllia* lag, fanden sich für eine kurze Blütezeit bestätigt. Jeder versuchte sich am *epyllion*. Cato der Zensor schrieb eine *Lydia* und eine *Diana*, Calvus eine *Io*, Catull eine *Hochzeit des Peleus und der Thetis*, Cinna eine *Zmyrna* usw. Sie alle bezogen ihre Handlungen aus der antiken Mythologie. Allerdings lebte ungefähr gleichzeitig mit Catull (87–54 v. Chr.) der epische Dichter Lucrez (99–58 v. Chr.), der ein didaktisches Epos namens *De Rerum Natura* schrieb. Dann folgte der große Vergil (70–19 v. Chr.), der homerische Erhabenheit anstrebte und ihr sehr nahe kam. Wie Homer beginnt er sein Epos *in medias res*, »mitten in der Geschichte«; eine darauf folgende Rückblende rekapituliert den Anfang. Er imitiert zudem die große *nekyia*, die Szene der Heraufbeschwörung eines Geistes, wie jene in Buch XI der *Odyssee*, als Odysseus den Geist des alten Sehers Teiresias herbeiruft. Vergil fügt weitere homerische Anklänge ein wie die Aufzählung der Schiffe und die Ratsversammlung der Götter. Und er folgte dem Beispiel der Zyklendichter und fügte seine *Aeneis* in die Geschichte Trojas ein: Als Helden seines Epos erwählte er Aineas, der im zweiten Buch von Homers *Ilias* kurze Erwähnung findet.

Danach kamen Manilius (ca. 20 v. Chr. – 25 n. Chr.) und Lucan (39–65 n. Chr.). Lucans Epos war weitschweifig und blutrünstig. Das Werk handelt von dem Bürgerkrieg zwischen Caesar und Pompeius. Wir kennen es unter dem Titel *Pharsalia,* so benannt nach der Ebene von Pharsalus, auf welcher der Bürgerkrieg entschieden wurde (der tatsächliche Titel lautet *De Bello Civili,* »Über den Bürgerkrieg«). Es folgte Statius (40–95 n. Chr.), der eine *Thebaide* schrieb, die sich dicht an Vergil anlehnt. Er begann auch eine *Achilleis*, lebte aber nicht lange genug, um mehr als ein Buch und die Hälfte eines zweiten zu vollenden[2].

Die römischen Dichter imitierten meist entweder Homer oder Vergil, aber alles in allem waren sie darin nicht sonderlich erfolgreich. Die meisten ihrer Gedichte halten einem Vergleich mit den Werken der Griechen schlichtweg nicht stand. Jene besaßen eine leichte und luftige Vorstellungskraft, die sich zu Höhenflügen aufschwingen konnte, während die Römer schwerfällig, pragmatisch und zum größten Teil einfach nur langweilig klangen. Und es gibt wirklich nichts Langweiligeres als ein langweiliges lateinisches Epos![3]

Mit dem Niedergang des Römischen Reiches ging das Epos – das formale klassische Epos als ernsthafte Kunstform – ebenfalls unter und blieb verschollen, bis es im nachkarolingischen Europa wiederbelebt wurde.

Der größte Teil der epischen Literatur ging vollständig verloren, als Zivilisationen zusammenbrachen und Reiche zerfielen. Einige, wie die zyklischen Epen, wurden unwiederbringlich vernichtet. Andere wurden für lange Zeit verlegt wie die *Posthomerica* des Quintus von Smyrna, von denen eine Manuskriptabschrift im fünfzehnten Jahrhundert wieder auftauchte, als Kardinal Bessario sie vor sich hin schimmelnd in einer Konventsbibliothek bei Otranto in Kalabrien entdeckte.

Als das Konzept der epischen Dichtung gemeinsam mit einigen guten Beispielen dazu in Europa Einzug hielt, regte diese wechselseitige kulturelle Befruchtung das Entstehen interessanter Werke an. Allerdings verkümmerte nach Statius das heroische Epos, bis Petrarca es 1341 mit *Africa* wiederbelebte. Die jüngeren Nationen des nachrömischen Europa verfügten jedoch über eine ganz eigene uralte Heldenliteratur, und als sie an Macht gewannen, wurden diese alten Heldenüberlieferungen niedergeschrieben. Dies führte zu einer ganz neuen epischen Literatur, die den klassischen Epen nur sehr wenig schuldete.

Zu diesen eigenständigen Schriften gehörte der angelsächsische *Beowulf*, niedergeschrieben in einem Dialekt, der im elften Jahrhundert in Wessex gesprochen wurde. Dem Manuskript liegt ein Original zugrunde, das vermutlich Ende des siebten Jahrhunderts n. Chr. in Northumbrien entstand. *Beowulf* ist ein brillantes Gedicht – es wird als das erste große Werk der britischen Literatur betrachtet – und eine prächtige Abenteuergeschichte mit häßlichen Trollen, verzauberten Schwertern, magischen Rüstungen, feuerspeienden Drachen und dergleichen mehr. Kurioserweise beruht die Erzählung auf tatsächlicher Geschichte. Beowulf wird mittlerweile als historische Persönlichkeit erachtet, obwohl wir von ihm kaum mehr wissen, als daß er um 520 n. Chr. an der Seite seines Häuptlings Hygelac an einem Raubzug gegen die Franken und Friesen teilnahm.

Frankreich brachte im elften Jahrhundert das *Chanson de Roland [Rolandslied]* hervor, ein französisches Epos von unbekannter Hand mit rund 4000 Zeilen, das man als das erste gute Gedicht der französischen Literatur überhaupt bezeichnet. Ebenso wie Beowulf ist auch Roland eine historische Gestalt – wir kennen einen Grafen Hrolandt aus den bretonischen Marschen, der während der historischen Schlacht von Roncesvalles am 15. August 778 fiel. Die Schwerter von Beowulf und Roland sind namentlich bekannt – es sind berühmte Zauberwaffen mit eigenen Namen und Geschichten (Beowulfs Hrunting und Rolands Durendal, das einst Hektor von Troja gehörte).

Das *Rolandslied* und eine große Zahl nachfolgender französischer Epen werden als *Chansons de Geste* bezeichnet (»die Lieder von den großen Taten«). Sie bilden den zentralen Körper jenes Gebildes, das man als den Karolingischen Sagenkreis bezeichnet. Gautier stellte eine Liste mit 110 Einträgen zusammen.

Laut diesem Sagenkreis war Roland einer der Zwölf Kämpen oder Zwölf Paladine, die in den Diensten Karls des Großen standen – einer Gruppe ritterlicher Helden von großem Ruhm, die sich um ihren König versammelten, ganz ähnlich den Rittern der Tafelrunde, die mit König Arthur verbündet waren. Die Kenner der Materie sind sich über die Namen dieser zwölf Kämpen nicht ganz einig. Das *Rolandslied* selbst listet sie in *Laisse LXIV*

folgendermaßen auf: Graf Roland – Neffe König Karls des Großen –, sein guter Freund und Gefährte Oliver, Erzbischof Turpin
von Reims, Garin, Graf Geriers, Girart von Roussillon, Engeliers
aus der Gascogne, Herzog Samson, Anselm der Stolze, Otes,
Graf Gaultiers und Berengiers[4].

Da im *Rolandslied* die meisten der Obengenannten zu Tode
kommen, mag es scheinen, als endete das französische Epos,
noch ehe es richtig angefangen hat. Das ist jedoch nicht der Fall.
Denn sobald *Roland* das erreichte, was im Mittelalter als Bestsellerliste galt, begannen die *Trouvères* (oder Barden) Epen zu komponieren, die zeitlich vor Roland spielten – Vorläufergeschichten
oder *Prequels* – wie jene griechischen Epen, von denen wir zuvor
hörten. Viele behandelten die Jugend der Helden, darunter *Enfantes Roland* und *Enfantes Ogier*. Es gibt auch Epen über jeden
einzelnen Recken – sozusagen Biographien in Versform wie
Chevalier Ogier de Danemarche (verfaßt zwischen 1192 und
1200), *Girart de Roussillon* (um 1160–1170) und *Garin de Monglane* (aus der zweiten Hälfte des 13. Jh.). Einige Epen handelten
von Karl dem Großen und andere von seinem Sohn (wie *Cou-
ronnement de Louis*, nach 1130).

Bald begannen ganze Dichterschulen, umfassende *Chanson*-
Zyklen zu verfassen. Es gab einen *Wilhelm von Orange*-Zyklus,
der etwa acht Epen umfasste, einen *Garin de Monglane*-Zyklus,
der aus etwa sechzehn Epen besteht, einen Zyklus über *Aymeri
de Narbonne* (den Vater des Wilhelm von Orange), zusammengefaßt in mindestens acht Epen, usw. Obwohl es mehr als 100
französische Epen gibt, die aus dieser karolingischen Legende
erwuchsen, sind mit Ausnahme des *Roland*, der ein echtes Meisterstück darstellt, und eines oder zweier weiterer[5] keines ins
Englische übersetzt worden.

Karl der Große – Karl, König der Franken, genannt Carolus
Magnus oder Charlemagne – hat natürlich wirklich gelebt. Er
war ein historischer Monarch, geboren 742 und gestorben 814,
Sohn von Pippin dem Kurzen, der mit dem Ende der merowin-

gischen Dynastie die Krone von Childerich III. übernahm. Karl
der Große war der Begründer des kurzlebigen, jedoch prachtvollen Karolingischen Reiches, Herrscher über ganz Frankreich,
den größten Teil dessen, was wir heute Westdeutschland nennen
würden, und etwa die Hälfte Italiens, ganz zu schweigen von einem beträchtlichen Teil der slawischen Regionen wie auch der
Balkangebiete. Nach seinem Tod hielt sich sein Reich nicht mehr
sehr lange, aber man erinnerte sich daran – tatsächlich wurde es
zu einer Legende, und man blickte darauf wie auf ein goldenes
Zeitalter der Stabilität und Macht. Natürlich begannen sich Legenden an die Erinnerung an Karl den Großen zu knüpfen.[6] Und
binnen eines oder zweier Jahrhunderte erwuchs daraus eine
ganze Palette epischer Literatur.

Zur gleichen Zeit gab es auch an anderen Orten eine fast iden-
tische literarische Entwicklung. Nationale Literatur erwuchs um
zentrale Werke wie das spanische Nationalepos *Poema de mio
Cid*, ein Werk von unbekannter Verfasserschaft, das um die Mitte des 12. Jh. entstanden ist. Dieses Heldenepos (*cantar de gesta*
nannten die Spanier dieses Genre) beruht nicht etwa auf einer
Legende, sondern auf der jüngeren Geschichte, vergleichbar mit
der *Pharsalia* des Römers Lucan. Das Epos feiert die Taten von
»El Cid Campeador« – dem historischen Krieger Ruy Diaz de
Bivar (1040?–1099), der wie der Frankenritter Roland im Kampf
gegen die Mauren fiel.

Auch die Portugiesen bezogen das Thema ihres Nationalepos
aus der Geschichte. Jenes Werk, *Die Lusiaden*[7], ist eine Heldener-
zählung über die Geschichte des portugiesischen Volkes, die mit
Erzählungen über die epischen Entdeckungsreisen des Vasco
da Gama durchwoben ist. Der Autor ist Luís de Camões
(1524?–1580).

Zwar handelt es sich bei den *Lusiaden* um ein vergilisches Epos,
doch die Zeit des klassischen Epos war abgelaufen. Eigene nationale Epen nahmen Gestalt an, die der Volksgeschichte und -erin-
nerung entstammten und in den jeweiligen Landessprachen nie-

dergeschrieben wurden. Diese Gedichte sowie die französischen Chansons stellen weniger eine Erneuerung der klassischen Form als vielmehr eine Verrohung und Korrumpierung des Epos dar, welches auf eine niedrigere Ebene des künstlerischen Aufgebots zurückfiel. Die Hochwassermarke des *Rolandsliedes* verfehlend, verkamen die französischen Gedichte zu knüttelnden Verschroniken. Schließlich erwiesen sich diese neuzeitlichen Quasi-Epen als so unbefriedigend, daß aus dieser Unzufriedenheit die Entwicklung einer ganz neuen Form der vom Epos hergeleiteten Literatur angeregt wurde. Sie verlangte einen geringeren Grad dichterischen Genies vom Autor und eine minimale Kenntnis der klassischen Mythologie oder Geschichte seitens des Lesers, gekoppelt mit einem weniger intensiven und anspruchsvollen künstlerischen Interesse. Mit anderen Worten: Das formelle Epos war zum Chanson verfallen, das bald zur Romanze verkam.

Was haben nun die Renaissancedichter zum Wachstum der epischen Fantasy beigetragen? Von den klassischen Dichtern übernahmen sie die Idee der Heldenfiguren, die eine Welt durchwandern und in ihr Kämpfe bestehen. Diese Welt bevölkern seltsame Tiere, sonderbare Völker und phantastische Ungeheuer. Hinzu fügten sie jedoch etliche Elemente, die auch bei Tolkien vorkommen: Waffen mit Eigennamen – also berühmte Schwerter mit Namen und Geschichten wie Rolands Durendal, Charlemagnes Joyeuse und die Colada und Tizona des Cid. Das übernatürliche Element verkörpern nicht länger die heidnischen Götter, sondern Elben, Feen, Zwerge und Geistererscheinungen. Magische Talismane, verzauberte Schwerter, Rüstungen und dergleichen wurden sehr beliebt.

Diese Elemente verdichteten sich jedoch weder im klassischen Epos noch im Chanson der Renaissance zur Materie der reinen Fantasy, sondern fanden Ausdruck in den großen Romanzen des späten Mittelalters, die wir im nächsten Kapitel untersuchen werden.

Anmerkungen

Das Zitat zu Beginn des Kapitels stammt aus *Das altfranzösische Rolandslied,* zweisprachig. Übers. v. Wolf Steinsieck. Reclam, Stuttgart 1999, Z. 1049–1058

[1] Eine Textprobe verdeutlicht etwas von der Atmosphäre. Sie stammt aus Quintus v. Smyrna: *Posthomerica,* Buch VII, Z. 297–311:

> Hüte dich, mein Kind, vor den
> Gefahren des Wassers, setzest du Segel
> Vor Troja oder anderen Gestaden, die gar machtvoll
> Oftmals bedrängen Seefahrer, die da reiten
> Die rollenden Wogen der See, wenn die Sonne hinter sich läßt
> Des Bogenschützen Stern und trifft die milchbleiche Ziege,
> Wenn die wilden Böen peitschen voran den nahenden Sturm,
> Oder wenn Orion im dämmrig verglühenden Westen
> Taucht ein in des Meeres Fluten, langsam niedersinkend.
> Hüte dich vor den Zeiten, da Tag und Nacht sich gleichen,
> Wenn Windstöße, die über der Meere Abgründe jagen –
> Niemand weiß woher – in wütender Schlacht prallen aufeinander.
> Hüte dich vor dem Verblassen der Plejaden, wenn die See
> Toll wird unter ihrer Macht – und nicht nur diesen allein,
> Sondern anderen Sternen, Schrecken glückloser Männer,
> Die über den weiten Klüften des Meeres aufsteigen oder versinken.
> (Übersetzung: Biene van de Laar; vgl. Quintus v. Smyrna: *Posthomerica* [lat.], Straßburg 1807)

[2] Viele andere Autoren versuchten sich an einem Achilles-Epos. Goethe schrieb beispielsweise eines im Jahr 1797.

[3] Ein trauriges Beispiel ist die *Punica* des Silius Italicus (26–101 n. Chr.), ein schwerfälliges und unlesbares historisches Epos, das während des Zweiten Punischen Krieges spielt. Silius hielt begeistert die Erinnerung an Vergil aufrecht (so sehr, daß er persönlich Vergils Grabstätte zu Neapel aufkaufte und sie restaurierte). Er ertränkte sich nahezu in Vergilianien, aber davon scheint nur sehr wenig durchgedrungen zu sein. Die *Punica* gehört zu den langweiligsten Werken, die je geschrieben wurden – wie die Deutschen über die *Hortulus Animae* sagen: »Es läßt sich nicht lesen.« Dieses Urteil bleibt trotz des spannenden Themas und der exotischen Schauplätze bestehen, zu denen zum Beispiel die reiche afrikanische Metropole

Karthago gehört, die Flaubert in seiner üppigen Romanze *Salammbô* so prachtvoll zur Geltung brachte. Die *Punica* kann nur gültigen Anspruch auf eine einzige Ruhmestat erheben: Mit ihren 12 000 Versen ist sie das längste Einzelepos der lateinischen Literatur.

4 Allerdings werden im selben Gedicht an anderer Stelle folgende Recken erwähnt: Geoffrey von Anjou, Herzog Naimes, Tybalt von Reims, Ogier der Däne, Graf Acolin von der Gascogne, Richard der Alte, sein Neffe Heinrich, Milun, Ivon, Ivor und Otto sowie ein ansonsten unidentifizierter Herzog von Burgund. Das sind wieder zwölf. Die verschiedenen als Fortsetzung zum *Roland* verfaßten *Chansons* nennen weitere Kämpen wie Huon von Bordeaux, Thierry von Anjou, Berat de Mondidier, Aubri den Burgunder und William den Schotten.

5 Wie zum Beispiel das erste Lied des Wilhelmszyklus, das *Chanson de Guillaume*, das wahrscheinlich schon um 1070–1080 verfaßt wurde, vielleicht auch etwas später. Eine englische Versübersetzung von Edward Noble Stone, *The Song of William*, wurde 1951 veröffentlicht. Es ist ein lebhaftes Gedicht, durchaus mit Farbe und einem gewissen Gusto versehen. Die folgende Textprobe [aus: *The Song of William (La chançun de Guillelme)*, translated into verse by Eduard Noble Stone. University of Washington Press, Seattle 1951] verdeutlicht vielleicht den Stil. Die Szene spielt in *Laisse* CXLV, als Tedbald sich bewaffnet und zum Kampf gegen dem bösen Paynim-König ausreitet:

Then a hauberk fair on his body they placed,
And a helmet green to his head they laced,
His sword he girded, the bright blade hung;
His mighty shield by the band he clasped,
His lance so keen in his right hand grasped,
White, to the ground, the banneret swung.
Then a steed of Castile before him they led,
On the left by the stirrup he mounted straightway;
Forth by the postern gate hath he sped,
Ten thousand behind, helm on head,
In Archamp seeking King Deramé.

[In eine schimmernde Rüstung halfen sie ihm
und setzten ihm auf einen grünen Helm,
Er legte an sein Schwert, blitzend an seiner Seite es ruhte.
Seinen Arm er schob durch des mächtigen Schildes Band

Und ergriff die Lanze, so scharf, mit der rechten Hand,
Weiß, im Wind, das Banner sich entrollte.
Sie führten sodann einen Hengst aus Kastilien ihm vor,
Am linken Steigbügel ohne Säumen schwang er sich empor;
Durch das Burgtor sprengte er voran,
Zehntausend im Gefolge, mit Helmen, hinterdran,
Auf der Suche nach König Deramé in Archamp.]
(Übersetzung Biene van de Laar)

6   Zwischen Kriegen, Eroberungen und ähnlichem mehr fand er noch
    Zeit, sich fünfmal zu verehelichen: Seine Frauen waren Hildegard,
    Luitgard, Desiderata, Fastrada und Himiltrud. Außerdem gab es noch
    die Mätresse Adelinda. Bei einem solchen ehelichen Hintergrund ist
    es nicht weiter überraschend, daß er fünf Söhne und vier Töchter
    zeugte.

7   Der Titel bezieht sich auf das Volk Portugals selbst. Im Original lau-
    tet er *Os Lusiadas,* »Die Söhne des Lusus«, also die Lusitanier oder
    Portugiesen.

Kapitel 12
FANTASY IN DER ROMANZE DES MITTELALTERS

Viele Romanzen erschaffen die Menschen neu
Von tapferen Rittern, gleichermaßen stark und treu;
Von Roland und von Oliver,
Und all den anderen, ihnen gleich an Ruhm;
Von Charlemagne und Alexander;
Und von König Artus und Gawain,
Hoch achteten sie das ritterliche Tun;
Von Turpin und Oger the Dane.
The Romance of Richard the Lion-Hearted

Wir bezeichnen sie als »Romanzen«, weil sie in den »romanischen« Sprachen verfaßt wurden: in Spanisch, Italienisch oder Französisch – Sprachen, die dem Lateinischen entsprangen, der Sprache der Römer.

Während des gesamten Mittelalters waren Romanzen weit verbreitet und sehr beliebt. Ihre Zahl war so groß, daß daraus eine Gattung heroischer Literatur entstand, die weit mehr Umfang und Einfluß hatte als die epische Literatur der Griechen und Römer – wenngleich sie nicht an deren künstlerisches Genie heranreicht[1].

Wie bereits im vorangegangenen Kapitel erwähnt, lieh sich das *chanson de geste* einige erfolgreiche Elemente bei den heroischen Epen und gab diese an die Romanze weiter. Dazu gehören überlebensgroße Helden, Heldinnen und Schurken sowie ein starkes Element des Übernatürlichen, das gelegentliche unmittelbare Eingreifen der Götter in die Geschäfte der Sterblichen und die Vorherrschaft des epischen Doppelthemas der *Quest* – der großen Aufgabe und gefährlichen Fahrt – und des Krieges als Standardmotive der Handlung.

Die Romanze nahm jedoch auch eine Menge heterogenes Material anderer Geschichten in sich auf. Diese waren dem herkömmlichen Epos nicht nur unbekannt, sondern auch fremd und sogar abträglich. Eines dieser neuen Elemente ist der Archetyp des Zauberers oder Magiers. Magier sind in der gesamten Breite der epischen Literatur nahezu unbekannt, und bis zur Entstehung der Romanze, die sie einem größeren Publikum bekannt machte, traten sie in kaum nennenswerter Zahl auf. Dies soll nicht heißen, daß Zauberer (oder Gestalten, die ihnen sehr ähnlich waren) zur klassischen Zeit nicht existierten. Es gab sie durchaus in Form von Alchimisten und Wahrsagern, Sternenkundigen, Traumdeutern und dergleichen. Aber im Ensemble des typischen Epos spielten sie keine Rolle.

Ein weiteres neues Element ist die Anwendung der Magie per se. Im griechischen oder römischen Epos findet sich kaum ein

Hauch von Magie. Das übernatürliche Element besteht hauptsächlich aus phantastischen Ungeheuern und Mischwesen wie
der Chimäre, der Hydra oder Scylla und Charybdis sowie aus
der gelegentlichen Heraufbeschwörung von Totengeistern (oder
auch umgekehrt aus dem Abstieg des einen oder anderen Helden wie Herakles oder Odysseus in die Unterwelt) und aus dem
Erscheinen der Götter und der Unsterblichen. Magie – damit
sind die Macht von Zauberern und Hexen gemeint, der Einsatz
verwunschener Waffen, Zauberbanne, Talismane und dergleichen – war dem Geist des klassischen Epos nahezu fremd. (Die
klassischen Epen wurden übrigens in beträchtlichem Umfang als
religiöse Werke angesehen: Die Griechen sahen Homer nahezu
mit Gewißheit als Verfasser einer Art »Alten Testaments« ihrer
Religion an. Hesiods *Theogonie* (allerdings nicht in den *Werken
und Tagen)* steht wiederum für eine Art »Neues Testament«[2],
und Vergil wurde schließlich als das erachtet, was wir heute als
einen inspirierten prophetischen Autor bezeichnen würden.

Was ich als den »Niedergang« des Epos zur Romanze bezeichnet habe, spiegelt sich sogar klar erkennbar in einzelnen Hand-
lungselementen wieder. Letztendlich ist Magie eine niedere
Form der Religion, in der der Zauberspruch an die Stelle des Ge-
bets gesetzt wird. (Und falls ein Leser der obigen Pauschalaussa-
ge widersprechen möchte, daß Zauberer der epischen Literatur
fremd waren, indem er oder sie auf die Hexe Circe in der *Odyssee* oder auf Odysseus' Unterhaltung mit dem Schatten des Zauberers Teiresias in ebenjenem Epos hinweist, so sei meinerseits
darauf verwiesen, daß Circe, ob nun Zauberin oder nicht, als
Tochter des Sonnengottes Helios auch eine Göttin war und der
blinde Seher Teiresias ein Prophet des Apollo.)

Obwohl die Romanzen gelegentlich mit dem trojanischen
Thema spielten, wurden ihre Handlungen doch für gewöhnlich
europäischen Legenden wie jener um König Artus entlehnt oder
dem Sagenkreis um Karl den Großen und seine zwölf Recken.
Oder man griff zurück auf die berühmte Geschichte um Alexan-

der den Großen, der für die mittelalterlichen Schriftsteller zum wunderwirkenden Ritterhelden wurde. Der vorderste Platz unter den Romanzen wird von *Amadis von Gallien*[3] belegt; das Werk gehört zu den entzückendsten Fantasyarbeiten, die je geschrieben wurden, und ist zudem eines der einflußreichsten Bücher aller Zeiten – sein Einfluß geriet so stark, daß eine ganze Literaturform daraus entsprang, und er hält bis zum heutigen Tag an.

Entstehungsdatum, Verfasser und die ursprüngliche Sprache des *Amadis* – Spanisch oder Portugiesisch – sind immer noch strittig. Traditionell wird das Werk einem Portugiesen namens Vasco de Lobeira zugeschrieben, der zur Herrschaftszeit Ferdinands von Portugal lebte und 1385 starb. Die moderne Wissenschaft neigt allerdings eher einem galizischen Ritter zu, João de Lobeira, der den portugiesischen Hof zwischen 1258 und 1285 häufig besuchte. An der wunderbaren Kraft und Fülle dieses erstaunlichen Werkes, das in einer Prosaversion (um 1500) erhalten blieb, kann allerdings kein Zweifel bestehen. Ariosto und Montaigne bewunderten es, und Cervantes pries es als das beste aller je geschriebenen Bücher dieser Art. Der italienische Eposdichter Torquato Tasso bezeichnete es als die schönste und vielleicht ergiebigste Geschichte ihrer Art, die man lesen könne.

Die Welt des *Amadis* ist einfach großartig: Ein üppiger und wundervoller Gobelin, der mit erstaunlichen und feingesponnenen Einzelheiten durchwoben ist. Seltsame Paläste aus mondfahlem Marmor erheben sich weiß wie geschnitztes Eis an den düsteren Rändern verzauberter Wälder, in denen ein magisches violettes Dämmerlicht herrscht und wilde, verzweifelte Banditen und boshafte Hexenmeister hausen. Auf sanften Wiesen sind schimmernde Pavillons errichtet, und die Luft flirrt unter den goldenen Stickereien der Banner, während stählerne Rüstungen unter juwelenbesetzten Kronen funkeln. Tiefe gefahrvolle Schluchten liegen zu Füßen burggesäumter Hügel, und in der Ferne ragen die blauen, gezackten Gipfel von Bergen empor, an deren Hängen Drachen nisten. Scheußliche Riesen bewohnen entlegene Gipfel oder düstere Inseln, die auf keiner Karte verzeichnet sind, sich aber dennoch aus der grauen, nebelverhangenen See erheben.

Amadis ist von einer gewaltigen Vielfalt, voller Schwung und Geschick und mit einem Blick für Farbe und Einzelheiten erzählt. Ritter Amadis, Sohn des Königs Perion von Gallien und der Elisena, Tochter des Garinter aus der Bretagne, wird von einem schottischen Ritter in Einsamkeit und Unkenntnis seines königlichen Erbes aufgezogen. Am Hofe des Königs Lisuarte von Britannien entwickelt er sich zu einem der kühnsten Helden und verliebt sich in Oriana die Schöne. Seltsame Gewalten treiben ihr Spiel mit ihm: Er steht im Brennpunkt der guten und bösen Mächte – dargestellt durch Urganda die Unbekannte, eine geheimnisvolle verschleierte Zauberin mit gewaltigen wundersamen Fähigkeiten, und einen schlauen und wahrlich großartigen Schurken, den Magier Archelaus.

Die vier Bücher des *Amadis* sind angefüllt mit ritterlichen Fahrten, gefährlichen Reisen, blutrünstigen Schlachten und Eroberungen, Intrige und Verrat. Schließlich heiraten Amadis und Oriana, er findet seine lang verschollenen Eltern, und mit der Vernichtung des Archelaus kommt die Erzählung zu einem dramatischen Abschluß.

Die Geschichte war so einfallsreich, so sehr von Spannung, Magie und Wundern erfüllt und allem zuvor Geschriebenen so unähnlich oder aber so eindeutig überlegen, daß sie eine enorme Berühmtheit erlangte. Montalvo, dessen 1508 veröffentlichte Version erhalten blieb, schrieb voller Begeisterung ein fünftes Buch und fügte seine Nacherzählung den ersten vier Büchern hinzu. Dieses fünfte Buch, *Esplandian*, handelt von den Abenteuern des heldenhaften Sohnes von Amadis. Neue Charaktere tauchen auf, die kaum mehr sind als Varianten des ursprünglichen Ensembles: Archelaus den Zauberer ersetzt zum Beispiel dessen Mutter Arcobane, »eine Hexe, die tief in die Mysterien der verborgenen Künste eingedrungen« ist.[3a] An späterer Stelle zieht Montalvo noch Archelaus' älteren Bruder Matroed aus dem Ärmel. Esplandian verliebt sich in Leonorina, die Prinzessin von Byzanz, aber mächtige Feinde spinnen ihre Ränke – darunter eine schöne, jedoch ungestüme Amazonenkönigin, die gegen die Prinzessin in den Krieg zieht und ein Geschwader von fünfzig abgerichteten Greifen[4] ins Feld führt. Diese fallen wie eine Staffel Sturzkampfbomber über die Stadt her und speien den unglücklichen Bürgern Feuer und Schwefel auf die Köpfe.

Montalvo hatte »Esplandian« kaum vollendet und das Buch als Teil von *Amadis* veröffentlicht, da wurden dem Romanwerk auch schon weitere, gefälschte Auswüchse hinzugefügt. Ein sechstes Buch befaßte sich mit den Abenteuern von Florisando, dem Neffen von Amadis. 1526 erschienen die siebten und achten Bücher, deren Autor vermutlich ein gewisser Juan Díaz ist. In diesen beiden Büchern geht es um Lisuarte von Griechenland (Sohn des Esplandian und Enkel des Amadis) und seinen Gefährten Perion, laut Díaz der nachgeborene zweite Sohn von Amadis und Oriana. Das neunte Buch, *Amadis von Griechenland*, würde nur neun Jahre später veröffentlicht und berichtet vom Urenkel des ersten Amadis und seiner Liebe zu Niquea, der Königin von Babylon. Ihr Sohn Florisel ist wiederum Hauptfigur des zehnten Buches, in dem noch weitere Familienmitglieder vorgestellt werden, darunter Florisels Amazonenschwester Alastraxare, eine kraftvolle, streitsüchtige Frau mit einer fiesen Linken, sowie seine Tante Sylvia, die eine stürmische Romanze mit Prinz Anastarax hat, den wiederum die mächtige Hexe Zirfea auf Lebenszeit in einen Feuerpalast eingeschlossen hatte. Am Ende heiraten alle, und Florisel zeugt eine Tochter namens Diana, die Heldin des elften und zwölften Buches dieses unaufhörlichen Superromans – Diana ist mittlerweile die Urururenkelin des ersten Amadis.

Im elften Band, *Agesilan von Kolchos*, macht sich der Held auf eine weltumspannende Suche nach seiner verschollenen Liebe Diana. Im Verlauf seiner Reisen rettet er dem armen, alten, blinden König der Garamanten das Leben, der gerade dabei ist, Hungers zu sterben, weil er sich – blind, wie er ist – nicht gegen einen bösen Drachen zu wehren vermag, der ihm das Essen unter der Nase wegstiehlt. Die ganze Episode ist der direkte Diebstahl einer Szene des *Rasenden Roland* (Gesang XXXIII, Zeile 102 ff.), in der Senapus, dem König von Äthiopien, ein ähnliches Mißgeschick widerfährt: Ihm werden seine täglichen Mahlzeiten von einem Schwarm Harpyien stibitzt, bis Astolpho vorbeikommt und ihm zu Hilfe eilt.[5]

Der zwölfte und letzte Band der Serie handelt von Silvio de la Selva, dem Sohn des Amadis von Griechenland und von einer gewissen Finistea. Aber die Geschichte endet damit noch immer nicht. Sie geht weiter mit den Abenteuern des Rogel von Griechenland und denen seines Sohnes Spheramond, und dann ist da noch Amadis von Astre, der Sohn des Agesilan, und so weiter und so fort.

Da *Amadis von Gallien* von einem einzigen Band zu einem halben Buchregal heranwuchs, muß das Werk mindestens die dreifache Länge von Tolkiens Trilogie erreichen und zehnmal so kompliziert sein. Aber das ist noch nicht einmal alles, denn neben den »echten«, oben beschriebenen »Fortsetzungen« der Ursprungsgeschichte kam es zu einer enormen Anzahl bloßer Nachahmungen. Eine Romanze nach der anderen entstand in den Druckerpressen Europas: *Palmerin von England*, *Tirante der Weiße*, *Platir*, *Primaleon*, *Parthenopex aus dem Wald*, *Olivante de Laura*, *Belianus von Griechenland*, *Felixmarte von Hyrkanien* und andere, die aufzuzählen mir die Geduld fehlt.

Jeder neue Autor versuchte, die anderen auszustechen, indem er Wunder auf Wunder türmte, Superlativ auf Superlativ stapelte, eine noch gedrängtere und verwirrendere Handlung präsentierte, als sie in den Romanzen des Vorjahres ihre Ausprägung fand. Irgendwann borgte jeder von jedem, bis schließlich die gesamte literarische Bewegung vollkommen den Durchblick verlor.

Die meisten dieser Fortsetzungen und Nachahmungen sind spanischen, portugiesischen oder katalonischen Ursprungs. Sie sind nicht besonders gut, obgleich sie bei den Menschen ihrer Zeit sehr beliebt waren. *Amadis* überragte sie turmhoch an kraftvoller, erzählerischer und phantasievoller Fülle. Selbst ein so gestrenger Kritiker der Romanze wie Miguel de Cervantes, der die gesamte lächerliche Schule in *Don Quixote* erbarmungslos auf die Schippe nahm, hob den *Amadis* durch sein Lob hervor. In Teil I, Kapitel VI von Don Quixote durchstöbern der örtliche Kurat und der Barbier Don Quixotes Bibliothek, um sie von ungesunden Büchern zu befreien. Von sämtlichen Bänden, die der gewitzte Edelherr von la Mancha gesammelt hat, bleiben nur drei von den Flammen verschont: *Tirante der Weiße* aufgrund seiner »Absonderlichkeit«, *Palmerin von England* aufgrund seiner Tugenden und vor allem und zuerst *Amadis*. Cervantes legt dem Barbier die Lobpreisung in den Mund, »dies Buch [sei] das beste von allen in dieser Gattung.«[6]

Zu den Problemen der Imitatoren von Lobeiras Meisterwerk gehörte auch, daß sie es nicht riskieren konnten, Amadis selbst sterben zu lassen, da er bei den Lesern seiner Zeit so große Popularität genoß. Anstatt den alten Helden in allem Anstand den Lohn seines Erdendaseins einstreichen zu lassen, hielten sie ihn am Leben, obwohl sie ihn gewöhnlich nur eine kleine Rolle im Hintergrund spielen ließen. Ganz wie Zal und Rustum im persischen Nationalepos *Shai Namah* überlebt auch er eine verwässerte Generation nach der anderen. In jenem Buch, lange nachdem Zals Sohn Rustum zum Mann gereift ist und Sohrab gezeugt hat, der selbst einen Sohn zeugt, der wiederum zum Vater wird, hält der Dichter Firdausi den an Methusalem heranreichenden Sippengründer Zal mit Mühe und Not etwa 200 Jahre am Leben. Daran ist sicher etwas Rührendes, daß ein Autor es nicht übers Herz bringt, einen guten alten Helden ins Jenseits zu schicken, aber es entsteht daraus keine gute Literatur.[7]

Der enorme Massenerfolg der iberischen Schule der Ritterro-

manze fand nahezu seinesgleichen in Italien, wo eine vergleich-
bare Gruppe von Heldendichtern etwa um die gleiche Zeit oder
etwas später zusammenkam.

Der wichtigste frühe italienische Romancier war Luigi Pulci
(1432–1484), Verfasser eines burlesken Heldengedichts mit dem
Titel *Morgante Maggiore*, das bei den Lesern seiner Zeit zwar beliebt war, die phantastische Literatur jedoch nur wenig beein-
flußte. Sein hauptsächliches Verdienst bestand darin, einem größeren und weit ernsthafteren Romanzenautor den Weg zu
ebnen, nämlich Graf Matteo Maria Boiardo (1434?–1494). Boiardo (oder Bojardo) stützte sich auf karolingische Quellen und
verfaßte zur Zerstreuung seines Schutzherrn Herzog Ercole
d'Este und dessen Hofes eine extravagante Romanze namens
Orlando Innamorato (»Der verliebte Roland«), deren Handlung
er der *Berühmten Chronik* des Bischofs Turpin (oder auch »Pseu-
do-Turpin«, wie die Literaturhistoriker ihn nennen) entlieh. Als
Boiardo starb, war die Romanze noch unvollendet, doch wurde
die Geschichte von Ludovico Ariosto (1474–1533) aufgegriffen,
als er sein großes romantisches Gedicht *Orlando Furioso (Der
Rasende Roland)* schrieb. Wie bei den ersten vier Büchern des
Amadis liegt uns auch bei dem großartigen *Orlando Furioso* ein
echtes Meisterwerk vor.

Ariostos Version vom Goldenen Zeitalter Karls des Großen ist
weit entfernt von jener, die im *Rolandslied* präsentiert wird. Unter den zwölf Kämpen erscheinen sonderbare neue Gesichter,
neue Charaktere machen die Handlung verzwickter. Angelica,
die Tochter des Kaisers von Kathay[8], gewinnt Orlandos Liebe,
stößt ihn jedoch zurück und treibt ihn in den Wahnsinn.
Astolpho fliegt zum Mond auf einem Hippogriff[9], den er sich
vom Magier Atalante ausleiht, um Orlandos verlorenen Verstand zurückzubringen. Die ritterliche Kriegerin Bradamante,
der Zwergenzauberer Malagigi, der Tartar Mandrocardo und
viele andere füllen die Geschichte mit frischer Spannung und einigen spektakulären Szenen, wie zum Beispiel dem Besuch des

Astolpho im Reich des Prester John in Afrika, wo er die Quelle des Nils erblickt und zahmen Einhornherden beim Weiden auf dem Palastrasen zusieht.

Das gesamte Genre der Romanze wurde ziemlich rasch korrumpiert. Das lag einerseits an dem Bedürfnis eines jeden Romanciers, seine Berufskollegen mit noch heftigeren Auswüchsen zu übertreffen, andererseits an der gänzlich unreflektierten Übernahme eines einstmals rein national beschränkten Corpus an überlieferten Geschichten von einer Kultur zur nächsten, wo sie grob und unsensibel dem einheimischen Produkt aufgepfropft wurden.

Diese Verwässerung setzte zum Beispiel in Italien ein, als die dortige literarische Schule begann, pseudoarturianische Romanzen zu schreiben. Die arturianische Romanze selbst ist ein Konglomerat, eine Promenadenmischung verschiedener Elemente aus keltischen, walisischen, britischen und französischen Überlieferungen. Als die blumigen Formulierungen zugeneigten Italiener dieses Material mit anderen Traditionen verbanden und Merlin, Karl den Großen und Amadis in ein und derselben Geschichte auftreten ließen sowie einige wirklich fremdartige Handlungselemente[10] hinzufügten, entstanden ein paar wahrlich bizarre Absonderlichkeiten. Ein Beispiel für diese Art von abscheulichem Literatureintopf ist ein seltsames Opus mit dem englischen Titel *The Perceforest*, ein riesiges unhandliches Prosakompott, das die Gralssuche und Prester John mit den legendären Taten von Alexander dem Großen verbindet. Soweit ich weiß, ist *The Perceforest* glücklicherweise nie in modernes Englisch übertragen worden.

Sogar Ariostos gewaltiges Gedicht, sei es nun ein Werk von genialer Vorstellungskraft oder nicht, ist eine seltsame Mischung. Sein Titel hat Anklänge an Homers *Zorn des Achilles*; seine Charaktere entstammen teils dem Frankreich Karls des Großen, teils Arthurs Britannien; und sie alle jagen einander in aberwitzigen Reisen durch die ganze Welt, vom Tartarenreich bis nach Afrika,

von Kathay bis zum Mond[11] – und zurück. Es liest sich wie ein
früher Vorgänger des *Baron Münchhausen*. Dieses kraftvolle, jedoch überspannte Gedicht wurde von Sir John Harington
(1560–1612) ins Englische übertragen, einem Höfling und Paten-
sohn der Königin Elisabeth. Die Übersetzung wurde bereits
58 Jahre nach Ariostos Tod veröffentlicht – ein deutlicher Hinweis auf die Beliebtheit des Werkes. Die Qualität von Haringtons
Versen ist gelegentlich angezweifelt worden, so zum Beispiel von
Ben Jonson, der zu einem Freund sagte: »Von allen Übersetzungen ist John Haringtons *Ariosto* die schlechteste.«

Mittlerweile war das gesamte Genre der Romanze so hoff-
nungslos vermischt (um nicht zu sagen: festgefahren), daß Edmund Spenser ihr mit *The Faerie Queene* (1590–1596) (*Die Gesänge der Feenkönigin*) alsbald den Todesstoß versetzte. Ariosto
verwendete die traditionelle, in der italienischen Verskunst beliebte achtzeilige Strophe, die *ottava rima*, welche hervorragend
zu den Bedürfnissen einer rasanten Geschichte paßte, rasche
Szenenwechsel begünstigte und den Episoden zu natürlichen
Abschlüssen verhalf. Diese Qualitäten sowie Ariostos ironischer
und spitzfindiger Umgang mit dem Liebesthema, sein ungewöhnlicher Witz und seine Befähigung, eine lebhafte Geschichte zu erzählen, ergaben ein viel zugänglicheres Werk als Spensers komplexe Nachahmung. Spenser, der von etwa 1522 bis
1599 lebte, entlieh nahezu die gesamte Stilistik, Form und Substanz von Ariostos italienischer Extravaganza und verpflanzte
das Ganze mit sämtlichen italienischen Charakteren und allem
anderen ins Britannien zu Zeiten Arthurs. Mittlerweile hatte die
Tradition insgesamt ihre Vitalität eingebüßt. Sie benötigte kaum
noch den Gnadenstoß durch Cervantes prächtige Spottschrift,
die kurz danach erschien.[12]

In der Literatur hinterließen Tasso, Ariosto und die anderen
jedoch ihre dauerhaften Spuren. Selbst angrenzende Kunstfor-
men wurden vom Rittermythos infiziert. In der bildenden Kunst
fertigte der französische Maler Poussin, der im 17. Jahrhundert

lebte, ganze Serien von Ölgemälden und kolorierten Federzeichnungen an wie beispielsweise sein *Rinaldo und Armida* (1635). Diese Gemälde befinden sich im Besitz der Eremitage in Sankt Petersburg (ehemals Leningrad), des Puschkin-Museums in Moskau, des Louvre und anderer Orte. Opernkomponisten wie Arconati, der einen flamboyanten *Orlando* schrieb, fanden in der italienischen Romanze eine reiche Quelle für tollkühne Geschichten nach ihrem Geschmack. Der Einfluß ist immer noch lebendig: Ein moderner Maler wie Odilon Redon (1840–1916) ließ sich von den Italienern zu Arbeiten wie beispielsweise seinem berühmten Pastellgemälde *Roger and Angelica* inspirieren. Es hängt heute im Museum of Modern Art in New York.

Anmerkungen

Das Zitat zu Beginn des Kapitels stammt aus *The Romance of Richard the Lion-Hearted* (Übersetzung: Biene van de Laar)

[1] Ich kann mir gut vorstellen, daß man damals mit dem Verfassen von Prosa-Epen, eben den Romanzen, deshalb begann, weil sie leichter zu beherrschen waren als das formelle epische Versmaß, das ziemlich anstrengend ist und beachtliches Talent erfordert, wenn es gelingen soll – wie Alexander Pope es formulierte: »Verse loitered into prose.« Zu deutsch etwa: »Die Verse wandelten zur Prosa hinüber.« (Anm. d. Ü.)

[2] Die Religion der alten Griechen war bemerkenswert zivilisiert, ausgefeilt und tolerant. Sie kannte keine heiligen Schriften (wie sie unter den orientalischen Religionen wie dem Judaismus und dem Christentum üblich waren), nur sehr wenige offenbarte Dogmen und keine nennenswerte hierarchische Kirchenstruktur. Der olympische Mythos diente hauptsächlich als Quelle für Dichter und Dramatiker und war sehr nützlich, um dem Staat und seinen Institutionen einen Hauch übernatürlicher, unterstützender Autorität zu verleihen. Im Unterschied zu den »zivilisierten« Einwohnern Europas verbrannten die Griechen niemanden wegen Ketzerei. Sokrates, von seinen Landsleuten zum Tode verurteilt, klagte man aufgrund seines verderblichen moralischen Einflusses auf die Jugend an und nicht etwa für seinen Mangel an Religiosität.

³ Garcí Ordonez de Montalvo (Hg.): *Amadis von Gallien*. Klett-Cotta, Stuttgart 2000

³ª Amadis von Gallien. Nach alten Chroniken überarbeitet, erweitert und verbessert durch Garcí Ordonez de Montalvo im Jahre 1508. Hg. u. übers. v. Fritz Rudolf Fries. Insel Verlag, Leipzig 1973, S. 598.

⁴ Greif: ein geflügeltes Fabeltier, halb Adler, halb Löwe. Sein seit babylonischer Zeit nachweisbares Abbild war im Mittelalter ein beliebtes Motiv auf Wappen und Machtinsignien. Im christlichen Glauben symbolisiert der Greif Christus selbst. (Anm. d. Ü.)

⁵ Tatsächlich hat auch Ariosto die Idee nur der Geschichte des Phineus und der Harpyien in der *Argonautika* von Apollonius Rhodius »entlehnt«. Eine gute Idee bleibt schließlich eine gute Idee – und zu jener Zeit war es vollkommen akzeptabel, ja geradezu Teil der Tradition, bereits Existierendes neu zu erzählen, wiederzuverwenden, zu wiederholen. Wie in der mündlichen Überlieferung erwiesen sich auch hier in der Geschichte selbst Kunstfertigkeit und Individualität des Erzählenden.

⁶ Vgl. Miguel de Cervantes Saavedra: *Leben und Taten des scharfsinnigen Edlen Don Quixote von La Mancha*. Übers. v. Ludwig Tieck (1799/1801). Freizeit-Bibliothek, Lizenzausgabe mit Genehmigung des Verlags Rütten und Loening, Berlin, S. 55

⁷ Es besteht allgemeine Übereinstimmung, daß die Fortsetzungen zum *Amadis* weitaus schlechter sind als das Ursprungswerk. Der englische Dichter Robert Southey, der eine maßgebliche Prosaübersetzung des *Amadis* ins Englische verfaßte, sah klugerweise davon ab, irgendeine der Fortsetzungen zu übersetzen, die sich so unbeholfen auf die eigentlichen Bücher stützten. Kurz und bündig stellt er fest, daß Boiardos *Orlando Innamorato* (der weiter unten besprochen wird) die einzige literarische Erzählung darstellt, die andere Hände erfolgreich weiterführten.

⁸ Kathay: alter Ausdruck für China (Anm. d. Ü.)

⁹ Hippogriff: Eierlegendes Fabelwesen mit dem Kopf und den Flügeln eines Adlers, den Tatzen eines Löwen und dem Leib eines Pferdes; entstand aus der Verbindung von Greif und Pferd. Häufig in der altgriechischen Kunst anzutreffen, auch im alten Orient bekannt. Da Pferde und Greifen als Todfeinde gelten, symbolisiert das Ergebnis ihrer Kreuzung eine Liebe, die alle Hindernisse überwindet. (Anm. d. Ü.)

[10] Beispielsweise Dschinnis und Peris aus *Tausendundeine Nacht* sowie Anklänge aus fremden Legendenkreisen. Orlandos Schwert gehörte einst Hektor von Troja, Boiardo schreibt seiner Figur Gradosso eine Rüstung zu, die einst dem biblischen Helden Samson gehörte, und dergleichen mehr.

[11] Der Mond erscheint hier als eine Art »Land des Verlorenen«, in dem alles, was auf Erden verlorengeht, seinen Aufbewahrungsort findet. Dorthin fliegt der Ritter Astolpho auf einem Hippogriff des Magiers Atalantes, um nach Orlandos Verstand zu suchen. Er ging gewitzt und ganz richtig davon aus, daß der Verstand, da er dem Helden zeitweilig abhanden kam, auf dem Mond wiederzufinden sein müsse.

[12] Der erste Teil des *Don Quixote* wurde 1605 veröffentlicht, der Rest im Jahre 1615.

Kapitel 13
DIE BEGRÜNDER DER MODERNEN FANTASY

Oh! Dieses seltsame Leben voller Glückseligkeit und Leid,
Das ich führte, seit meine jungen Füße suchten den Pfad
Fort aus jenem Heim, grau, vielgeliebt und friedlich.
Nun jedoch werfe ich ab meine Bürde gewißlich,
Die Erinnerung an Hoffnungen, eitel und leer,
An verzückte Freude erkauft mit Schmerzen zuvor.
Vergangen ist vergangen, obwohl ich nicht zu vergessen vermag
Jene Zeit voll grenzenlosem Leben, die damals noch vor mir lag.
Oh, nur noch einen Augenblick, bevor ich wende das Blatt.
WILLIAM MORRIS, *The Life and Death of Jason*

Sämtliche Elemente der heroischen oder epischen Fantasy waren nun erschaffen und zur Anwendung gekommen: das Konzept der imaginären Welt oder Weltgegend, in der Magie möglich ist und »Götter, Geister und Gorgonen« leben; das Zwillingsthema des wandernden, Abenteuer bestehenden oder auf der Suche befindlichen Helden und des Krieges zwischen den Mächten; sogar das Werk der phantastischen Literatur mit den Ausmaßen und der Großartigkeit eines Epos. Es bedurfte nur noch weniger Schriftsteller, um diese Elemente aus Epos, Saga und Romanze miteinander zu verflechten und sie erneut in die moderne Erzählung einzubringen.

Der Reformer

William Morris war einer jener exzentrischen Engländer, ohne die die Welt ein ärmerer und viel langweiligerer Ort wäre. Er wurde 1834 geboren, nur drei Jahre bevor Königin Viktoria den Thron bestieg. Er war sowohl Träumer als auch Tatmensch, ein empfindsamer britischer Gentleman mit einem verfeinerten Kunstgeschmack, aber auch ein politischer Reformator und ein schwer arbeitender, praktisch eingestellter Unternehmer. Er lebte in jenen schwierigen Zeiten, als die industrielle Revolution das Leben der Menschen zu verändern begann. Wohin er auch sah, erblickte Morris häßliche, qualmspuckende Fabriken und die langen schmutzigen Reihenhäuserzeilen der Armen. Die grünen Felder und eigentümlichen alten Kleinstädte Britanniens wurden im Namen des Fortschritts verschandelt und vernichtet.

Morris, gründlich desillusioniert, was seine eigene Epoche anbetraf, blickte mit geradezu zärtlicher Nostalgie auf das Mittelalter zurück. Er sah jene Welt als eine Art friedlich-beschauliches und romantisches Utopia, dessen unbefleckte Landschaften und prachtvolle Städte edle Herrscher und kernige Waldbewohner, großherzige Damen und weise Könige bevölkerten. Mit anderen Worten: Er sah ein Mittelalter, das in keiner Weise der Realität entsprach. Tatsächlich regierten in jener Zeit Aberglaube und Unwissenheit, Armut und Krankheit, endlose Kleinkriege und grausame Verfolgungen – es war eine Zeit, die wenig Achtung vor Menschenrechten oder Menschenwürde zeigte. Morris jedoch sah diese Welt in rosig-goldenen Farben, und er träumte davon, sie wiederherzustellen oder zumindest viel Gutes aus jenem goldenen Zeitalter zu bewahren.

Er wurde zu einem Pionier des Sozialismus, zu einem politischen Amateurreformer. Er argumentierte, daß der Fabrikbesitzer die Arbeiter zu Sklaven herabwürdigte. So träumte er davon, die Tradition des erblich weitergegebenen Handwerks wiederzubeleben. Gemeinsam mit künstlerisch verwandten Seelen wie Dante Gabriel Rossetti und seinem alten Schulfreund Sir Edward Burne-Jones, dem gefeierten präraffelitischen Maler, versuchte sich Morris an allem, angefangen bei der Literatur über die Holzschnitzerei und Metallarbeiten bis hin zum Entwurf von Buntglasfenstern, Gobelins, Möbeln und Tapeten. Er entwarf, illustrierte und druckte sogar seine Bücher selbst.

Morris' Exzentrik grenzte allerdings an Genialität, und häufig leistete er ausgezeichnete Arbeit bei dem, was er sich vornahm. Zum Beispiel produzierte er als Drucker den *Kelmscott Chaucer*, der als eines der großartigsten Beispiele der Buchbindekunst im 19. Jahrhundert erachtet wird. Als junger Dichter von 24 Jahren schrieb er *The Defence of Guenevere*, das mittlerweile als Glanzstück der viktorianischen Dichtung gilt. Als Übersetzer machte er ganze Generationen seiner Landsleute mit der Pracht der isländischen Sagas bekannt: Er verfaßte berühmte Übersetzungen der *Völsungen-Saga*, der *Gunnlaug-Saga*, der *Grettirssaga* sowie sein eigenes episches Gedicht, *Sigurd the Volsung*[1].

Nun befaßte er sich zwar mit Dichtkunst, doch war Morris darüber hinaus auch Romanschriftsteller, und durch diese Betätigung gewinnt er für unsere Studie an Bedeutung. Während er sich nach seiner verklärten Vision des Mittelalters sehnte, entdeckte Morris die alten Romanzen und Gralssuchen wieder und schöpfte daraus Stil und Substanz für seine eigenen Romane, die er ins Mittelalter verlegte. Dieser Ansatz hatte nichts herausragend Neues an sich. Sir Walter Scott, zwei Jahre vor der Geburt von William Morris verstorben, verschaffte der historischen Romanze mit Romanen wie *Ivanhoe*, *Kenilworth* und *Der Talisman* dauerhafte Popularität. Die Handlung dieser Bücher spielte im Mittelalter, im elisabethanischen England oder zur Zeit der Kreuzzüge. Morris unterschied sich jedoch insofern von Scott, als er für seine mittelalterlichen Romanzen keine historischen Hintergründe auswählte, sondern imaginäre Schauplätze schuf. William Morris' Romane spielten in Phantasiewelten, wie auch die Romanzen *Amadis*, *Tirante* und *Palmerin* oft in Reiche abschweifen, die auf keiner Karte zu finden sind. Das war eine ganz entscheidende Innovation. Einerseits verbanden seine Geschichten vieles vom altertümlichen Romantizismus Scotts mit einem Hauch des unheimlichen Grauens des Horace Walpole. Andererseits aber schrieb Morris nun etwas, das vom historischen Roman oder dem übernatürlichen Schreckensroman grundlegend abwich – er hatte den *Heroischen Fantasyroman* erfunden.

Sein Prosastil unterschied sich wesentlich von dem anderer Romanschriftsteller. Er war einfach und klar und hatte etwas Frisches und Schönes an sich – eine Art Frühlingsgefühl aus der heldenhaften glanzvollen Zeit des hohen Rittertums, das direkt den Romanzen und Fahrten der Gralssuche nachempfunden war. In Morris' Werk findet sich die gleiche Atmosphäre leichter Bezauberung und seltsamen Mysteriums wie auch auf den Seiten von Sir Thomas Malory. Er gehörte keiner englischen Prosarichtung an, sondern begründete eine eigene Tradition. Seine Romane spielen in seltsamen, unheimlichen, abenteuerlichen Welten der Magie und des Heldentums, manchmal idyllisch, manchmal von einem schattenhaften Grauen berührt, aber stets neu und ungeahnt originell, Welten jenseits von Zeit und Raum, mit dunstigen romantischen Landschaften, die auf keiner Karte verzeichnet sind, in Zeitaltern, die kein Geschichtsbuch aufführt.

Morris übertrieb seine Nachahmung der mittelalterlichen Prosa nicht: Klarheit, Einfachheit und eine gewisse nachhallende und lyrische Musikalität machen sie sehr lesbar, wie dieser Auszug aus dem ersten Kapitel von *Die Quelle am Ende der Welt* zeigt:

> Und schließlich kam es so, daß diesen jungen Männern das Königreich des Vaters zu klein wurde, und sie sehnten sich danach, zu erfahren, wie andere Menschen lebten, und wollten sich in der Welt umtun. Denn wenn sie auch Söhne eines Königs waren, besaßen sie doch wenig weltlichen Reichtum; zwar bekamen sie allzeit gut zu essen und zu trinken, und das reichlich, wenn nicht überreichlich, hatten Freunde, um sich die Zeit zu vertreiben, und Mädchen zum Kosen – und alle so hübsch und wohlgeraten, wie man es sich es nur vorstellen kann; sie konnten kommen und gehen, wann sie wollten, hatten den Himmel über sich und die Erde unter den Füßen und die Wiesen und Äcker, Wälder und lieblichen Flüßchen und die niedrigen Hügel von Wiesengrund, denn das war der Name ihres Landes, des Königreiches von König Peter.[2]

Morris hatte Scott und andere Verfasser historischer Romane dadurch übertroffen, daß er eine Geschichte aus früheren Tagen im Stil und in der Tradition ebendieser Tage verfaßte. In Romanen wie *The House of the Wulfings* (1889), *The Wood Beyond the World* (1895; dt.: *Die Zauberin jenseits der Welt*), *The Well at the World's End* (1896; dt.: *Die Quelle am Ende der Welt*) und *The Water of the Wondrous Isles* (1897; dt.: *Das Reich am Strom*) erschuf er gewaltige und fremdartige Weltbilder voller wundersamer Städte und sonderbarer Tiere, bevölkert von mächtigen Zauberinnen und tapferen Banditen, von jungen fahrenden Rittern voller Mut und Artigkeit, die sich auf lange gefährliche Reisen und in eigentümliche Abenteuer begeben. Indem er sich die Sprache und den Ton einer lange vergangenen Epoche zu eigen machte, nahm er auch das Übernatürliche und den Zauber einer solchen Epoche in seine Werke auf. Und damit legte er den Grundstein der Fantasy-Literatur.

Man muß sich hierbei vor Augen halten, daß die Dichter zu Homers Zeiten ihre Götter und Ungeheuer für wahr hielten. Während die klassischen Epen dem modernen Leser wie Fantasy-Texte erscheinen, hatten ihre Autoren sie dennoch nicht bewußt mit phantastischen Elementen ausgestattet. In geringerem Maße traf dies auch auf die Autoren der *chansons de geste* oder der mittelalterlichen Romanzen zu. Zwar glaubten sie nicht mehr so recht an verzauberte Schwerter, Oger oder fliegende Greife, dennoch schrieben sie nicht bewußt phantastische Romane. Auch der Autor des *Amadis von Gallien* sah nie einen Drachen oder besuchte das Reich des Prester John – trotzdem blieb er ein Kind seiner Zeit: Wenn es zu seiner Zeit keine Riesen oder Feuerdrachen mehr gab, so bedeutete dies noch lange nicht, daß sie damals, als seine Geschichte spielte, nicht doch existierten. Morris hingegen war ein gebildeter Engländer, der bewußt das Abbild einer mittelalterlichen Romanze schuf. Ihm war klar, daß Drachen vom biologischen Standpunkt aus eine Unmöglichkeit darstellten, dennoch fügte er sie in die Erzählung ein: Drachen sind nun einmal fester Bestandteil heroischer Fantasy.

Morris' Romane sind äußerst umfangreich und benötigen manchmal zweibändige Ausgaben. Bei vorsichtiger Schätzung umfaßt *Die Quelle am Ende der Welt* fast 300 000 Wörter. Episch in Szenerie und Konzept, prachtvoll und edel, beschreiben seine Geschichten heldenhafte Abenteuer und mächtige Taten, die eine deutliche Ähnlichkeit mit Tolkiens Trilogie aufweisen.

Der Aristokrat

Als William Morris 1896 starb, trat der Honourable Edward John Moreton Drax Plunkett, ein junger irischer Adliger von gerade achtzehn Jahren, dessen direkte literarische Nachfolge an. Er entstammte einer der ältesten Baronien der britischen Inseln und war Erbe eines Titels, der bis zur Eroberung durch die Normannen zurückreichte. Als Lord Dunsany, 18. Baron seines Geschlechts, wurde er berühmter Autor vieler Romane und Theaterstücke, einer mehrbändigen Autobiographie, von Essays, Gedichten, Kurzgeschichtensammlungen und einer Übersetzung der Oden des Horaz.

Lord Dunsany war ganz der aristokratische anglo-irische Edelmann, ein begeisterter Sportler und adliger Künstler. Er maß drei oder vier Zoll über sechs Fuß[3] und war damit ein hochgewachsener Mann, der sich militärisch aufrecht hielt. Wie in seinen Kreisen üblich, hatte er Eton und Sandhurst durchlaufen und diente während des Burenkrieges und des Ersten Weltkrieges als Offizier bei den Coldstream Guards. Einen Teil des Jahres verbrachte er in einer romantischen normannischen Burg aus dem zwölften Jahrhundert im irischen County Meath. Den Rest der Zeit lebte er auf einem alten Landsitz im englischen Kent – wenn er sich nicht gerade auf Safari in Afrika oder auf Weltreise befand. Alles in allem schrieb er mehr als sechzig Bücher.

War William Morris der erste Schriftsteller, der die Möglichkeiten der heroischen Fantasy voll auslotete, so war Lord Dunsany der zweite. Er schrieb nur wenige Fantasy-Romane, von denen *The King of Elfland's Daughter* (1924; dt.: *Die Königstochter aus Elfenland*) der beste ist. Die meisten seiner bedeutenden Arbeiten auf dem Gebiet der heroischen Fantasy liegen als Kurzgeschichten vor. Seine erste Sammlung kurzer Fantasytexte heißt *The Gods of Pegana* (1905), der rasch andere Sammlungen folgten wie *The Book of Wonder*, *A Dreamer's Tales*, *Time and the Gods* und *Tales of Three Hemispheres*. Niemand, der behauptet, sich mit der modernen phantastischen Literatur gut auszukennen, kann es sich leisten, an ihnen vorüberzugehen. Dunsany war nicht nur ein geborener Geschichtenerzähler, sondern zeichnete sich durch einen hervorragenden Prosastil aus, der das Lesen zum Genuß macht.

Seine besten Fantasy-Texte haben Titel wie *The Fortress Unvanquishable Save for Sacnoth* (dt.: *Die Zwingburg so keiner bezwingt denn Sacnoth das Schwert*), *The Sword of Welleran* (dt.: *Das Schwert des Welleran*), *How One Came, As Was Foretold, to the City of Never* (dt.: *Von einem, der in die Stadt Nimmermehr kam, wie es prophezeit war*) und *The Distressing Tale of Thangobrind the Jeweller* (dt.: *Die traurige Geschichte von Thangobrind dem Juwelier*). Seine exquisiten Kurzgeschichten spielen in Fabelländern »am Rande der Welt« oder zumindest »jenseits der uns bekannten Gefilde«, lehnen sich an isländische Sagas und mittelalterliche Romanzen an und sind teilweise von den wundersamen Geschichten Herodots und der Bibel inspiriert.

In *Die Zwingburg* erschlägt beispielsweise der junge Held Leothric einen Drachen und entnimmt dessen Leib das Schwert Sacnoth, mit dem (wie ihn der Magier von Allathurion belehrt) die berühmte Zitadelle des Hexenmeisters überwunden und eingenommen werden kann. In *Carcassonne* hört der junge eroberungslustige König Camorak von Arn einen wandernden Sänger von einer herrlichen weit entfernten Stadt singen, steht mitten in der Nacht auf und zieht mit seinem gesamten Heer los, um die Stadt zu erobern. *Das Schwert des Welleran* erzählt davon, wie die seit langem toten Helden von Merimna – »Welleran, Soorenard, Mommolek, Rollory, Akanax und jung Irain« – ihre ruhmreiche und geliebte Stadt gegen die wilden Stammeshorden verteidigen, die von jenseits des cyresischen Gebirges kommen. Und in *The Hoard of the Gibbelins* (dt.: *Der Gibbelin-Hort*) wagt sich Ritter Alderic auf dem Rücken eines zahmen Drachen über den Unüberwindlichen Wald hinaus an den Rand der Welt, wo seltsame Wächter einen unglaublichen Schatz hüten. Lassen Sie mich Ihnen eine Kostprobe von Dunsanys Stil geben:

> Die Gibbelins sind, wie männiglich weiß, überaus wählerisch und mögen nichts anders goutieren denn Menschenfleisch. Ihr unheiliger Turm ist mit der Terra Cognita, mit dem uns bekannten Erdkreis, durch eine Brücke verbunden, und die in dem Turme gehorteten Schätze sind von so unermeßlichem Wert, daß sie sogar der menschlichen Habgier zu groß sind. Es gibt dort ein eignes Kellergewölbe nur für Saphire, und eine Grube, die ist bis zum Rande mit Gold angefüllt, und die Gibbelins graben es aus, wenn sie seiner bedürfen.[4]

Oder hier aus *The Bride of the Man-Horse* (dt.: *Die Braut des Zentauren*):

> Auch führte er mit sich die Fanfare der Zentauren, das berühmte silberne Horn, das zu seiner Zeit siebzehn Städte der Menschen zur Aufgabe aufgefordert hatte und zwanzig Jahre lang schmetterte gegen sternenverzierte Zinnen bei der Belagerung von Tholdenblarna, der Zitadelle der Götter, in jener Zeit, als die Zentauren ihren gewaltigen Krieg führten und durch keine Streitmacht gebrochen werden konnten, sondern sich langsam zurückzogen … angesichts jenes letzten Wunders der Götter, das sie in ihrer verzweifelten Not aus der Waffenkammer der Letzten Möglichkeit heraufbrachten.[5]

L. Sprague de Camp (1907–2000), ein führender Fantasy-Autor und Kritiker unserer Tage, schrieb, daß Lord Dunsany von allen Schriftstellern wahrscheinlich den größten Einfluß auf die nachfolgenden Fantasy-Autoren des frühen zwanzigsten Jahrhunderts ausübte. Ich kann seiner Einschätzung nur zustimmen. Denn Dunsany ist weit mehr als Morris ein »writer's writer« – ein Schriftsteller, den andere Schriftsteller studieren. Dunsanys Arbeiten fanden eine weite Verbreitung und wurden häufig nachgedruckt. Seine Stücke wurden im Abbey Theatre in Dublin aufgeführt und manchmal auch in New York inszeniert. Dennoch gewann er keine große Leserschaft und schrieb zu keinem Zeitpunkt etwas, das man als Bestseller hätte bezeichnen können. Seine melodiöse, kristallklare Prosa, durchsetzt von langen, sonderbaren, zauberhaften und bildreichen Namen, seine gelegentliche Neigung, dem Stil die Oberhand über die Handlung zu gewähren – diese Eigenschaften verhinderten eine breite Popularität.

Aber sein Einfluß auf die nächste und auch übernächste Generation von Fantasy-Schriftstellern war immens. Der amerikanische Schriftsteller H. P. Lovecraft begann seine frühe Autorenlaufbahn mit der sklavischen Nachahmung Dunsanys in mehreren Kurzgeschichten wie *Celephais* und *The Doom That Came to Sarnath* (dt.: *Das Verderben, das über Sarnath kam*). Am Ende dieser Schaffensperiode schrieb Lovecraft einen eigenartigen Fantasy-Roman, der voll und ganz Dunsany verpflichtet war: *The Dream Quest of Unknown Kadath* (dt.: *Die Traumsuche nach dem unbekannten Kadath*). Andere Fantasy-Autoren wie Clark Ashton Smith und Robert E. Howard (Schöpfer des »Conan von Cimmerien« und »Kull von Atlantis«) sowie Jack Vance weisen unmißverständliche Anzeichen eines starken Dunsany-Einflusses auf.

Der Romancier

In William Morris' Todesjahr, als der zukünftige Lord Dunsany noch ein achtzehnjähriger Jüngling war, lebte ebenfalls ein anderer Schriftsteller, der der Tradition von Morris und Dunsany

folgen sollte. Eric Rücker Eddison war damals ein Junge von
vierzehn Jahren. Er wurde 1882 in Adel (Yorkshire) geboren und
war später hoher Beamter der britischen Handelskammer. Von
1930 bis 1937 war er als Deputy Comptroller-General des Mini-
steriums für Überseehandel tätig. Aber so wie William Morris
sich nicht mit dem 19. Jahrhundert anfreunden mochte, brachte
E. R. Eddison keine Liebe für das 20. Jahrhundert auf. Die großen
Nordland-Sagas und -Epen waren seine Leidenschaft. 1937 ging
Eddison im Alter von 55 Jahren in den Ruhestand und verwendete den Rest seines Lebens – weniger als zehn Jahre – darauf,
Prosaromanzen zu erschaffen, die zu den bemerkenswertesten
der englischen Sprache zählen.

Seinen ersten Roman *The Worm Ouroboros* (dt.: *Der Wurm
Ouroboros*) schrieb er 1922. Darin zeigen sich seine Liebe zu den
skandinavischen Mythen und der Einfluß dieser Sagas, vielleicht
sogar der Einfluß von William Morris. Es ist ein großartiges,
pralles Werk, ein heroisches Abenteuer in einer kraftvollen, äußerst farbigen Welt, die Eddisons Phantasie entstammt. Sie wird
vage dem Planeten Merkur gleichgesetzt, aber das sollten wir
nicht sonderlich ernst nehmen.

Die Handlung – das Zwillingsthema der Suche und des Krieges – nähert sich Tolkien an. In der Geschichte geht es um den
großen Krieg zwischen den Lords des Dämonenlandes und König Gorice XII. vom Hexenland. Orville Prescott, Buchkritiker
der *New York Times*, wies auf den unübersehbaren wunden
Punkt des Buches hin, als er schrieb:

Da es sich um ein romantisches Epos handelt, das in einer
Phantasiewelt spielt, sah Eddison es als Notwendigkeit an,
seinen Schauplatz und diverse andere Dinge zu erläutern,
bevor die eigentliche Geschichte ihren Anfang nimmt. Er
tut dies äußerst unbeholfen, indem er einen englischen
Gentleman in einem wundersamen Traum zum Planeten
Merkur reisen und dort die Geschehnisse beobachten läßt.

Dieser Einfall ist schwerfällig und lenkt indes nur ab. Da aber Eddison nach den ersten zwanzig Seiten seinen erdgeborenen Beobachter völlig vergaß, sollte kein angehender Leser sich von seiner vorübergehenden Anwesenheit irremachen lassen.

Die wichtigsten Gegner des finsteren und großartigen Königs Gorice sind drei Brüder, die Lords des Dämonenlandes namens Juss, Goldry Bluzco und Spitfire sowie ihr ungebärdiger Vetter, Lord Brandoch Daha. Gorice, ein mächtiger Nekromant, bringt seine schurkische Magie zum Einsatz, läßt Lord Goldry Bluzco entführen und auf dem gewaltigen Berg Koshtra Pivrarcha einkerkern. Seine Verwandten machen sich auf den Weg, um ihn zu retten. In ihrer Abwesenheit fallen die Legionen des Hexenlandes über ihr Reich her.

In einer wundervollen Szene, die auch einen faszinierenden Kampf mit einem Mantikor[6] enthält, ersteigen die Helden den schwindelerregenden Gipfel des Koshtra Pivrarcha und bitten die Königin Sophonisba um Hilfe, »der Schützling der Götter«, die seit Jahrhunderten in zeitloser Jugend auf dem Koshtra Belorn lebt. Sie verkündet Lord Juss, daß er nur auf dem Rücken eines geflügelten Hippogriff zu seinem eingekerkerten Bruder gelangen kann. Die Helden unternehmen trotzdem einen Rettungsversuch. Dieser schlägt fehl, und sie kehren ins Dämonenland zurück, wo das Ei eines Hippogriff auf dem Grund eines Sees verborgen liegt.

Während dieser Abenteuer ist König Gorices gnadenloser Lord Corinius mit Feuer und Schwert durch ihr Reich marschiert. Mit Hilfe eines düsteren, melancholischen und verräterischen Lords namens Gro ist ihre Schwester Mevrian knapp der Gewalt von Gorices ruchlosem Heerführer entkommen. Die Dämonenherrscher kehren zurück und vertreiben die Krieger des Hexenlandes aus ihren Landen. Es gelingt ihnen, Goldry Bluzco zu retten. Danach tragen die Heerscharen des Dämonenlandes den Krieg zu Gorice und belagern ihn in seiner Zitadelle Carcë. Schließlich überwältigen sie in einer glänzenden und kraftvollen Schlacht, die Eddison in einem hervorragenden Ausbruch stürmischer, klangvoller Prosa schildert, die Herrscher des Hexenlandes und erringen einen ruhmreichen Sieg.

Doch der Sieg schmeckt schal. Die kriegerischen Herrscher des Dämonenlandes haben nun keine Widersacher mehr, die ihrer heroischen Mannhaftigkeit und Kampfkraft würdig wären. Und so wirken die hohen Götter ein gewaltiges Wunder an den Helden: Die Zeit dreht sich zurück, und wie der Ouroboros des Titels – eine Schlange, die ihren eigenen Schwanz verschlingt, ein Kreis ohne Anfang und Ende – beginnt die Geschichte erneut.

Die Seiten von Eddisons fürstlichem, romantischem Epos sind mit klangvollen Ansprachen, großartigen Beschreibungen und poetischen Abschnitten, prachtvollen Kampf- und Abenteuerszenen gefüllt. Seine Charaktere sind auf wahrlich homerische Weise überlebensgroß. Wie Orville Prescott es ausdrückt: »Auf diesen Seiten werden Kampfes- und Edelmut und Freundestreue geradezu als gegeben angesehen. Die Frauen sind schön und des Dienstes an ihnen würdig. Ruhm ist etwas Erstrebenswertes.« Selbst die Halunken sind in ihrer Bosheit großartig.

Der Wurm Ouroboros war ein beträchtlicher Erfolg für einen 462 Seiten langen Roman, der zudem noch gelehrte Anhänge und Zeittafeln aufwies. Nach der britischen Erstausgabe wurde er 1926 in New York verlegt, 1952 in einer gebundenen Ausgabe nachgedruckt und in einer Taschenbuchausgabe 1967 bei BALLANTINE BOOKS wiederaufgelegt.

Eddison schrieb danach seine Zimiamvia-Trilogie, die aus *Mistress of Zimiamvia* (1935; dt.: *Die Herrin Zimiamvias*), *A Fish Dinner at Memison* (1941; dt.: *Ein Fischessen in Memison*) und *The Mezentian Gate* (1958; dt.: *Das Tor des Mezentius*) besteht. Der letztgenannte Band war bei Eddisons Tod 1945 unvollendet geblieben, aber die fertigen Teile wurden mit seinen Entwürfen und ausgiebigen Notizen in einem Band zusammengefaßt, der dreizehn Jahre nach seinem Tod unter jenem Titel erschien.

Die Zimiamvia-Bücher sind weniger gelungen als der gewaltige *Wurm*, oder zumindest sind sie weniger interessant zu lesen. Der *Wurm* richtet sich unmittelbar an unsere ursprünglichen Erwartungen und Gefühle: In ihm geht es um nichts anderes als um ruhmreiche und aufwühlende Abenteuer. Die Zimiamvia-Bücher behandeln jedoch zwei Themenkomplexe: Sie beschreiben zwar Abenteuer, befassen sich aber gleichermaßen mit der symbolischen Darstellung einer komplexen und abstrusen Philosophie. Der *Wurm* ist eine farbige, lärmende Geschichte voller Schlachten, Ritterzügen und Heldentaten. Die Trilogie handelt von politischen Intrigen und Ränken, von Verschwörung und Gegenverschwörung. Der *Wurm* ist homerisch, die Trilogie machiavellisch. Und die meisten Menschen haben nun einmal mehr Freude an der Lektüre Homers als an der Machiavellis.

Die Hauptfigur der Trilogie ist die Göttin Aphrodite, die mehr oder weniger gleichzeitig in mehreren Avataren auftaucht: zuerst als Fiorinda, Mätresse des ehrgeizigen Herzogs Barganax, dann als Königin Antiope, danach als Herzogin von Memison, Mutter von Barganax, sowie als die vor langer Zeit verstorbene Ehefrau des Abenteurers Lessingham, dem wir kurz auf den ersten Seiten des *Wurms* begegnet sind. Eine weitere Hauptfigur ist König Mezentius, der in einem Buch eine Hauptrolle spielt und in den anderen beiden[7] entweder im Hintergrund agiert oder schon lange tot ist. Er erweist sich schließlich als Avatar des Gottes Zeus.

Trotz dieser Mängel hat die Zimiamvia-Trilogie ihre Bewunderer. Sie weist viele gute Aspekte und einige hervorragende Fantasy-Elemente auf. Die zweideutige Gestalt des Magiers Dr. Vandermast sorgt für einige wunderbare Fantasy-Effekte, und die Trilogie selbst präsentiert einige herausragend originelle Konzepte. So erblicken zum Beispiel die drei Lords des Dämo-

nenreiches im *Wurm* das Land Zimiamvia, den Schauplatz der
Handlung, während der Ersteigung des Koshtra Pivrarche un-
deutlich in der Ferne. In dem betreffenden Abschnitt sprechen
sie kurz über dieses Land, und offenbar ist Zimiamvia für die
Hexen und Dämonen des Merkurs ein verwunschenes oder pa-
radiesisches Reich.

In der Trilogie stellt der Leser fest, daß es sich bei Zimiamvia
tatsächlich um den Himmel oder die Walhalla der Welt des *Wur-
mes* handelt. Sonderbarerweise scheint Eddison mit diesem
wundervollen Konzept nur wenig angefangen zu haben, obwohl
wir zu Beginn der Trilogie erfahren, daß die Göttin Aphrodite
dem Abenteurer Lessingham nach seinem Tode die Reinkarnati-
on (oder etwas Ähnliches) in diesem himmlischen Reich gestattet, wo er der Geliebte einer ihrer Inkarnationen wird. Diese
Entwicklung ist nicht ganz leicht nachzuvollziehen und noch
schwieriger zu lesen. Zudem sind der Aufbau der Trilogie und
die Beziehung der drei Romane zueinander verwirrend: Die Bücher folgen nicht chronologisch aufeinander. Die beiden ersten
Bände verlaufen mehr oder weniger parallel, und der unvollendete dritte spielt sogar noch vor den beiden anderen.

Gleichwohl war E. R. Eddison ein Meister der englischen Prosa und in unserer Zeit unübertroffen. Dennoch: Nach ein paar
Seiten stelle ich fest, daß mein Verstand sich schlicht weigert,
den machiavellischen Intrigen von Verschwörung und Gegenverschwörung zu folgen. Auch wünsche ich nicht mehr herauszufinden, welche Charaktere nun wessen Avatare sind. Der
Geist verliert sich einfach in der reichhaltigen, feingesponnenen,
üppigen Prosa, die mit großartigen Versstücken, seltsamen Fakten aus dem Mittelalter, sonderbar klingenden Namen und allerlei anderen Seltsamkeiten, Absonderlichkeiten und Sinnestäuschungen verwoben ist. Das folgende Beispiel ist der Szene am
Gletscher aus dem *Wurm* entnommen, wo unsere Helden mit
dem Mantikor kämpfen:

»Es hat uns im Wind gerochen«, sagte Brandoch Daha. Es war wenig Zeit zum Überlegen. Von Griff zu Griff über die lotrechte Wand huschend, wie ein Affe, der sich von Baum zu Baum schwingt, kam die Bestie näher. Ihre Gestalt war die eines Löwen, aber breiter und höher, von stumpfroter Färbung, und von ihrem Hinterleib standen Stacheln hervor wie bei einem Stachelschwein; ihr Gesicht war eines Menschen Gesicht, falls etwas so Abscheuliches den Namen menschlich verdiente, mit quellenden Augäpfeln, einer niederen, gefurchten Stirn, Elephantenohren, einer räudigen Mähne ähnlich der eines Löwen, großen knochigen Kiefern und braunen, blutverfärbten Fangzähnen, die zwischen verschorften Lippen bleckten. Direkt auf den Sims kam das Untier zu, und als sie sich gerade gewappnet hatten, ihm zu begegnen, schwang es sich im letzten Augenblick etwa mannshoch über sie hinweg und ließ sich von oben zwischen Juss und Brandoch Daha auf das Gesims fallen, ehe diese die plötzliche Richtungsänderung recht gewahrten. Brandoch Daha holte zu einem mächtigen Schlag aus und hieb den Skopionschwanz des Ungeheuers ab; aber es schlitzte mit den Klauen Juss' Schulter auf, stieß Mirwasch um und stürzte sich wie ein Löwe auf Brandoch Daha, der auf dem schmalen Sims den Halt verlor und rücklings in die Tiefe stürzte, hundert Fuß hinab zu dem Schneefeld, das unter ihnen lag.[8]

Außer diesen vier Romanen brachte E. R. Eddison einen aufregenden historischen Roman mit dem Titel *Styrbiorn the Strong* (1926; dt.: *Styrbiorn der Starke*) hervor. Dies ist der beste Roman über das Leben zur Zeit der Wikinger, der mir je untergekommen ist. Eddison bezog sich auf verschiedene Quellen in der skandinavischen Saga-Literatur, einschließlich William Morris' Übersetzung der *Eyrbiggia-Saga*, aus der er in seiner Einleitung zitiert. Ebenso wie Morris verfaßte er eigene Übersetzungen, darunter seine Version der *Egilssaga*.

Eddison übte tiefen Einfluß auf spätere Fantasyautoren aus und gewann zahlreiche glühende Anhänger. Anthony Boucher und Orville Prescott waren große Bewunderer des *Wurms*. Fantasyromanciers wie James Stephens und James Branch Cabell und sogar C. S. Lewis priesen das Buch über alle Maßen.

Auch Fletcher Pratt (1897–1956), ein Historiker des amerikanischen Bürgerkrieges und seiner Seegeschichte, war ein begeisterter Bewunderer Eddisons und lernte viel von ihm. Während seiner Zusammenarbeit mit L. Sprague de Camp in den 40er und 50er Jahren schrieb Pratt abenteuerliche Fantasy-Romane wie *Land of Unreason* und *The Carnelian Cube* (*Die beste aller Welten*) sowie eine Trilogie über einen jungen amerikanischen Wissenschaftler namens Harold Shea, der die Welten der nordischen Mythen, irischen Legenden und finnischen Kalevala bereist, aber auch Ariostos *Orlando* und andere Phantasiereiche. In alleiniger Arbeit verfaßte Pratt zwei brillante Werke, die als kleine Klassiker der epischen Fantasy gelten können. Das erste und beste, *The Well of the Unicorn* (1948; dt.: *Die Einhornquelle*) zeigt ohne jeden Zweifel die Einflüsse von William Morris (von dem Pratt sich die Namen einiger Charaktere und wahrscheinlich auch das Konzept der *Quelle* entlieh), E. R. Eddison (Pratts Welt entspricht einem mittelalterlichen Skandinavien, und sie wird in sagaähnlicher Prosa beschrieben) und Lord Dunsany[9]. Das zweite Werk, *The Blue Star* (1952; dt.: *Der blaue Stern*) verzichtet auf die Heldentaten und Kampfesszenen des Vorgängers und spielt in einer faszinierenden Welt, die der österreichischen Monarchie des 18. Jahrhunderts unter Maria Theresia ähnelt.

Und dann wäre da noch Mervyn Peake. Ohne eine Anmerkung zu seiner herausragenden *Gormenghast*-Trilogie enthielte dieses Kapitel eine erhebliche Lücke. Zwar gehört sie nicht ganz der gleichen Abstammungslinie an wie Tolkiens Werk, ist aber dennoch mit dem *Herrn der Ringe* nicht nur aufgrund seiner reichhaltigen Phantasie, seiner Grandeur, Tiefe und Vielfalt vergleichbar, sondern auch was die meisterhafte Prosa betrifft.

Mervyn Laurence Peake, ein britischer Dichter, Stückeschreiber, Romancier und Illustrator (der *Schatzinsel*, der Gebrüder Grimm und glücklicherweise auch seiner eigenen Bücher) schrieb einen erstaunlichen, erschreckenden und wunderschönen Roman namens *Titus Groan* (*Der junge Titus*), den der britische Verlag EYRE & SPOTTISWODE 1946 erstmals veröffentlichte. Aus einer nebelverhangenen Welt, öde, leer und düster, überzogen mit endlosen Sümpfen, erhebt sich das uralte und unvorstellbar große Schloß Gormenghast, ein gewaltiges, verwirrendes, ausuferndes und zerfallendes Gebäude, das, soweit der Roman uns darüber Auskunft gibt, das einzige auffällige Merkmal auf der Oberfläche des namenlosen finsteren Planeten ist. Seit Jahrtausenden herrschen dort die Grafen von Gormenghast. Die Figur, nach der der Roman betitelt ist, eben jener Titus, wird eines Tages der 77. Graf dieses gewaltigen, von Fäulnis befallenen, uralten Gemäuers. Im ersten Roman ist er noch ein Kleinkind. Mervyn Peake hat damit eine in sich abgeschlossene Welt konstruiert, eine Miniaturwelt, und er erforscht die Wurzeln des menschlichen Wesens durch die miteinander verschlungenen, verworrenen und voneinander abhängigen Existenzen der zahlreichen seltsamen, deformierten, subtilen, monströsen, urwüchsigen oder dekadenten Geschöpfe, die das gigantische Schloß bewohnen. Er erzählt keine richtige Geschichte in dem Sinne, sondern erforscht mehr die Art und Weise, wie die Charaktere miteinander in Wechselwirkung treten. Sein alptraumhaftes Schloß mit seinem spinnwebenverhangenen Gängegewirr und den muffigen Zimmerfluchten, mit seinem unheimlichen Ensemble menschlicher Sonderlinge, seinem komplexen Netzwerk gesellschaftlicher Sitten und Gebräuche liefert die Szenerie für eine finstere, dramatische, komplexe Erzählung, die den Leser in ihren Bann schlägt und nicht wieder freigibt.

Eine Fortsetzung, *Gormenghast* (*Im Schloß*), folgte 1950, und ein recht unbefriedigender Roman vollendete die Trilogie 1959; er trug den Titel *Titus Alone* (*Der letzte Lord Groan*).

Peake ist vielleicht als literarischer Erbe der Brontës mit ihren nebligen Sümpfen und stürmischen Leidenschaften anzusehen, gewiß aber als Erbe Kafkas, wie ein Blick in *Das Schloß* bezeugt. Die üppige, faulige Beschaffenheit seiner Prosa und Treibhausszenerie in einer Umgebung verfallender adliger Pracht, die dem Elend und der Vernachlässigung anheimgefallen ist, sowie die Bosheit und Abartigkeit seiner Charaktere sind der Widerhall der alten gotischen Schauertradition, wenngleich sein Werk kein *Dracula* ist. Doch in der Fülle, dem Gusto und der Kraft seiner dichten, düsteren Prosa gehört er der Schule eines Dickens an. Kurz gesagt entzieht sich die *Gormenghast*-Trilogie dem einfachen Vergleich und muß einfach gelesen werden.

Gemeinsam schufen William Morris, Lord Dunsany, Eric Rücker Eddison und die Schriftsteller, die sie beeinflußten und noch immer beeinflussen, die Tradition der epischen heroischen Fantasy-Romanze – eben genau jene Tradition, der *Der Herr der Ringe* in jeder Hinsicht angehört. Als William Morris 1896 starb, war Lord Dunsany ein junger Mann von achtzehn Jahren, E. R. Eddison ein vierzehnjähriger Jüngling und J. R. R. Tolkien ein vierjähriges Kind.

Da nun die Herleitung der epischen Fantasy-Tradition vom klassischen Epos über das *Chanson de Geste* und die mittelalterliche Romanze bis zum Fantasy-Roman vollendet ist, kann sich unsere Studie Professor Tolkien zuwenden und die Art und Weise erforschen, auf welche er sich dieser Tradition offenbar bedient hat.

Anmerkungen

Das Zitat zu Beginn des Kapitels stammt aus William Morris: *The Life and Death of Jason*. (A Metrical Romance). Dodd, Mead and Co., New York 1917, Book XVII (Übersetzung: Biene van de Laar).

[1] George Bernard Shaw bezeichnete dieses als das größte Epos seit Homer. Tatsächlich ist es ein gutes Gedicht, das auch heute noch bestehen kann, allerdings ist es nicht ganz so großartig, wie Shaw es einschätzte. Morris schrieb außerdem eine lange Romanze in Versen mit dem Titel *The Life and Death of Jason* (1867), die erste große Neuerzählung der Suche nach dem Goldenen Vlies seit Apollonius Rhodius' *Argonautika*. Zudem übersetzte er die *Odyssee* in englische Verse.

[2] William Morris: *Die Quelle am Ende der Welt*. Bastei Lübbe, Bergisch Gladbach 1986, S. 19

[3] Zwischen 1,90 und 1,95 Meter (Anm. d. Ü.)

[4] Lord Dunsany: »Der Gibbelin-Hort«, in: Lord Dunsany: *Das Fenster zur anderen Welt. Phantastische Erzählungen*. Übers. v. Friedrich Polakovics. Surkamp, Frankfurt a. M. 1985, S. 21

[5] Lord Dunsany: »*The Bride of the Man-Horse*«, in: Lord Dunsany: *The Book of Wonders*. Elkin Mathews, London 1912 (Übersetzung: Heikop Langhans). Die bereits vergriffene deutsche Ausgabe (»Die Braut des Zentauren«, in: *Die schönsten Pferdegeschichten*, detebe, Zürich 1986) war während der Erstellung dieses Buches leider nicht erhältlich und kann daher nicht zitiert werden. (Anm. d. Ü.)

[6] Mantikor/Mantikora: Fabeltier aus der griechischen Mythologie mit Löwenkörper und Menschenkopf, ein Monster, das in den Wäldern Asiens zu Hause ist und dort nach menschlicher Beute jagt. Es hat drei Reihen rasierklingenscharfer Zähne und einen skorpionartigen Schuppenschwanz, dessen Spitze mit giftigen Pfeilen ausgestattet ist. Sie sind tödlich. Die Menschen, die dem Mantikor zum Opfer fallen, verschwinden mit Haut und Knochen und all ihren Besitztümern. Das spurlose Verschwinden von Wanderern gilt als Beweis für die Existenz des Mantikors. (Anm. d. Ü.)

[7] Übrigens entlehnte Eddison den Namen dieses Protagonisten einer Nebenfigur im achten Buch der *Aeneis* von Vergil: Es ist der abgesetzte Tyrann Mezentius, der frühere König der Tuskanier, der mit den Feinden des Aeneas verbündet ist und in einem späteren Buch im Kampf gegen die Trojaner fällt.

[8] E. R. Eddison: *Der Wurm Ouroboros*. Übers. v. Helmuth W. Pesch. S. 262
© 1997 Verlagsgruppe Lübbe GmbH & Co. KG, Bergisch Gladbach.

⁹ In einem Vorwort erklärt Pratt, daß seine Welt jener in Lord Dunsanys Theaterstück *King Argimenes and the Unknown Warrior* (dt.
   als *König Argimenes und der unbekannte Krieger* in: *Magira* 25) entspricht. Allerdings spielt die Handlung der *Einhornquelle* einige Generationen später.

Kapitel 14
TOLKIENS QUELLEN

Nicht wirst du, Gunnar, des Goldes genießen:
Dir rauben die roten Ringe das Leben.
Die Ältere Edda, Guthrunakvitha

Doch möcht' er den Ring sich erraten,
Der macht' ihn zum Walter der Welt!
RICHARD WAGNER, *Siegfried*

Die Ältere Edda

Vor etwa zehn Jahren, zu Ende des Jahres 1959, stolperte ich per Zufall über die erste wichtige Quelle, die Professor Tolkien bei der Erschaffung seines Mittelerde-Mythos inspirierte.

Damals waren erst drei Jahre vergangen seit der ersten Veröffentlichung der gebundenen Ausgabe des *Herrn der Ringe* in den Vereinigten Staaten, und die Trilogie war noch weitgehend unbekannt – jedenfalls dem allgemeinen Lesepublikum. Eine kleine Leserschaft aus eingefleischten Enthusiasten der heroischen Fantasy, zu der auch ich gehörte, hatte sie jedoch bereits für sich entdeckt. Bis dahin war allerdings nur sehr wenig kritisches Material über die Trilogie oder ihren Verfasser veröffentlicht – zu den wenigen Ausnahmen gehörte Edmund Wilsons umfangreiches Essay in *The Nation*, das äußerst negativ ausfiel. Noch gab es keine Taschenbuchausgaben, die Tolkien und sein Werk erst bekannt machen sollten. Sechs weitere Jahre trennten uns noch von den ersten großen Massenauflagen und der aus allen Schichten stammenden riesigen Leserschaft, die *Der Herr der Ringe* für sich gewinnen sollte.

Zu jener Zeit durchforstete ich die *Ältere Edda*[1] auf der Suche nach einem bestimmten Vers, an den ich mich vage erinnerte. Ich wollte den korrekten Text als Kapitelüberschrift in einem Fantasy-Roman verwenden, an dem ich gerade schrieb.

Für mich gehört die *Ältere Edda* zu den faszinierendsten Büchern der Welt. Ich hatte sie schon Jahre zuvor entdeckt und sie zweimal von vorne bis hinten durchgelesen – aber das war lange, bevor ich den *Hobbit* gelesen oder auch nur etwas von Tolkien gehört hatte. Die Aufregung über meine Entdeckung wird vielleicht verständlich, wenn man sich an die bei Tolkien aufgeführten Zwergennamen erinnert: Durin, Dwalin, Dain, Bifur, Bofur, Nori, Thrain, Thorin, Thror, Fíli, Kíli, Glóin, Dori und Ori. Ich stöberte also nach dem Vers meiner Erinnerung, blätterte das

Eröffnungsbuch der *Älteren Edda* durch – und verharrte wie gebannt bei Strophe 10.

  9. Da gingen die Berater zu den Richterstühlen,
      Hochheilige Götter hielten Rat,
      Wer schaffen sollte der Zwerge Geschlecht
      Aus Brimirs Blut und Blâins Gliedern.

10. Da ward Modsognir der mächtigste
      Dieser Zwerge und *Durin* nach ihm.
      Noch manche machten sie menschengleich
      Der Zwerge von Erde, wie Durin angab.

11. Nyi und Nidi, Nordri und Sudri,
      Austri und Westri, Althiofr, *Dwalin*,
      Nar und Nain, Nipingr, *Dain*,
      Bifur, Bafur, Bömbur, Nori,
      An und Anarr, Ai, Miödwitnir,

12. Weigr, *Gandalfr* [!], Windalf, *Thrain*,
      Theckr und *Thorin*, Thror, Witr und Litr,
      Nar und Nyradr, nun sind diese Zwerge,
      Regin und Raswidr, richtig aufgezählt.

13. *Fili, Kili, Fundin*, Nali,
      Hepti, Wili, Hannar und Swior,
      Billingr, Bruni, Bildr, Buri,
      Frar, Hornbori, Frägr und Loni,
      Aurwang, Jari, Eikinskjaldi.

14. Zeit ist's, die Zwerge von Dwalins Zunft
      Den Leuten zu leiten bis Lofar hinauf,
      Die aus Gestein und Klüften strebten
      Von Aurwangs Tiefen zum Erdenfeld.

15. Da war Draupnir und Dolgthrasir,
    Har, Haugspori, Hläwangr, *Gloi[n]*,
    Skirwir, Wirwir, Skafidr, Ai,
    Alfr und Yngwi, Eikinskjaldi.[1a]

Aus nur sechs Versen hatte Tolkien mehrere Namen für seine
Zwerge entlehnt – ganz zu schweigen von Gandalf persönlich,
der in der *Edda* unter den Zwergen aufgeführt wird (eine Fußnote vermerkt, daß sein Name »Zauberelf« bedeutet, und es wird
behauptet, der Gandalf der *Edda* sei ein Halbblut, eine Mischung
aus Elf und Zwerg). Meine Entdeckung fesselte mich derart, daß
ich mich hinsetzte, *Edda* und Tolkien-Bücher vor mir aufge-
schlagen hinlegte und mich dem angenehmen Spiel der Na-
mensjagd widmete. Schon bald stöberte ich einen weiteren
»Fund« auf. Der *Edda*-Zwerg Thorin erscheint bei Tolkien als
Thorin Eichenschild. Ich fand heraus, daß der Name des Zwerges
Eikinskjaldi, der in der letzten Zeile der oben zitierten 13. Strophe erwähnt wird, im Altnordischen »Eichenschild« bedeutet.
Tolkien kombinierte also die Namen von zwei Zwergen zu einem und erschuf so seine Figur. Meine Nachforschungen führten mich zu anderen Büchern und weiteren Entdeckungen, die
ich in *Notes on Tolkien* zusammenfaßte, einem langen Essay, das
fortsetzungsweise in der Zeitschrift *Xero* abgedruckt wurde[2].

Die von Tolkien entlehnten Zwergennamen erscheinen in einem langen kosmologischen und prophetischen Gedicht mit
dem Titel *Völuspa* oder »Das Lied der Weisen Frau«, bei dem es
sich um das erste Buch der *Älteren Edda* handelt. Die *Edda* ist ein
uraltes Werk der nordischen Literatur – man könnte es gewissermaßen als das Alte Testament der nordischen Mythologie bezeichnen. Ebenso wie das Alte Testament, mit dem es eine gewisse strukturelle Ähnlichkeit aufweist, ist die *Edda* eine gewaltige
zusammengewürfelte Anthologie aus etwa 35 Büchern, von denen die meisten in Versen, einige jedoch als Prosa aufgezeichnet
wurden. Sie ist eine bunte Ansammlung aus Geschichte, Hel-

denlegende, Dichtkunst, Sprichwörtern, religiösen Mythen, Ah-
nentafeln, reiner Fabel, Theologie und Kosmogonie. Die *Ältere
Edda* ist der Ursprung, die Quelle, der nordischen Mythologie.
Jeder nordische Mythos in der modernen Literatur in jedweder
Variante oder Form, von L. Sprague de Camps und Fletcher
Pratts Harold-Shea-Geschichte *The Roaring Trumpet* (*An den
Feuern des Nordens*) bis zu Richard Wagners Opernzyklus *Der
Ring der Nibelungen* entspringt letztlich diesem Werk.

Niemand weiß, wie alt diese Geschichten sind; soweit es der
modernen Wissenschaft bekannt ist, wurden sie wahrscheinlich
in der Mitte des 13. Jahrhunderts auf Island niedergeschrieben,
das zu jener Zeit nordischer Außenposten war. Das einzige er-
haltene Manuskript wird in der Königlichen Bibliothek in Ko-
penhagen als *Codex Regius* verwahrt. Die Geschichten stammen
jedoch aus einer weit früheren Zeit als der Epoche Saemunds
(der von 1056 bis 1133 lebte). In mündlicher Form könnten sie
sogar bis zur Zeit der großen indoeuropäischen Wanderung
datieren – jener nebulösen und unzulänglich dokumentierten
Periode, in der die Vorfahren der Nordvölker als verstreute No-
madenstämme die Länder Europas durchstreiften. Diese Aus-
breitung wird von deutschen Historikern als *Völkerwanderung*
bezeichnet, die Wanderung der Volksstämme im finsteren Mittelalter. Aus diesen gewaltigen Wanderungen und Abenteuern
erwuchsen Legenden und Helden, deren Taten in jenen dunklen
Zeiten der Wirren Generationen von Geschichtenerzählern weitergaben und ausschmückten, bevor ihre Nachkommen sich auf
der skandinavischen Halbinsel niederließen.

Beim Lesen weiterer Bücher der *Älteren Edda* stellte ich fest,
daß Tolkien eine ganze Menge aus dem Gesamtkorpus der nordischen Sagen entliehen hatte. Meine Neugier veranlaßte mich
daraufhin, andere, spätere Werke aus der nordischen oder germanischen Literatur zu durchforschen, um festzustellen, ob
Tolkien auch dort für sich Brauchbares gefunden hatte. Er hatte.
Meine Entdeckung war legitim und unabhängig von anderen

Schriften über Tolkien und seine Quellen erfolgt. Es sollten noch
Jahre vergehen, ehe ich Henry Resniks Artikel in der *Saturday
Evening Post* las, auf den ich weiter vorn in diesem Buch verwie-
sen habe und der Einsichten wie die folgende vermittelte:

> Tolkiens langjährige Vertrautheit mit den nordischen und
> germanischen Sagen hat die kälteren, bedrohlicheren Land-
> schaften Mittelerdes hervorgebracht, und er macht kein Ge-
> heimnis daraus, seine beiden lebenslangen Hauptinteres-
> sen – das ländliche England und die nordischen Mythen – für
> seine eigenen literarischen Zwecke verwendet zu haben. »Im
> *Herrn der Ringe*«, sagt Tolkien, »habe ich versucht, die My-
> then zu modernisieren und sie glaubwürdiger zu machen.«

»Ich habe versucht, die Mythen zu modernisieren«: Es vergin-
gen nicht allzu viele Monate, ehe ich allmählich begriff, was genau Tolkien getan hatte. Natürlich erkennt jeder halbwegs gebil-
dete Mensch, der den *Herrn der Ringe* liest, daß der Autor
bestimmte vertraute Konzepte aus der allgemeinen Folklore, Literatur und Mythologie Europas verwendet. Elben, Drachen,
Trolle und Zwerge – die alle bei Tolkien auftauchen – kann man
auch in den Märchen der Gebrüder Grimm oder Hans Christian
Andersens entdecken. Tolkien erfand sie also nicht, sondern er
verwendete sie. Aber sonst wirkt auf den ersten Blick nur wenig
in der Trilogie vertraut. Erst wenn man sich lange und eingehend mit dem Werk befaßt, erkennt man allmählich, wie Tolkien
die alten nordischen und germanischen Legendenschätze aufgegriffen und ihre Substanz für seine eigenen Zwecke umformte.

Die Siegfried-Sage

Zu den großartigsten Erzählungen in der *Älteren Edda* gehört
die Legende von Siegfried, dem Drachentöter, der den fabelhaf-

ten Schatz der Nibelungen errang. Sie zählt zu den berühmtesten Geschichten überhaupt, vergleichbar mit der Sage um Arthur, Guinevere und Lancelot oder dem Trojanischen Krieg. Nach der *Edda* durchlief sie ein halbes Dutzend späterer Versionen und Neuerzählungen, aber im Original verlief sie wie folgt: Der Völsunge Sigurth tötet den Drachen Fafnir und erringt den Hort oder Schatz des bösen Zwerges Andvari. Er erweckt die Walküre Sigrfrida aus ihrem Zauberschlaf und umwirbt sie für König Gunnar, dessen Weib sie wird. Zur Belohnung gibt Gunnar dem Sigurth Guithrun zur Frau. Später töten Gunnar und Hogni Sigurth, um den Nibelungenhort an sich zu bringen.

Die erste Version der Erzählung präsentiert bereits die Hauptelemente, die immer wieder in den nachfolgenden Versionen auftauchen – Elemente, die Tolkien aufgriff. Zum Beispiel finden sich in Anvaris Schatz »goldene Ringe«, und der sterbende Drache prophezeit seinem Mörder Sigurth (in *Fafnismol*, 20): »Diese Ringe verderben dich.« Im späteren Verlauf der Geschichte, in *Gudrunarkvida frysta*, 21, weint Guithrun über dem Leichnam ihres Gatten Sigurth und verkündet:

> Nicht wirst du, Gunnar, des Goldes genießen:
> Dir rauben die roten Ringe das Leben.[2a]

Aus diesem Saatgut erwuchs das Konzept des goldenen Zauberringes, der sich als Verhängnis für seinen Träger erwies.

Die Erzählung vom Drachentöter wandelte und entwickelte sich immer weiter. Im 13. Jahrhundert verfaßte Snorri Sturluson eine Nacherzählung der *Älteren Edda*, die manchmal die *Jüngere Edda* oder *Prosa-Edda* genannt wird. Dieser Snorri, Sohn eines kriegerischen und ehrgeizigen isländischen Häuptlings, scheint selbst ein ausgesprochen unsympathischer Mensch gewesen zu sein, der seine Freunde, Verwandten und sogar die eigenen Kinder seinem unersättlichen Ehrgeiz opferte. Sein Leben, eine finstere Chronik der Gier, des Verrats und der üblen politischen

Winkelzüge, endete im Jahr 1241, als ihn sein eigener Schwiegersohn ermordete. Dennoch ist seine *Prosa-Edda* ein stilistisches Meisterstück, wenngleich auch verwirrend und widersprüchlich. Das Werk bemüht sich um eine Wiedergabe der nordischen Mythen, verziert mit Fetzen alttestamentarischer Sagen und mehr recht als schlecht verknüpft mit Teilen des trojanischen Legendenzyklus (z. B. wird der Gott Odin als Enkelsohn von König Priamos dargestellt und dergleichen mehr).

In Snorris Version der Sage vom Drachentöter wird der Sigurth der *Älteren Edda* zu »Sigurd«, und auch die anderen Charaktere tauchen unter leicht abgeänderten Namen auf. Diese verkürzte Version der *Edda*-Erzählung steht in einem Abschnitt der *Prosa-Edda*, der *Skáldskaparmál* genannt wird (die »Dichtung der Skalden«). Unser zuvor aufgestellter Zwergenkatalog wird bei Snorri übrigens in *Gylfaginning*, 14, einem früheren Buch, aufgelistet.

Die *Prosa-Edda* blieb in mehreren alten Manuskripten erhalten; eines, bei dem es sich um eine direkte Kopie von Snorris Originalmanuskript handeln könnte, liegt in der Bibliothek der Universität von Uppsala (der *Codex Upsaliensis*, der circa aus dem Jahr 1320 stammt).

Etwa dreißig Jahre nach der Ermordung Snorris durch seinen Schwiegersohn entstand die *Völsungen-Saga*. Sie wurde um 1270 von einem unbekannten isländischen Dichter verfaßt und ist eine Prosawiedergabe der Erzählungen aus der *Älteren Edda*. Der unbekannte Autor muß mit einer vollständigeren Fassung der ursprünglichen *Edda* gearbeitet haben, als uns heute zugänglich ist, denn diese etwas bruchstückhafte Version wird hier zu einer straffen fortlaufenden Erzählung ausgearbeitet. In dieser erbt Sigurd Fafnirsfluch, das geborstene Schwert, das vom Zwergenschmied Regin repariert und »Gram« genannt wird. Damit tötet Sigurd den Drachen Fafnir und erobert dessen Schatz. Doch er mißtraut dem verräterischen Regin und erschlägt ihn. Er erweckt Brynhild, die Walküre, aus ihrem Zau-

berschlaf und gelobt sich ihr an, bevor er sie verläßt. Durch einen Zaubertrank verliert er jede Erinnerung an Brynhild, heiratet Gunnars Schwester Gudrun und steht Gunnar bei der Brautwerbung um die Walküre bei, was letztlich ihm und den anderen
zum Verhängnis wird.

Eine weitere Variante der Erzählung taucht in stark zusammengefaßter Form in dem großen angelsächsischen Epos *Beowulf* auf. Nachdem *Beowulf* das Ungeheuer Grendel erschlug,
preist ein Häuptling seine Tat und singt in schmeichelhaftem
Vergleich ein altes Lied von einem anderen Monsterbezwinger.
In *Beowulf* wird Sigurth/Sigurd diesmal Sigmund genannt, und
in *Beowulf*, 13, wird eine Balladenversion der Tötung Fafnirs geliefert. Wie wir sehen werden, entnahm Tolkien *Beowulf* viele
ihm nützlich erscheinende Elemente.

Das kraftvolle deutsche Nationalepos, das *Nibelungenlied*, liefert uns die Legende in nahezu vollendeter Form. Das deutsche
Epos gibt die Erzählung folgendermaßen wieder: Siegfried hört
von Kriemhilds Schönheit und reitet aus, sie in Worms zu umwerben. Er tötet die beiden Nibelungen, Schilbung und Nibelung, und nimmt ihren Goldschatz an sich. Außerdem ringt er
dem Zwerg Albric die Tarnkappe ab, den Helm der Unsichtbarkeit. Zudem erschlägt er einen Drachen, badet in seinem Blut
und wird dadurch für jede Waffe unverwundbar. Nur zwischen
seinen Schultern, wo ein Lindenblatt klebte, bleibt ein kleiner
Fleck unbenetzt und verhindert so, daß das Drachenblut jene
Körperstelle ebenfalls undurchdringlich macht (ganz ähnlich
dem griechischen Helden Achilles, der in das Wasser des Styx
getaucht wurde und am ganzen Leib unverwundbar wurde bis
auf seine Ferse, an der ihn seine Mutter festhielt; hatten die alten germanischen Dichter vielleicht die *Ilias* gelesen?). Gunther,
König von Worms, und der Ränkeschmied Hagen überzeugen
den unverwundbaren Helden, die Walküre Brünhilde für den
König zu umwerben. Er kommt dieser Bitte nach und heiratet
anschließend Kriemhild, derweil Gunther Brünhilde zur Frau

nimmt. Die Königinnen geraten in Streit, und Siegfried wird von Gunther und Hagen ermordet – auf Geheiß Brünhildes, die jene verwundbare Stelle an seinem Körper entdeckte. Kriemhild erbt den Nibelungenhort und heiratet später Etzel, den sie überredet, König Gunther und Hagen in sein Reich zu locken. Als sie dort eintreffen, stellt sie ihnen eine Falle, tötet sie und rächt damit den Mord an Siegfried.

Bisher sind also im Verlauf dieser Erzählung mehrere Elemente zutage getreten, derer Tolkien sich bediente: Da wäre erst einmal die Tötung eines Drachen, dann der Fluch, der auf dem Schatz des Drachen liegt und jedem Unheil bringt, der ihn in Besitz nimmt, sowie ein Talisman, der unsichtbar macht, und vieles mehr.

Allerdings mußte die Erzählung zuvor noch eine letzte Entwicklungsstufe durchlaufen.

Als Richard Wagner um 1850 seinen Opernzyklus *Der Ring der Nibelungen* zu komponieren begann, befaßte er sich auf Anraten seines guten Freundes Franz Liszt mit Deutschlands Nationalepos. Wagners gewaltige Tetralogie entstand direkt aus den Materialien der epischen Legende, allerdings mit einigen Veränderungen, die allein Wagners Beitrag waren. Er hatte versucht, die verschiedenen widersprüchlichen Elemente des Nibelungenliedes und der Völsungen-Saga miteinander in Einklang zu bringen; aber dazu mußte er die gesamte Geschichte neu schreiben. Nun war Wagner selbst ein meisterlicher Schriftsteller, ihm stand das Rohmaterial einer großartigen Erzählung zur Verfügung, und unter seinen geschickten Händen nahm die Geschichte ihre endgültige Form an.

Die vollständigen Libretti des Ring-Zyklus wurden 1863 erstmals veröffentlicht, und der Zyklus selbst wurde als Gesamtwerk vom 13. bis 17. August 1876 erstmals in Bayreuth uraufgeführt[3]. Nach mehr als tausend Jahren hatte die Sage vom Drachentöter ihre endgültige Form angenommen. Wagners Handlungsablauf entwickelt sich wie folgt:

In *Das Rheingold* erfährt der Zwerg Alberich von den Rheintöchtern, daß das Goldstück, welches sie auf dem Grund des Flusses bewachen, seinem Besitzer dann große Zauberkräfte verleihen würde, wenn es jemals zu einem Ring geschmiedet werde. Als die Rheintöchter sich seinem lüsternen Zugriff entwinden, stiehlt der erzürnte Alberich das Gold und zwingt den Zwergenschmied Mime, es zu einem Ring der Macht zu schmieden.

Derweil überredet Wotan, der König der Götter (die germanische Gestalt des nordischen Odin), die Riesen Fasolt und Fafner dazu, ihm Walhall zu erbauen. Als Belohnung verspricht er ihnen die Göttin Freia. Indem er an die Gier der tumben Riesen appelliert, überredet sie Loge der Listige [Loki] nach Vollendung ihrer Arbeit, statt dessen den Ring als Bezahlung anzunehmen. Er lockt sie:

> Doch ward es zum
> Runden Reife geschmiedet,
> Hilft es zur höchsten Macht,
> Gewinnt dem Manne die Welt.[4]

Die Riesen gehen auf diesen abgeänderten Handel ein, woraufhin Wotan und Loge Alberich aufsuchen, der sich mittlerweile durch die Macht des Ringes zum König der Zwerge aufgeschwungen hat. Sie verleiten ihn dazu, ihnen die gestaltwandlerische Macht des Ringes vorzuführen, nehmen ihn in seiner Krötenform gefangen und zwingen den Zwerg, ihnen sowohl den Ring als auch den Tarnhelm der Unsichtbarkeit sowie den goldenen Zwergenhort herauszugeben.

Mürrisch tut er, wie ihm geheißen, belegt den Ring aber mit einem Fluch:

> Wie durch Fluch er mir geriet,
> verflucht sei dieser Ring!
> Gab sein Gold mir Macht ohne Maß,
> nun zeug' sein Zauber Tod dem, der ihn trägt![5]

Danach überreichen die Götter den Riesen die Schätze, wenngleich Wotan schon dem Fluch des Ringes verfallen ist und ihn nur widerwillig hergibt. Nun spüren auch die beiden Riesen den tödlichen Fluch, streiten um den Besitz des Ringes und kämpfen gegeneinander. Fafner tötet seinen Bruder Fasolt und nimmt das Geschmeide an sich.

In *Siegfried*, dem dritten Teil von Wagners Tetralogie, versucht Mime das zerbrochene Schwert Notung für den jungen Siegfried wieder zusammenzufügen. Es gelingt ihm jedoch nicht, woraufhin Siegfried die beiden Hälften des geborstenen Schwertes selbst aneinanderschmiedet. Siegfried bewaffnet sich mit Notung und tötet Fafner, der die Gestalt eines Drachen angenommen hat. Siegfried versucht nicht, ihm die dicken Schuppen zu durchschlagen, sondern sticht ihm durch die weiche ungeschützte Brust.

Durch einen Zufall kostet Siegfried vom heißen Blut des Drachen und stellt fest, daß er nunmehr die Sprache der Vögel versteht. Er hört die Vögel, die die Tötung Fafners gesehen haben, zwitschern, daß er in die Höhle gehen und Tarnhelm und Zauberring selbst an sich nehmen solle.

Während Siegfried in der Grotte den Nibelungenhort und die beiden Zauberschätze einpackt, treffen Alberich und Mime bei der Höhle ein. Sie entdecken, daß der Drache tot ist, geraten in Streit darüber, wer von ihnen den Ring bekommen soll, und bringen sich darüber beinahe gegenseitig um. Als Siegfried mit dem geplünderten Gut wieder auftaucht, flieht Alberich. Mime versucht dem Helden den Ring abzunehmen, greift ihn an und wird von Siegfried getötet. Danach rettet Siegfried die Walküre Brünhilde aus ihrem von Zauberflammen umgebenen Schloß, und die gewaltige Geschichte strebt ihrem unaufhaltsamen Ende entgegen.

Elemente der Siegfried-Sage in Tolkiens Trilogie

In der letzten Gestalt der Siegfried-Sage, die diese unter der Hand von Richard Wagner annahm, erwecken zahlreiche Handlungselemente unsere Aufmerksamkeit. Dazu gehören unter anderem folgende:

1. Der Drache, der einen Schatz bewacht;
2. Der goldene Zauberring, der seinem Träger große Macht verleiht, jedoch mit einem todbringenden Fluch belegt ist;
3. Ein Talisman der Unsichtbarkeit, der mit dem Schatz in Zusammenhang steht;
4. Die Tötung des Drachen durch eine ungeschützte Stelle auf dessen Brust;
5. Das geborstene Schwert, das wieder zusammengefügt wird;
6. Der Streit zweier Zwerge oder zweier Riesen um den Besitz des Ringes, wobei einer der beiden durch die Hand des anderen stirbt;
7. Der böse kleine Zwerg, der den Ring besaß, wird durch ihn verdorben und in den Wahnsinn getrieben und findet letztlich seinetwegen den Tod;
8. Der Umstand, daß der Fluch des Ringes nicht nur den Tod bringt, sondern auch eine Art moralischen Zerfall bewirkt oder bei allen, die mit ihm in Berührung kommen, die Gier nach seinem Besitz weckt.

Die Leser, die meinem Handlungsabriß vom *Hobbit* und dem *Herrn der Ringe* gefolgt sind, werden rasch erkennen, daß sämtliche der acht aufgeführten Handlungselemente in Tolkiens Erzählungen vorhanden sind. Zwar hat er den Zauberring und den Helm der Unsichtbarkeit in einem einzigen Talisman zusammengeschlossen, aber das ist auch die einzige signifikante Abweichung von den Siegfried-Elementen. Im *Hobbit* wird der Drache Smaug wie Fafner durch eine ungeschützte Stelle in der Brust getötet. Im *Herrn der Ringe* treffen wir auf die Geschichte vom »Schwert, das zerbrach und neu geschmiedet wird«, als Aragorn enthüllt, daß er Narsil, das geborstene Schwert Elendils, hütet. Es wird wieder zusammengefügt und trägt fortan den Namen Andúril, »Flamme des Westens«. Tolkien verwendet auch die Szene, in welcher der Held die Sprache der Vögel erlernt und weisen Rat von einem solchen Vogel erhält. In Kapitel XV des *Hobbit* überbringt der Rabe Roac, Sohn des Carc, Thorin Eichenschild die Nachricht, daß Smaug den Tod fand. Tolkien zeichnet auch die Szene nach, in der die beiden Zwerge Alberich und Mime um den Besitz des Ringes streiten und einer von der Hand des anderen stirbt. Gollum brachte sich in den Besitz des Ringes, als sein Name noch Sméagol lautete. Er kämpfte mit seinem Freund Déagol und erwürgte ihn, um den Ring an sich zu bringen. In der Trilogie wiederholt sich sogar der Abschnitt mit Allvater Wotan, der, obschon König der Götter, die unwiderstehliche Verlockung des Ringes spürt. Gandalf, der mächtige Zauberer, weigert sich, die Bürde des Ringes zu tragen, da sogar er in Versuchung käme, ihn zu verwenden.

Es kann kaum ein Zweifel daran bestehen, daß Professor Tolkien die Siegfried-Sage in all ihren oben angeführten Varianten und Nacherzählungen studiert hat. Das wissen wir deshalb, weil er Facetten, Ideen oder Elemente verwendet, die in einigen Fällen nur einer einzigen Version der Legende zu eigen sind. Zum Beispiel findet man den Kampf um den Ring zwischen Mime und Alberich in dieser Form nur bei Wagner. Der Zwergenkatalog aus der *Edda* spielt bei Wagner keine Rolle. Daher muß Tolkien sich auch mit dieser Quelle eingehender beschäftigt haben. Die Namen, die mit denen im *Beowulf* übereinstimmen, tauchen nur in jenem Gedicht selbst auf.

Anmerkungen

Die Zitate zu Beginn des Kapitels stammen aus *Die Ältere Edda, Gud-runarkvida fyrsta*, Str. 21 (vgl. Anm. 1a), und Richard Wagner: Das Rheingold, II, 2 (vgl. Anm. 4).

[1] Meine Ausgabe der *Älteren Edda* und jene Ausgabe, auf die ich mich im vorliegenden Buch beziehe, trägt den Titel *The Poetic Edda* (eine Titelalternative – die Gelehrten erwähnen sie manchmal auch als *Edda Saemundar;* ich hingegen ziehe den Titel *Die Ältere Edda* vor und habe ihn im gesamten Text verwendet). In der Übersetzung von Henry Adams Bellows umfaßt sie die Bände XXI und XXII der Scan-dinavian-Classics-Serie, verlegt durch THE AMERICAN SCANDINAVIAN FOUNDATION, New York; 4. Auflage von 1957. Tolkien-Enthusiasten, die durch dieses Kapitel möglicherweise zu einer sorgfältigen Lektü-re der *Völuspa* angeregt werden, interessiert vielleicht, daß kein ge-ringerer Tolkien-Bewunderer als Mr. W. H. Auden eine neue Vers-Übersetzung dieses ersten Buches der *Edda* vollendet hat. Mr. Auden beabsichtigt, andere ausgewählte Passagen der *Edda* für ein weiteres Buch in englische Verse zu übertragen.

[1a] *Die Ältere Edda*, in: *Die Edda. Götterlieder, Heldenlieder und Spruch-weisheiten der Germanen.* Vollst. Textausgabe in der Übers. v. Karl Simrock. Überarb. Neuausgabe (…) v. Manfred Stange. Bechtermünz Verlag im Weltbild Verlag, Augsburg 1995, 1: Völuspa (Der Seherin Weissagung), Str. 9–15 (S. 14f.)

[2] Die erste Folge von *Notes on Tolkien* erschien in der Ausgabe vom November 1961, und die abschließende Folge des Essays wurde in der Ausgabe vom September 1962 abgedruckt. Eine stark gekürzte Versi-on dieser Artikelserie wurde 1966 in der Novemberausgabe von *Tri-umph* unter dem Titel *What About This Tolkien Fellow, Anyway?* ab-gedruckt.

[2a] *Die Ältere Edda*, 29: *Gudrunarkvida fyrsta (Das erste Gudrun-Lied)*, Str. 21 (S. 218)

[3] Wagners *Rheingold* und die *Walküre* wurden zuvor schon als Einzel-aufführungen auf die Bühne gebracht. (Anm. d. Ü.)

[4] Richard Wagner: *Das Rheingold*. Akt I, Szene 2, in: *Der Ring der Nibelungen. Vier Libretti.* Hg. v. Julius Berghold. Schott Verlag, Mainz 2001

[5] *Das Rheingold*, Akt I, Szene 3

Kapitel 15
ÜBER DIE NENNUNG VON NAMEN

Da gingen die Berater zu den Richterstühlen,
Hochheilige Götter hielten Rat.
Der Nacht und dem Neumond gaben sie Namen,
Hießen Morgen und Mitte des Tags,
Under und Abend, die Zeiten zu ordnen.
Die Ältere Edda, Völuspa

Als ich entdeckte, daß Professor Tolkien den berühmten Katalog der Zwergennamen aus dem ersten Buch der *Älteren Edda* als Namensquelle für einige seiner Charaktere verwendet hatte, da erkannte ich zunächst nicht, daß seine Anleihen noch viel weiter gingen.

Solche Bezüge sind nichts Außergewöhnliches. Viele Autoren von Fantasy-Romanen und anderen Werken verbinden die Notwendigkeit, sich neue Namen für ihre Geschichten auszudenken, mit dem Anbringen kleiner Privatscherze zur Erheiterung ihrer Freunde oder Kollegen. H. P. Lovecraft, der wohlbekannte amerikanische Verfasser von Horrorgeschichten im Stile Poes, machte sich diesen Kniff häufig zunutze. Zum Beispiel verwendete er eine wenig bekannte Tatsache aus der Familiengeschichte seines Freundes und Briefkorrespondenten, des Schriftstellers August W. Derleth. Er leistete sich einen kleinen Privatscherz unter Eingeweihten, als er den imaginären Verfasser eines erfundenen und in einigen Geschichten erwähnten Kompendiums über finstere Magie aus uralter Zeit als »Comte d'Erlette« bezeichnete. Der Scherz enthält mehr als nur das offenkundige Wortspiel mit der Klangähnlichkeit zwischen »Derleth« und »d'Erlette«. Außerhalb von Lovecrafts Freundeskreis konnten aber nur wenige Leser wissen, daß Derleth einem französischen Adelsgeschlecht entstammte, dessen ursprünglicher Familienname d'Erlette während der Französischen Revolution infolge der Flucht von Frankreich nach Bayern in Derleth abgeändert wurde. Der Titel eines Comte war bis zu jenem Zeitpunkt erblich. Dieser Umstand war mir auch nicht bekannt, bis August Derleth es mir selbst erläuterte. Natürlich konnte Mr. Derleth als amerikanischer Bürger keinen Adelstitel führen.

Lovecraft spielte sich diesen Streich in einigen seiner Geschichten selbst. So nannte er den imaginären Verfasser des einen oder anderen abstoßenden Textes über obskures Wissen Ward Phillips, nach einem ehemaligen Familienmitglied. Einer seiner Brieffreunde spielte ihm einen vergleichbaren Streich:

Als junger Autor für *Weird Tales,* der gerade am Anfang seiner
Laufbahn stand, lange bevor er als Autor von *Psycho* und vieler
anderer Bücher und Filme bekannt wurde, schrieb Robert Bloch
eine Kurzgeschichte zu H. P. Lovecrafts Cthulhu-Mythos mit
dem Titel *The Suicide in the Study.* Darin bezieht er sich auf einen scheußlichen urbösen Zaubertext, den »der wahnsinnige
Luveh-Keraphf, Hohepriester der Bast« verfaßt haben sollte –
Luveh-Keraphf und Lovecraft: ein mehr als offensichtliches
Wortspiel.

Ich ging davon aus, daß Tolkien gegen diese Art der Versuchung nicht stärker gefeit war als jeder andere Schriftsteller. Neben persönlichen Insiderscherzen neigen die Autoren der Phantastik dazu, ihre Spezialkenntnisse auf ebenjene Weise in ihre
Bücher einfließen zu lassen, wie Tolkien die Zwergennamen aus
der *Edda* für seine eigenen Zwergencharaktere verwendete. In
ganz ähnlicher Art nannte C. S. Lewis in den brillanten *Narnia-*
Büchern seinen prachtvollen Löwengott »Aslan« – das altpersi-
sche Wort für Löwe ist *arsalan.*[1]

So lag für mich die Vermutung nahe, daß Tolkien genau das
gleiche machte wie viele andere Autoren vor ihm. Der sehr beliebte und fleißige amerikanische Science-Fiction- und Fantasy-
Autor Poul Anderson, von dänischer Abstammung, bediente
sich der nordischen Sagen und Legenden, um den Hintergrund
für seinen ausgezeichneten Fantasyroman *The Broken Sword
(Das geborstene Schwert)* zu gestalten, der 1954 bei ABELARD-
SCHUMAN erschien, also etwa um die gleiche Zeit, als die Erstausgabe des ersten Bandes von Tolkiens Trilogie in Großbritannien
in Druck ging. *Das geborstene Schwert* ist die Geschichte eines
sterblichen Knaben, den Imric, der Elbenfürst, als Wechselbalg
zu sich nimmt und im Feenland aufzieht. In der Geschichte verwendet Mr. Anderson viele Elemente aus dem nordischen Sa-
genschatz, mit denen wir uns bereits bei der Quellensuche zum
Herrn der Ringe beschäftigt haben. Die Tarnkappe taucht in der
Geschichte auf. Ebenso finden wir einige Zwerge aus dem Vö-

luspa-Katalog (einschließlich Dyrin – Tolkien nennt ihn »Durin« – und Dwalin), nicht zu vergessen Trolle, Elben, Drachen und das Konzept des geborstenen Schwertes selbst. Das bedeutet natürlich nicht, daß Poul Anderson sich diese Elemente bei Tolkien ausborgte. Allein schon vom Zeitablauf her wäre dies unmöglich, da *Das geborstene Schwert* wahrscheinlich ein Jahr oder länger vor seiner Veröffentlichung geschrieben und daher erdacht wurde, bevor auch nur der erste Band der Tolkien-Trilogie in Druck ging. Es bedeutet lediglich, daß Poul Anderson sich auf dieselben isländischen Quellen bezog, derer sich der Professor bediente.

Als ich mich weiter der Frage widmete, auf welche Quellen Tolkien zurückgriff, entdeckte ich zahlreiche andere Hinweise darauf, daß er die *Edda* bei weitem nicht nur für seine Zwergennamen herangezogen hatte. Zum Beispiel wird der finstere Zauberforst Mirkwood (»Düsterwald«) viele Male in der *Edda* erwähnt. In der *Degisdrecka*, dem neunten Buch der *Älteren Edda*, finden wir in Strophe 42:

Wenn aber Muspels Söhne durch Myrkwidr reiten,
Womit willst du streiten, Unselger?[1a]

In der ersten Strophe der *Völundarkvida*, dem siebzehnten Buch der *Edda*, steht folgendes:

Durch Myrkwidr flogen Mädchen vom Süden,
Alwit die junge, Urlog[2] zu entscheiden[2a]

Alles in allem wird der Düsterwald als *Myrkwid* etwa siebzehnmal in der *Edda* erwähnt, und die Anmerkungen in meiner Ausgabe erklären den Ausdruck als »einen gängigen Namen für einen finsteren, düsteren verwunschenen Wald«.

Wie Michael Straight in seinem Artikel *The Fantastic World of Professor Tolkien*[3] feststellte, bereitete sich Tolkien auf die Aufgabe der Erschaffung seines Mittelerde-Mythos vor, indem er »in die walisische, normannische, gälische, skandinavische und germanische Folklore eintauchte«. Kurz gesagt griff er jene Elemente und Stoffe auf, die Teil des allgemeinen europäischen Erbes an Überlieferung, Sprache, Literatur, Kultur und Glaubensgut sind. Diese Bemerkung erwies sich als mehr denn zutreffend. Als ich außer der großen *Edda* auch andere Quellen zu Rate zog, fand ich geradezu überall Elemente, derer sich Tolkien bedient hatte.

Zum Beispiel erscheint der Zwerg Thrain als Wikingerkönig von Walland in der Saga von Hromund Greipson, in der er gewaltige Kämpfe mit dem Zauberschwert Mistilteinn ausficht. Solange er die Zauberklinge führt, vermag ihn niemand zu töten. Als der verschlagene Hromond es ihm durch eine List abnimmt, hat er schon 144 Krieger niedergemetzelt. Durin und Dwalin tauchen ebenfalls in der Sage von Hervör und Heithrek auf, als der Gott Odin sie dazu zwingt, das Sagenschwert Tyrfing für seinen Enkel König Svafrlame zu schmieden. Da sie zu dieser elenden Aufgabe gezwungen werden, legen die rachsüchtigen Zwerge einen furchtbaren Fluch auf die Klinge: Fortan kann sie nie mehr aus der Scheide gezogen werden, ohne einem Menschen den Tod zu bringen. Durin und Dwalin tauchen später noch einmal in der Sage von König Heidrek dem Weisen auf, ebenso wie der Mirkwood (Düsterwald). Mirkwood wird in nahezu jeder Quelle[4] erwähnt, sogar in William Morris' *The House of the Wulfings*.

Gandalf ist ebenfalls recht populär. Seinen ersten Auftritt hat er im Zwergenkatalog der *Edda*, wo er eine Art Halbblut aus Zwerg und Elb zu sein scheint. Ein weiterer Gandalf taucht als Nebenfigur in einer normannischen Sage aus dem 14. Jahrhundert auf, der *Tháttr Nornagest Saga* (siehe N. Kershaw: *Stories and Ballads of the Far Past*, Cambridge 1921). Und um die Sache noch weiter zu verwirren, spielt jemand namens »Gandolf (sic!) der Bär« eine kleine Rolle in William Morris' *Quelle am Ende der Welt* (Kapitel 2, Buch IV).

Die beiden Charaktere, die mir die aufwendigste Jagd und den meisten Spaß beim Aufspüren ihrer Herkunft bescherten, waren Earendil und Frodo selbst.

Earendil tritt im *Herrn der Ringe* selbst nicht direkt auf. Er ist ein Held der Elben aus der Altvorderenzeit. Aragorn erzählt den Hobbits die Geschichte im elften Kapitel des ersten Buches: »Und von ihm stammte Elwing die Weiße, die Gattin Earendils des Seefahrers, der aus den Nebeln der Welt auf die Meere des Himmels hinausfuhr, mit dem Silmaril an der Stirn. Und von Earendil stammten die Könige von Númenor oder Westernis ab.«[5] Tolkien erzählt uns noch mehr über ihn im Anhang A, I(i). Mit der Macht des Silmarils gelangte er in den Äußersten Westen, sprach dort als Botschafter der Elben und Menschen und erhielt die Hilfe der Höheren, durch die Morgoth besiegt wurde. Aber »ihm [Earendil] wurde nicht erlaubt, in die Lande der Sterblichen zurückzukehren, und sein Schiff mit dem Silmaril wurde als Stern an den Himmel versetzt, zum Zeichen der Hoffnung für alle vom großen Feind oder seinen Dienern bedrückte Bewohner von Mittelerde«.[7] Im *Herrn der Ringe* spielt er keine besondere Rolle, dafür im *Silmarillion* um so mehr.

Und so wurde Earendil zu einem Stern. Nun trifft es sich – laut Victor Rydberg, einer frühen Autorität im Bereich der germanischen Sagen –, daß einer der wenigen uns bekannten germanischen Sternennamen *Earendel* oder *Orvandel* lautet. Er wird mit dem Morgenstern, also dem Planeten Venus, gleichgesetzt und ist den britischen Nachkommen der Sachsen unter diesem Namen bekannt. Wenn wir die Geschichte von Earendel-Orvandel zur *Prosa-Edda* zurückverfolgen, so stellen wir fest, daß Orvandel – oder Orwandel, wie er dort genannt wird – in einer witzigen Anekdote auftritt, in der es um eine von Thors Reisen nach Jotunheim geht. Er ist ein großer wackerer Jäger, Ehemann der Hexe Groa, Vater des Helden Swipdag, Feind des Riesen Coller und des Ungeheuers Sela, ein berühmter Riesenbekämpfer. Außerdem ist er ein Freund des Gottes Thor, dem er

begegnete, als Thor sich auf dem Weg in das Land der Riesen befand. Er half Orwandel über einen Fluß, indem er ihn in einen
Korb steckte und hinübertrug. Einzig Orwandels großer Zeh,
der aus dem Korb ragte, sah sich der eisigen Luft von Jotunheim
ausgesetzt. Als er zu Eis gefror, brach ihn der hilfsbereite Thor
ab, und um den gleichmütigen Helden zu ehren, der dabei weder
zagte noch zeterte, schleuderte Thor den Zeh in den Himmel
hinauf, wo er zu einem Stern wurde, dessen Name passender-
weise »Orwandels Zeh« lautete. Später verkürzte sich der Name
auf Orvandel. Noch später – wie Rydberg uns versichert, ohne
eine Miene zu verziehen –, als die Sachsen zum Christentum be-
kehrt wurden, sahen sie diesen Stern als ein Symbol Christi an.
Orvandel oder Earendel wandelte sich im Englischen zu einem
abstrakten Begriff, der »Pracht« bedeutet. Im *Codex Exoniensis*
ist eine bruchstückhafte alte Hymne erhalten, die diese Symbolik verwendet:

Eala Earendel
engla beorhtast
ofer Middangeard
monnum sended

Was soviel bedeutet wie:

O Orvandel,
strahlendster aller Engel,
der du über Mittel-Erde
den Menschen gesandt [bist].[7]

Bislang ist der Fall Earendil ein interessantes Wissensbröckchen,
das die Art und Weise illustriert, in der Tolkien sich einen altger-
manischen Sternennamen herausgriff, der sowohl einen Status
als Symbol des Erlösers sowie als Engel besaß, und ihn in einen
elbischen Erretter und Helden verwandelte. Aber damit ist die

Geschichte immer noch nicht zu Ende. Ich forschte noch ein wenig weiter und fand heraus, daß Orvandels Spur noch über die *Prosa-Edda* hinaus verfolgt werden kann. Als großer Bogenschütze und Sternenheld ist er eine universelle Gottheit alten indoeuropäischen Ursprungs. In der griechischen Mythologie erscheint er als Orion, der göttliche Jäger; mit einer leichten Namensänderung hat er sogar einen Platz in epischen Hindu-Mythen wie den *Rig-Veda* gefunden. Und von der *Prosa-Edda* ausgehend wurde er zu einer beliebten Figur in den skandinavischen Erzählungen noch lange nach Snorri.

So ist er zum Beispiel im Werk des Saxo Grammaticus zu finden, der nicht nur der früheste dänische Geschichtsschreiber war, sondern auch zu den berühmtesten Historikern des Mittelalters überhaupt gezählt wird. Er lebte etwa von 1150 bis 1200 und schrieb eine Historie seines Landes, die gefeierten (und sehr lesenswerten) *Gesta Danorum (auch: Historia Danica)*. Die ersten neun Bücher von Saxos Historie beinhalten Erzählungen und Überlieferungen von Königen und Helden bis etwa zum Jahr 950, und das ist der Abschnitt, der uns hier betrifft. Die *Gesta Danorum* sind von anhaltender Bedeutsamkeit, zum Teil deshalb, weil Shakespeare die Handlung seines *Hamlet* daraus bezog. In der Ursprungsgeschichte, wie Saxo Grammaticus sie uns überlieferte, erscheint Hamlet als Prinz Amleth, und sein ermordeter Vater ist niemand anderer als unser alter Freund Orvandel, hier Horwendil genannt. Wenn man also will, kann man eine direkte Verbindung zwischen dem *Herrn der Ringe, Hamlet,* den sanskritischen *Rig-Veda* und der griechischen Sage des Orion ziehen.

Es geht aber noch einen Schritt weiter. Als »Horvendillus« hielt Orvandel Einzug in die mittelalterlichen Romanzen, aus denen ihn der neuzeitliche Romancier James Branch Cabell entlieh. Cabell (1879–1958) ist der breiten Leserschaft am ehesten noch als Verfasser von *Jurgen* (1919; dt.: *Jürgen*) bekannt, das von John S. Sumners »New York Society for the Suppression of Vice« [8] als unanständiges Werk in Bausch und Bogen verdammt wurde und zu einem berühmten *cause célèbre* wurde, der gleichrangig neben James Joyces' *Ulysses,* Henry Millers *Wendekreis des Krebses* und anderen unterdrückten Büchern steht. Allerdings schrieb Cabell noch über fünfzig weitere Bücher außer *Jürgen,* dem bekanntesten seiner Werke, welchem jedoch etliche andere seiner gelehrten, weltgewandten, stilistisch ausgefeilten und witzigen Fantasy-Romane an Unterhaltsamkeit keineswegs nachstehen: Dazu zählen *The High Place (Der verwunschene Ort), The Silver Stallion (Der silberne Hengst), Something About Eve (Der Zauber der Eva)* und mein persönliches Lieblingswerk, *The Cream of the Jest (Das zerbrochene Siegel).*

Der größte Teil von Cabells Arbeiten ist inhaltlich als gewaltiger Superroman unter dem Titel *Biography of the Life of Manuel (Die Chroniken von Poictesme)*[9] miteinander verbunden. Darin konstruierte Cabell ein erstaunlich kompliziertes Universum mit sehr verwickelten Rangfolgen spiritueller Hierarchien. (Zum Beispiel hat der judäo-christliche Gott durchaus einen Platz darin, aber auch nur deshalb, weil Jürgens Großmutter nach ihrem Ableben ein derartiges Gezeter darüber anstimmte, daß sie sich nicht in jener Nachwelt wiederfand, die so ausführlich im Offenbarungskapitel der Bibel beschrieben worden war, daß Koshchei der Unsterbliche diesen Gott erfinden mußte, damit sie endlich den Mund hielt.) Es ist manchmal nur schwer festzustellen, wer denn nun in Cabells Universum das Sagen hat, aber meistens ist es das Traumselbst des Romanschreibers Felix Kennaston (der für Cabell selbst steht). Unter Anwendung eines magischen Talismans, des Siegels von Scoteia, wird Kennaston in seinen Träumen zum »Wandernden Halbeindringling« Horvendile, der sowohl die Geschichten erfindet, die Kennaston später schreiben wird, als auch im Verlaufe dieser Geschichten selbst eine Rolle darin spielt – meistens handelt es sich dabei um eine zweideutige Rolle im Hintergrund. Horvendile erscheint in mehreren Texten der *Biographie/Chroniken,* aber im *Zerbrochenen Siegel* ist er die Hauptperson.

Cabell ist vielleicht in den neueren französischen Hofromanzen auf den Namen *Horvendillus* gestoßen oder auch auf *Horwendil* in den *Gesta Danorum*. Unter den hier besprochenen Fantasy-Autoren zählt Cabell zu den belesensten, und das Werk des Saxo Grammaticus gehört gerade jener Sorte literarischer Absonderlichkeiten an, die er gelesen hätte. Doch ganz gleich, aus welcher Quelle er Horvendile heranzog, er erforschte auch die anderen hier erwähnten Quellen und scheint den allgegenwärtigen Orion-Orvandel-Earendil-Horvendillus durch seine zahlreichen Gestalten nachverfolgt zu haben[10].

Ungeachtet seines Ursprungs stieß Horvendile direkt ins Zentrum des Cabellschen Kosmos vor. Und dann stellte Cabell seine Leser vor ein Rätsel. Zu jener Zeit konnte er noch nicht gewußt haben, daß er sich nach Vollendung der *Biographie/Chroniken* weniger bekannten Büchern wie *Hamlet Had An Uncle* (1940) zuwenden würde. Er beabsichtigte, sich Saxo Grammaticus vorzunehmen und die Geschichte Hamlets nachzuerzählen, wie eben auch Saxo es getan hatte: also als eine Art Wikingersage, ohne die Zusätze zu beachten, die Shakespeare der Originalhandlung hinzugefügt hatte[11]. Natürlich mußte er den Namen Horvendile verwenden, den Hamlets Vater bei Saxo trägt. Diese doppelte Verwendung eines Namens muß die Cabell-Fans in grenzenlose Verwirrung gestürzt haben, die in diesem Zufall weder eine verborgene Bedeutung erkennen noch eine Verbindung zwischen dem Roman und der *Biographie/Chroniken* herstellen konnten.

Soviel zu Earendil – und was ist nun mit Frodo? Zunächst war ich zu dem Schluß gekommen, daß Tolkien der Name Froda in *Beowulf*, 28, einfach gefallen hatte und er sich ihn ohne einen bestimmten Zweck entlieh. Doch während ich all diese Daten über den weitgereisten Sternenhelden zutage förderte und ihm durch Tolkien und in die germanischen Mythen folgte, stieß ich auf eine weitaus wahrscheinlichere Quelle in einem Abschnitt von Saxos *Gesta*: Es handelt sich dabei um die Geschichte eines

Königs namens Frode. Im zweiten Buch der *Gesta Danorum* erbt
Frode, Sohn des Hadding, ein verarmtes Königreich. Ein gewisser Reisender erzählt Frode, daß auf einer fernen Insel ein Goldschatz liege, der von einer ungeheuren Schlange bewacht werde – »einem gewundenen Schlangenwurm, der sich mehrfach
übereinanderlegt und dessen Schwanz sich in zahlreichen sich
krümmenden Schlingen regt, der seine mannigfachen Spiralen
schüttelt und Gift verspritzt«[12], wie Saxo es formuliert. Diese
Erwähnung eines Lindwurms, der einen Schatz bewacht, läßt
den Leser an Tolkiens Drachentöterszene im *Hobbit* denken.
Und natürlich stellt Saxo fest, daß Frode den Lindwurm auf die
gleiche Weise tötet wie Bard der Bogenschütze den Smaug (und
wie Siegfried den Fafnir): »Tief unten an seinem Bauch ist eine
Stelle, in die du deine Klinge stoßen kannst«,[13] sagt Saxos Pro-
tagonist, und gemäß der großen Tradition tötet Frode das Untier
an einer ungepanzerten Stelle an dessen Unterseite.

Über diesen König Frode gibt es bei Saxo Grammaticus noch
einige weitere Anekdoten, die mich zu der Überzeugung verleiten, daß die *Gesta Danorum* jene Quelle sind, aus der Tolkien den
Namen schöpfte. Frode trägt genau wie Frodo einen magischen
Kettenpanzer, der auf zauberische Weise für jede Waffe aus
Stahl undurchdringlich ist. Besonders wichtig aber ist die Tatsache, daß Frode wie Frodo mit goldenen Ringen in Verbindung
gebracht wird, denn in der Einleitung der Saxo-Ausgabe der
Norroena Society vermerkt Frederick Y. Powell, daß König
Frode in seinem Herrschaftsbereich »so gerecht und so gefürch-
tet war, daß er in drei Teilen seines Reiches einen goldenen Arm-
reif aufhängen konnte, den jahrelang kein Dieb anzurühren
wagte«.[14] Und um dem Ganzen die Krone aufzusetzen: Im fünf-
ten Buch der *Gesta Danorum* wird König Frode eine Zeitlang von
einem Gandalf verdächtig ähnelnden, geheimnisvollen Menschen begleitet, »dem Wahrsager Ygg, einem Manne unbekannten Alters, über Menschenmaß hinaus verlängert«[15], wie Saxo es
formuliert[16].

Doch, *mirabile dictu*, das Beste kommt erst noch. In der Saga von Halfdan dem Schwarzen fand ich Gandalf und Frodo als Gefährten eines gemeinsamen Abenteuers. Die Saga erzählt von König Gandalf von Vingulmark, der gegen Halfdan Krieg führt und vor dem siegreichen jungen Kriegerkönig die Flucht ergreift. Später fordern die Söhne Gandalfs, Hysing und Helsing, Halfdans Herrschaft mit einem großen Heer heraus und zwingen ihn seinerseits zur Flucht. Er sammelt seine Scharen, kehrt zurück und schlägt Gandalfs Söhne bei dem Ort Eid in der Nähe des Oieren-Sees.

Die Erzählung von Halfdan gleicht im wesentlichen der Geschichte in der *Heimskringla* von Snorri Sturluson. Snorri liefert zudem die Geschichte des Harald Harfager, Sohn des Halfdan, und erzählt, wie Harald von König Gandalf und dessen Sohn Hake herausgefordert wird. Im ersten Teil der *Heimskringla* findet sich ein interessanter Abschnitt, der Gandalf und Frode in unmittelbare Nähe zueinander rückt[17]:

Nach dem Tod von Halfdan dem Schwarzen
begehrten viele Häuptlinge die herrschaftlichen Lande,
die er hinterließ. Unter diesen war
König Gandalf der erste, dann Hogne und Frode,
Söhne von Eystein, dem König der Hedemark.[18]

Tolkiens geheimnisvolle Gottheiten, die Valar oder Weltenwächter, sind ein Widerhall der *Vardir* der nordischen Legende. Damit werden laut Rydberg in *Teutonic Mythology* (Bd. 3, S. 754) gewisse, die Welt schützende Götterwesen bezeichnet.

Die Elbenkönigin Galadriel steht vielleicht in der Schuld der überlieferten Albenkönigin Gerda, die der Lady von Lothlorien sehr ähnlich ist:

Trotz der Wolke, die über Asgard hing, war in Alfheim alles still und friedlich. Gerda, die strahlende Albenkönigin, erzeugte mit ihrem Antlitz ewigen Sonnenschein. Die Alben liebten sie und umflatterten sie und schwatzten fröhlich ohne Unterlaß, und es klang durch das Land wie das helle Plätschern eines Baches über das steinige Bett; und Gerda gab Antwort mit leiser süßer Stimme wie ein antwortender Wind, der durch Baumwipfel streicht.[19]

Schattenfell, das mächtige Roß, das dem König der Mark gehört und auf dem Gandalf nach Gondor reitet, ist ein weiteres Beispiel. Der Name des Pferdes gemahnt an *Gullfaxi* oder *Goldfax* (»Goldmähne«), das Pferd des Riesen Hrungner aus der nordischen Mythologie, ebenso wie an *Skinfaxi* oder *Skinfari* (»Leuchtmähne«), ein Roß, das im dritten Buch der *Älteren Edda*, dem *Vafthruthnismol*, in der zwölften Strophe erwähnt wird, wo es heißt:

Skinfaxi heißt er, der den schimmernden Tag zieht
Über der Menschen Menge.
Für der Füllen bestes gilt es den Völkern.
Stets glänzt die Mähne der Mähre.[20]

In der *Edda* stieß ich noch auf andere Namen, die bei Tolkien Verwendung fanden. Gimli, Glóins Sohn, ist einer von Frodos Gefährten auf der langen Ringfahrt. *Gloin* wird im Zwergenkatalog der *Völuspa* aufgeführt, nicht jedoch Gimli. Er taucht ausgerechnet als Name eines Zauberberges in der 64. Strophe der *Völuspa* auf. Die Fußnote zu jenem Vers definiert den Namen *Gimli* als »Feuer« oder »Gemme«. Frea (aus der ersten Linie der Könige der Mark im Anhang A der Trilogie) leitet sich offenbar von der nordischen Göttin Freya her. *Gram,* ein weiterer König der Mark, ist der Name von Sigurths Schwert in der *Regismol,* dem 21. Buch der *Edda.* Die Idee, daß der verfluchte Ring auch eine physikalisch schwere Bürde für den Träger darstellt, entspringt vielleicht der Geschichte des verwunschenen Halsbandes

Brisingamen, das Freya im neunten Buch der *Edda* von den vier Zwergen erhält:

> Brisingamen zieht mich herab ...
> Brisingamen ist schön, doch deucht es mich schwer.[21]

Das Halsband steht unter einem Fluch und wird seiner Trägerin zum Verhängnis, ganz wie der Eine Ring bei Tolkien. Andererseits ist die Idee von Zauberringen mit Namen und langen Geschichten in der nordischen Legende recht häufig anzutreffen. Denken Sie beispielsweise an die berühmte Geschichte des Ringes Draupnir, den die Zwerge Sindri und Brok schmiedeten. Man findet sie in fast allen Sammlungen nordischer Legenden wieder.

Erinnern Sie sich noch an die Orks, die Diener Saurons? Als ich mich erstmals in die Rätsel um Tolkiens Quellen vertiefte, hielt ich den Namen »Ork« zunächst für eine reine Erfindung oder für ein Anagramm des greifenähnlichen Vogels Rok aus *Tausendundeine Nacht.* Vielleicht könnte er auch von dem Seeungeheuer Orc abgeleitet sein, das in *Orlando Furioso* auftaucht. Durch einen glücklichen Zufall stieß ich dann jedoch auf eine Zeile aus John Miltons biblischem Epos *Paradise Lost [Das verlorene Paradies]*, Buch XI, Zeilen 834–835:

> ... an island salt and bare,
> The haunt of seals and orcs, and sea-mew's clang.

> [dt.: um dort als eine Insel, salzig, öd,
> Zu wurzeln, nur den Walen noch und Robben
> Und schrillem Möwenschrei zum Aufenthalt.][22]

Dies führte mich auf eine Ork-Jagd. Ich stellte fest, daß bei Milton *Orcs* (wie auch im französischen Wort *Orques*) bestimmte Wale oder Rundkopfdelphine sind. Wahrscheinlich hatte auch

Ariosto diese Bedeutung im Sinn, als er ein solches Wesen im *Orlando* auftreten ließ. Aber wie kam der Orc zu Tolkien?

Ich schlug bei der neuenglischen Fassung des *Beowulf* nach und fand bei den Zeilen 111–114 folgendes:

> From him monstersof all sorts were born:
> Etins and elvesand orcs, worst of all,
> Giant-folk alsowho fought hard against God
> Long time agone. God repaid them their sinning.[23]

Als ich in der Originalversion des *Beowulf* nachlas, fand ich die angelsächsische Form der zweiten Zeile des Verses besonders interessant. Sie lautet:

> eotenas ond ylfe ond orcneâs.

Tolkien hatte also das Wort *Orc/Ork* der angelsächsischen Sprache entnommen – eine vielversprechende Entdeckung, die hinsichtlich der Quellensuche etliches Neues ergab.[24] Zum Beispiel schienen mir viele Namen bezüglich der Mark Rohan, Gondors und der Erben von Anarion – Namen wie *Eorl*, *Earnil* und *Earnur* – zunächst nichts anderes als ein Echo aus *Beowulf* zu sein. Daher schlugen sie für mich nicht als wahrscheinliche Kandidaten für eine Quellensuche zu Buche, da ich davon ausging, Tolkien hätte diese Namen an die Charaktere aus dem alten angelsächsischen Epos angelehnt – also an Namen wie *Eofor*, *Eormenric* und so weiter. Das war jedoch nur ein Teil der Geschichte, wie meine Entdeckung über den Ursprung der Orks bewies.

Befassen wir uns nur für einen Augenblick mit König Théoden, Thengels Sohn, und seinem Reich, der Mark. Nun sieht *Théoden* verdächtig nach *Odin* aus, und ein anderer Name, »Denethor«, erinnert an *Thor*. Graben wir doch ein wenig tiefer. Was bedeutet *Mark*? Das Wörterbuch führt es auf das altenglische *mearc* (»Grenzland«) zurück und definiert es als »einen Landstrich, der einer mittelalterlichen Gemeinde von Freien gemeinsam gehört«. Mit anderen Worten, es handelt sich hier gar nicht um einen erfundenen Namen, sondern um einen veralteten Ausdruck für eine Landaufteilung, ebenso wie das ursprüngliche *Shire* für Tolkiens Auenland ein Ausdruck für eine bestimmte Art der Landaufteilung ist – und das Wort hat die Zeit in Ortsnamen wie Lincolnshire und Worcestershire bis heute überdauert.

Mit dem Wörterbuch in der Hand begriff ich rasch, daß der Auenland-Titel *Thain* bloß eine Variante des altskandinavischen Titels *Thane* war. Und Tolkiens Figur *Eorl* – nun, sein Name klang für mich wie der skandinavische Titel eines *Jarl*, aus dem das englische Wort *Earl* wurde.

So weit, so gut. Doch wenn man sich Tolkiens berufliches Interesse an alten Sprachen und seine Erforschung des Angelsächsischen vergegenwärtigt, kommt man der Methode insgesamt allmählich näher. Es ist nicht nur so, daß *Théoden* nordisch oder angelsächsisch klingt – das Wort *theoden* an sich ist angelsächsisch; es bedeutet »Häuptling eines Stammes, Herrscher, Fürst, König«[25].

Wie steht es dann mit Théodens Vater Thengel? Thengel ist ebenfalls angelsächsisch: In *Beowulf* wird es in der Bedeutung von »Prinz« oder »Fürst« verwendet. Und Eorl klingt nicht nur wie dänisch für *earl* – es ist auch ein Wort des Angelsächsischen: *eorl* bedeutet »Kämpfer, Anführer, Häuptling, Edelmann«. Die meisten anderen Namen aus Rohan können auf angelsächsische Wörter zurückgeführt werden, vorausgesetzt, man bringt die entsprechende Geduld für etymologische Stöbereien auf und hat Zugang zu einem guten altenglischen Wörterbuch.

Ich verbrachte eine amüsante Stunde mit Halls *Concise* und fand heraus, daß »Grima Schlangenzunge« möglicherweise von dem Wort *grimena* (»Raupe«?) angeregt wurde. Die Hügelbehausungen der Hobbits, *Smials* genannt und als lange Tunnel bezeichnet, leiten sich vermutlich von dem angelsächsischen Wort *smael* ab, das mit »dünn, schlank, eng« übersetzt wird. Das finstere Königreich Mordor scheint vom angelsächsischen *morthor* abgeleitet, welches in *Beowulf* »Mord« bedeutet und die zusätzlichen Bedeutungen »Strafe, Qual, Elend« umfaßt.

Dann wären da noch die Ents, Tolkiens gewaltige Baumhirten. Was ist mit denen? *Ent* ist das angelsächsische Wort für *giant*, also Riese. Das Hobbitwort *Mathom*, was etwas bezeichnet, das man eigentlich nicht haben, aber noch weniger wegwerfen will, entspricht dem angelsächsischen *mathem*, das »Schatz, Juwel, Schmuck, Geschenk« bedeutet. Den Namen der blutrünstigen wilden Wölfe im *Hobbit – Warge –* entlieh Tolkien dem angelsächsischen *wearg* (»Wolf, Verfluchter oder Verderbter«), was wiederum vermutlich mit dem altisländischen Wort *vargr* korrespondiert und ebenfalls »Wolf« oder »Gesetzloser« bedeutet.

Eine tiefergehende Erforschung der angelsächsischen Sprache wird viele Arten enthüllen, in denen der Professor diese für die Namen von Figuren, vermutlich auch für Ortsnamen und Wörter in einigen seiner Mittelerdesprachen nutzte.[26] Ich lasse die angeführten wenigen Beispiele zum Beweis für meine These stehen, unternehme jedoch nicht den Versuch, eine vollständige Liste seiner Entlehnungen zusammenzustellen. Jeder Leser, dem solches gefällt, wird über die von mir aufgeführten Beispiele hinaus sicher noch viele andere entdecken.

Anmerkungen

Das Zitat zu Beginn des Kapitels stammt aus *Die Ältere Edda, Völuspa. (Der Seherin Weissagung),* Str. 6 (S. 13) (vgl. Anm. 1a)

[1] *Aslan* heißt auf türkisch ebenfalls »Löwe«. (Anm. d. Ü.)

[1a] *Die Ältere Edda,* in: *Die Edda. Götterlieder, Heldenlieder und Spruchweisheiten der Germanen.* Vollst. Text-Ausgabe in der Übers.

v. Karl Simrock. Überarb. Neuausgabe (…) v. Manfred Stange. Bechtermünz Verlag im Weltbild Verlag, Augsburg 1995, 9: Oegisdrecka (Oegirs Trinkgelage), Str. 42 (S. 88)

[2] *Urlog* ist ein Wort für Schicksal oder Kampf. (Anm. d. Ü.)

[2a] *Die Ältere Edda*, 17: Völundarkvida (Das Lied von Wölundur), Str. 1 (S. 137)

[3] *The New Republic*, Ausgabe vom 16. Januar 1956

[4] Wie es auch bei Durin der Fall ist. Er tritt sogar in *Amadis von Gallien* auf, dort allerdings nicht als Zwerg, sondern als fahrender Ritter namens Durin von Dänemark.

[5] J. R. R. Tolkien: *Der Herr der Ringe* [DHDR]. Übers. v. Wolfgang Krege. Klett-Cotta, Stuttgart 2000, 1. Teil: Die Gefährten. S. 218

[6] *DHDR*, S. 1094

[7] aus Viktor Rydberg: *Teutonic Mythology*, 3 Bde. The Norroena Society, London 1907, Vol. 3, S. 768f. (Übersetzung: Biene van de Laar)

[8] etwa: *New Yorker Gesellschaft zur Unterdrückung der Unzucht* (Anm. d. Ü.)

[9] Auf deutsch in etwa »Biographie über das Leben Manuels«, wobei die Tautologie durchaus beabsichtigt ist. Die sechsbändige Taschenbuchausgabe des Bastei-Verlages, übersetzt von Dr. Helmut W. Persch und Heiko Langhans, kam unter dem Titel *Die Chroniken von Poictesme* heraus und bezieht sich auf den Namen einer fiktiven, aus den Namen Poitiers und Angouleme zusammengezogenen französischen Provinz, in der die meisten Texte der Biographie/Chroniken spielen. (Anm. d. Ü.)

[10] Cabell verwendet auf geschickte Weise die walisische Morgenstern-Legende in einer der Romanzen der *Biographie/Chron*iken, vermutlich mit der Absicht, literarische Detektive wie mich in Entzücken zu versetzen. Auf S. 208 (im Original S. 273) der deutschen Ausgabe von *Figures of Earth (Die Legende von Manuel*, Bastei Lübbe, Bergisch Gladbach 1985) stellt ebenjener namensgebende Manuel die rhetorische Frage: »Ist er der Horvendile, dessen großer Zeh den Morgen-

242   Über die Nennung von Namen

stern bildet?« Cabells Romane sind vollgestopft mit solcherlei Schnipseln und Bruchstücken aus der Mythologie. Zum Beispiel tauchen in *Jürgen* einige obskure Gestalten aus der russischen Folklore auf, wie die Gottheiten der sieben Wochentage (Pandelis, Sereda usw.).

[11] Er war nicht der einzige, den diese Vorstellung faszinierte. Goethe war von der Geschichte des Saxo Grammaticus so gefesselt, daß er kurz davor stand, selbst einen Prinz Amleth zu verfassen, der, wenn er denn geschrieben worden wäre, einen seltsamen Kontrast zu Shakespeares Version dargestellt hätte.

[12] Saxo Grammaticus: *The Nine Books of the Danish History. [Gesta DanorumIHistoria Danica]* Übers. v. Oliver Elton, mit einer Einf. v. Frederick York Powell. 2 Bde., The Norroena Society, London 1905 (Übersetzung: Biene van de Laar)

[13] Saxo Grammaticus: *Gesta Danorum* (Übersetzung: Biene van de Laar)

[14] Saxo Grammaticus: *Gesta Danorum* (Übersetzung: Biene van de Laar)

[15] Saxo Grammaticus: *Gesta Danorum* (Übersetzung: Biene van de Laar)

[16] Allerdings lag ich mit meiner ersten Annahme, daß *Frodo* sich von dem bei *Beowulf* erwähnten *Froda* ableitet, nicht völlig verkehrt. Die englische Passage, in der Froda erwähnt wird, liest sich folgendermaßen:

Betrothed is Freawaru the young, the golden dame,
To the glad son of Froda. For Hrothgar did devise …

Der Abschnitt bezieht sich auf die Hochzeit von Hrothgars Tochter, jenes dänischen Landgrafen, auf dessen Ersuchen *Beowulf* das Ungeheuer Grendel bekämpft, mit Ingeld, dem Fürsten der Heathobarden, Sohn des Königs Froda – ebenjener Person, die identisch ist mit Saxos weisem gerechten Gesetzesgeber, König Frode, wie Frederick York Powell feststellt.

[17] Zur Geschichte um Halfdan den Schwarzen und seine Kriege gegen König Gandalf siehe *Heimskringla*, Bd. 7 der Norroenna-Serie, S. 6 bis 9. Zur Erzählung über Harald Harfager und die Kriege Haralds gegen Gandalf, Frode und andere siehe S. 16f. im gleichen Werk.

[18] Snorri Sturluson: *The Heimskringla (A History of the Norse Kings)*, aus dem Isländischen übertr. v. Samuel Laing, überarb. u. mit Anm. versehen v. Rasmus B. Anderson. 3 Bde., The Norroena Society, London 1907 (Übersetzung: Biene van de Laar)

[19] A. und E. Keary, *The Heroes of Asgard. (Tales from Scandinavian Mythology)*. The Macmillan, New York 1893 (Übersetzung: Biene van de Laar)

[20] *Die Ältere Edda, 3: Vafthrudnismal (Das Lied von Wafthrudnir)*, Str. 12 (S. 32)

[21] *Die Edda des Snorri Sturluson.* Übers. v. Arnulf Krause. Reclam, Stuttgart 1997

[22] John Milton: *Das verlorene Paradies.* Reclam, Stuttgart 1968, Buch XI, Z. 1047–1049

[23] *Beowulf.* Übers. v. William Ellery Leonard. The Heritage Press, New York 1939

[24] Natürlich will Tolkien damit nicht nahelegen, daß seine Orks *Wale* sind. Das Wort wird in diesem Sinne in *Beowulf* verwendet, aber Tolkien bezog sich zweifellos auf seine alternative Bedeutung. Das altenglische orcneâs leitet sich von lateinischen *orcus*, »Hölle; Tod« ab. Die Bedeutung ist eigentlich: »Höllenkadaver, Ungeheuer, böse Geister« oder ähnliches. Der Übersetzer der oben zitierten *Beowulf*-Passage scheint insofern geirrt zu haben, als er die weniger wahrscheinliche der beiden Bedeutungen für dieses Wort ausgewählt hat.

[25] Bei diesen Nachforschungen verwendete ich J. R. Clark Halls *A Concise Anglo-Saxon Dictionary*, 4. Ausgabe, Cambridge 1960. Ich bin dem Tolkien-Fan Barry Greene zu Dank verpflichtet, der mich auf diese Quelle aufmerksam gemacht hat.

[26] Die walisische Sprache ist eine weitere ergiebige Quelle. Sehr viele von Tolkien verwendete Ortsnamen scheinen walisischen Namen nachempfunden zu sein, und Angehörige der TOLKIEN SOCIETY OF AMERICA haben mir versichert, daß die Sprache der Elben in vielerlei Hinsicht dem Walisischen ähnelt.

Kapitel 16
ÜBER EINIGE ORTE, LEUTE UND DINGE

Sucht sie auf keiner Karte;
wirkliche Orte stehen nie drauf.
HERMAN MELVILLE, *Moby Dick*

Orte

Tolkiens Geographie weist wenig oder gar keine Ähnlichkeit mit der Welt auf, in der wir leben. Theoretisch soll der Leser Mittelerde mit unserer eigenen Welt in irgendeiner vorgeschichtlichen Epoche identifizieren, aber dabei handelt es sich mehr um eine Bequemlichkeit als eine bedeutsame Einsicht. Repräsentierte die Welt des Ringes einen fremden Planeten, dann hätte Tolkien sich gezwungen gesehen, die komplette Zoologie und Botanik außerirdischer Lebensformen zu erschaffen, genau wie es auch Edgar Rice Burroughs in seinen auf *Barsoom* (»Mars«) spielenden Romanen tat. Statt dessen nutzte Tolkien das verhältnismäßig einfache Mittel, den Schauplatz seiner Geschichte in mythischer Vorzeit anzusiedeln. Die in den vorigen Kapiteln besprochenen Autoren heroischer Fantasy verwendeten beide Techniken. E. R. Eddison, der die Handlung des *Wurms Ouroboros* auf den Merkur verlegte, mußte sich auf allerlei unhaltbare Verrenkungen einlassen, um den Anforderungen zu entsprechen. Entsprechend wimmelt sein Roman von inneren Widersprüchen (zum Beispiel zitieren seine merkurischen Charaktere aus Sappho, Herrick, Donne, Webster und Shakespeare).

Tolkiens Lösung für dieses Dilemma wird von vielen Fantasy-Autoren gerne verwendet. Die Abenteuer-Fantasygeschichten von Robert E. Howard (die einer Untergattung namens *Sword & Sorcery*[1] oder »Schwert und Magie« angehören und strenggenommen mit der epischen Fantasy im Sinne der Morris-Dunsany-Eddison-Tolkien-Tradition nichts zu tun haben) spielen ebenfalls zu einer Zeit vor der eigentlichen Geschichtsschreibung, ein paar tausend Jahre nach dem Untergang von Atlantis und einige Jahrtausende vor dem Aufstieg der Reiche Ägypten und Ur.

Obwohl Tolkiens Mittelerde-Landkarten vage Erinnerungen an das nordöstliche Europa wecken, ist es unmöglich, sie historisch genau in Übereinstimmung mit den frühen Karten Europas zu bringen. Trotzdem sind sie durchaus von einem gewissen wissenschaftlichen Interesse.

Folgt man Tolkiens Version der Vorgeschichte, so scheint das früheste Ereignis in Mittelerde die sehr alte Spaltung der Elben in zwei Hauptvölker zu betreffen. Die Elben, die *Quendi*, spalteten sich in zwei Gruppen: Die erste von ihnen bilden die Drei Scharen der *Eldar*, die westwärts wanderten, um das Unsterbliche Reich im Äußersten Westen zu erreichen. Die zweite, deren Namen ich bei Tolkien nicht finden kann, besteht aus den Östlichen Elben, die keine Rolle in der Geschichte der Trilogie spielen.[2] Diese Teilung der Elben fand in einer entfernten Epoche statt, die als »Altvorderenzeit« bezeichnet wird. Sie scheint den Schluß nahezulegen, daß die ursprüngliche Heimstatt der Elben sich irgendwo weit im Osten jenseits von Mordor befindet, aber diese Auslegung scheint unwahrscheinlich, und es mag sein, daß mir hier ein Interpretationsfehler unterläuft.[3]

Die *Eldar*, die Westelben, setzen sich aus drei Scharen zusammen, den *Noldor*, den *Sindar* (oder Grauelben) und einem dritten Stamm, den Tolkien nicht benannt zu haben scheint[4]. Sie wagten sich erst quer durch Mittelerde und dann auf das Meer. Da sie von der Westküste abfuhren, landeten sie zuerst in Númenor, »dem westlichsten aller Lande der Sterblichen«, dann gelangten sie zur Insel Eressea und erreichten schließlich die *Gestade der Unsterblichen*[5] selbst, die offenbar »Valinor« genannt werden. Und dort blieben die Elben, bis das Anwachsen böser Mächte in Mittelerde sie zwang, das Heer der Valar zu bilden und zur Rettung der Welt nach Mittelerde zurückzukehren. In diesem Krieg schleiften sie Thangorodrim[6] und überwältigten Morgoth, und damit endete das Erste Zeitalter. Die meisten Noldor und Sindar kehrten in den Äußersten Westen zurück, aber eine ganze Anzahl von ihnen blieb in den Landen der Sterblichen zurück. Dies sind die Elben, denen wir in der Trilogie begegnen, und mit dem Ende des *Herrn der Ringe* kehren die letzten von ihnen nach Valinor zurück. Am Ende der Geschichte stechen Gandalf, Bilbo und Frodo mit ihnen zusammen an den Grauen Anfurten in See.

Vieles in dieser Erzählung ähnelt der Geschichte des Elfenvolkes, wie sie in der uralten irischen Mythologie überliefert ist. Diese Elfen sind keine Gnomen oder Kobolde, sondern jene heldenhafte, königliche und göttliche Rasse aus übermenschlich schönen und weisen Geschöpfen, die von den alten irischen Mythenschreibern als *Tuatha de Danaan* bezeichnet wurden. Ihre Geschichte ist in mehr oder weniger bruchstückhafter Form durch eine Anzahl sehr alter keltischer Manuskripte überliefert, von denen das früheste uns bekannte der *Würzburg Codex* ist, der etwa auf 700 n. Chr. datiert wird. Einige dieser alten Manuskriptsammlungen tragen Namen, die an Tolkiens »Rotes Buch der Westmark« erinnern (die angebliche Quelle, auf der die Trilogie basiert): So zum Beispiel das *Leabhar Buidhe Lecain* (das »Gelbe Buch von Lecan«) oder das *Leabhar Mór Lecain* (das »Große Buch von Lecan«), die beide aus dem späten 14. oder frühen 15. Jahrhundert stammen.

Die Geschichte der *Tuatha de Danaan* (der »Kinder der Göttin Danu«) wird im *Leabhar Gabhála* (dem »Buch der Invasionen«) geschildert. Allerdings liegt sie nicht in geschlossener Form vor, sondern taucht verstreut in mehreren Büchern auf, wie dem *Leabhar Laighneach* (dem »Buch von Leinster«) und dem *Leabhar Baile an Mhota* (dem »Buch von Ballymote«). Der irische Gelehrte Michael O'Cleary trug mit Hilfe anderer das Material vom »Buch der Invasionen« um das Jahr 1630 zusammen.

Kurz gesagt, verläuft die Geschichte folgendermaßen: Die Tuatha wurden aus ihrer griechischen Heimat ins Exil getrieben und gelangten in jenen Tagen nach Irland, als dort ein *Firbolg* genanntes Volk herrschte. Sie stammten aus den vier Städten *Falias, Gorias, Finias* und *Murias*. Mit sich führten sie vier magische Schätze: den *Lia Fail* (den »Königsstein«), das Schwert des *Lug,* seinen Speer *Nuada* und den Kessel des guten Gottes *Dagda*.

Nach einer Überlieferung, die Robert Graves in *Die Weiße Göttin* zitiert, erreichten sie die britischen Inseln im Jahre 1472 v. Chr.[7] In der berühmten Schlacht von Moytura besiegten die Tuatha die Firbolg und regierten an ihrer Stelle. Später, während der Invasion der Milesier, eines anderen Volkes (laut Mr. Graves im Jahre 1268 v. Chr.), kam es nach mehreren bitteren Kämpfen zum Waffenstillstand, und die Tuatha stimmten zu, ihren Wohnsitz unter der Erde zu nehmen. Mit der Zeit wurden sie zu Schutzgeistern der Hügel und Wälder – den *sidhe* (ausgesprochen »schie«) der irischen Legenden. Schließlich kehrten sie der Welt der Menschen ganz den Rücken und zogen sich nach Tir na nOg zurück – dem keltischen Paradies –, aus dem sie vor Ewigkeiten gekommen waren.

Dies klingt ein bißchen wie Tolkiens Geschichte der Eldar. Die Tuatha scheinen diese Welt irgendwo in der Nähe der griechischen Inseln betreten zu haben, von denen aus sie westwärts reisten, bis sie die Küste Europas erreichten und von dort aus über die See zu den britischen Inseln kamen. Dies scheint genau mit dem übereinzustimmen, was Tolkiens Elben taten. Danach könnten Númenor und Eressea mit Britannien und Irland korrespondieren, sofern wir die Tuatha als Tolkiens Elben akzeptieren.[8]

Doch es gibt noch einen besseren Hinweis in Tolkiens Bezugnahmen auf Númenor. Er erklärt, die Númenorer seien unter Ar-Pharazôn dem Goldenen, ihrem letzten König, von Sauron in Versuchung geführt worden und hätten versucht, im Verbotenen Reich Valinor zu landen trotz des Bannes, der ihnen schon vor langer Zeit von den Valar auferlegt worden war. Es folgt weiter: »Doch als er [Ar-Pharazôn] den Fuß ans Ufer des gesegneten Landes Aman setzte, legten die Valar ihr Hüteramt nieder und riefen den Einen an, und der Bau der Welt wurde gändert. Númenor wurde zertrümmert und vom Meer verschlungen.«[9]

Mit anderen Worten: *Númenor* ist Atlantis, der verlorene Kontinent, den Plato jenseits der spanischen Küste irgendwo in der Mitte des Atlantiks vermutete.[10]

Valinor selbst ist nicht wahrhaftig Teil dieser Welt, sondern losgelöst davon, sehr ähnlich dem keltischen Tir na nOg, das ebenfalls von anderen Landen »getrennt« ist. »Und die Lande der Unsterblichen wurden für immer aus den Kreisen der Welt entrückt«, heißt es im *Anhang* des *Herrn der Ringe*.[11] Valinor, die Heimat der Elben, wird mit Tir na nOg gleichgesetzt.

Die Schlußfolgerung ist unvermeidlich: Valinor ist das Feenreich.

Eine Schlußbemerkung zu den Orten: Das Reich Gondor könnte von *Gondul* abgeleitet sein, einer Walküre, die in der 31. Strophe der *Völuspa* erwähnt wird. Aber eine viel bessere Vermutung legt nahe, daß Tolkien den Namen in einem Atlas ausgegraben hat (ein Trick, den viele Fantasy-Autoren benutzen) – denn Gondor ist auch eine Provinz in Äthiopien.

Leute

In meinen früheren Kapiteln, die die Evolution des epischen Fantasy-Romans verfolgten, wurden die Archetypen der Figuren in Fantasy-Epen sowie der Zeitpunkt in der Entwicklung des Genres, in dem sie sich dort etablierten, kaum erwähnt. Lassen Sie uns daher einen kurzen Blick auf Tolkiens Hauptfiguren werfen.

Aragorn ist ohne Frage der vollkommene Patrizierheld. Genau wie bei König Artus sind sein Hintergrund und seine Herkunft unklar und undurchsichtig, werden aber später als königlich enthüllt. Wie Amadis von Gallien ist er zu unterschiedlichen Zeitpunkten in der Geschichte unter anderen Namen bekannt.[12] Und wie Siegfried trägt er ein verzaubertes Schwert mit sich, das einst zerbarst, neu geschmiedet wurde und einen neuen Namen erhielt.

Frodo allerdings ist eine andere Art von Held. Er stammt nicht von königlichen Eltern ab und ist nicht von Geburt an klar dazu bestimmt, edle heroische Abenteuer »fern auf der lauten Waffenebne Trojas« zu bestehen.[12a] Frodo ist, wie Shakespeare es ausdrückt, einer derjenigen, denen »Größe aufgezwungen wird« – eine ganz gewöhnliche Person, die durch die Ereignisse zu heldenhafter Gestalt wächst. Da auch wir ganz unheldenhafte, normale Leute sind, identifizieren wir uns leicht mit ihm. Frodo ist jedoch auch die tragische und leidende Figur, die ohne Murren eine Last auf sich nimmt, deren Bürde für andere zu furchterregend ist. Darin ähnelt er Christus. Aber Tolkien ist ein zu geschickter Schriftsteller, um sich mit einfachen Archetypen abzugeben. Langsam und schmerzhaft lernt Frodo, wie man zum Helden wird. Auch ist er nicht vollkommen und rein: Er trägt die Schuld an drei dummen Fehlern und wird für jeden mit einer Wunde bestraft, von der er sich nie wieder ganz erholen wird. Sein erster Irrtum ist Dummheit, und seine Bestrafung ist die Messerwunde, die er auf der Wetterspitze erleidet. Beim zweiten Mal fällt er übermäßiger Selbstsicherheit zum Opfer, für die er als Strafe den Stich von Kankra erleiden muß. Als er am Rand der Schicksalsklüfte Schwäche zeigt und nicht die Kraft aufbringt, den Ring wegzuwerfen, begeht er den dritten Fehler. Seine Strafe für diese größte seiner drei Sünden ist die widerwärtigste von allen: der Verlust seines Ringfingers, den Gollum ihm abbeißt, um ihm den Ring abnehmen zu können.[13] Damit entspricht Aragorn genau dem Muster und dem Prototyp des Abenteuerhelden. Frodo hingegen ist der gewöhnliche Mann, der von schmerzlichen Umständen gezwungen wird, in sich selbst die Quellen von Mut und Stärke zu finden.

Miss Bradley gibt zu bedenken: »Es ist auch ein traditionelles Motiv der literarischen Queste, daß der Held einen ulkigen Begleiter hat. Sam, wenngleich gelegentlich witzig, ist jedoch nicht unbedingt eine Figur der Komödie, nicht in dem Sinne, wie Papageno in der ›Zauberflöte‹ eine komische Figur ist[14].« Das komische Element ist nicht Sam selbst, sondern besteht in dem Kontrast zwischen ihm und seiner Umgebung. Er ist ein einfacher, unverblümter, ehrlicher, getreuer, weiser und doch ungebildeter Sohn der Scholle. Der in seinem Umfeld aufkommende Humor verdankt sein Dasein vor allem dem Umstand, daß er völlig fehl am Platze ist. Seine einfache, vernünftige und geradlinige Sprechweise bildet einen amüsanten Kontrast zu den heroischen Ereignissen, die er miterlebt, und den ritterlichen, hochgeborenen und fürstlichen Gestalten, denen er begegnet. Es ist auch stets sehr kurzweilig, wenn sich der schlichte, gewöhnliche und praktische Sam, wie es hier und dort geschieht, selbst in eine mutige, heldenhafte und tapfere Gestalt verwandelt. Es wäre ein beträchtlicher Fehler, Sam lediglich als den Sancho Pansa des Stückes zu betrachten, denn Sancho selbst, wie auch seine Taten, Haltung und Worte sind sehr clownesk, obwohl er im Gegensatz zu dem geistesverwirrten, ritterlichen Unsinn des Ritters von La Mancha auch zu gesundem, praktischem Menschenverstand fähig ist.

Gandalf andererseits scheint eine ausgesprochen archetypische Gestalt zu sein: der weise alte Mann und der freundliche Magier (um die Symbole C. G. Jungs zu verwenden). Ein oberflächlicher Blick scheint ihn mit anderen literarischen Magiern gleichzusetzen: mit Dr. Vandermast in E. R. Eddisons *Zimiamvia*-Trilogie, mit Dr. Meliboe in Fletcher Pratts großartigem Roman *Die Einhornquelle* oder sogar mit dem weisen alten Merlin in T. H. Whites König-Artus-Prosaepos *The Once and Future King (Der König auf Camelot)* sowie Cabells Miramon Lluagor in *Die Legende von Manuel.* Aber er ist sehr viel mehr als nur der Zauberer, der weise Gefährte des Helden, der ein bißchen Hokuspokus veranstaltet, um diesem aus einer Klemme zu helfen. In einem sehr tiefen und wahren Sinn des Wortes ist Gandalf der eigentliche Held des Buches, die wirklich zentrale Figur. Während der ganzen Erzählung besitzt Gandalf – und nur Gandalf – zu jedem Zeitpunkt sämtliche wichtigen Informationen. Er hat bereits von all dem Kenntnis, was die anderen Figuren erst mühselig in Erfahrung bringen müssen. Er weiß von

Baumbart und den Ents und Tom Bombadil und der wahren Bedeutung des Ringes. Und normalerweise ist es auch Gandalf, der
den anderen Figuren die Zusammenhänge erklärt. Wie Aragorn
ist auch Gandalf eine hochgeborene und edle Gestalt von myste-
riöser Herkunft.

Aber genau wie Frodo ist er auch eine sehr reale Person – ehrlich, brummig, voller Humor und Freude. Und wie Frodo durch-
läuft er einen christusähnlichen Leidensweg. Im Verlauf der Geschichte findet Gandalf den Tod. Er überwindet ihn und erreicht
eine höhere Ebene des jenseitigen Lebens, von der er, ausgestattet mit größeren Kräften als vorher, geläutert von menschlichen
Schwächen und Irrtümern, in die Länder der Menschen zurückkehrt.

Zu Beginn – angesichts der Geburtstagsfeier, seiner Herum-
spielerei mit Feuerwerk und den unangekündigten Teebesuchen
bei Bilbo – scheint Gandalf ein kleiner, gebrechlicher alter Mann
zu sein, umständlich, eitel und leicht erheiternd. Das Problem
liegt darin, dieses Wesen mit dem wahren Gandalf in Einklang
zu bringen, den wir immer nur kurz in der Trilogie erblicken: in
jenen Momenten höchster Gefahr und Not, wenn er sich als riesige, leuchtende Gestalt von enormer Macht und Autorität enthüllt. In solchen Zeiten – zum Beispiel als Gandalf sich dem
schrecklichen Balrog auf der Brücke stellt, die aus den Minen
von Moria hinausführt – scheint er nicht nur mehr als ein einfacher Zauberer zu sein, sondern auch mehr als ein sterbli-
cher Mensch. Wir erhaschen einen Blick auf den Gott, der
sich anscheinend unter seinen weißen oder grauen Gewändern
verbirgt.

Lassen Sie uns Tolkiens Informationen über Gandalf genauer
betrachten. Die Chronologie in Anhang A enthüllt, daß er zum
Zeitpunkt von Bilbos Geburtstagsfeier bereits seit etwa 2000
Jahren auf Mittelerde lebt. Und dies ist nur ein Teil seiner Geschichte, denn der Anhang sagt weiterhin aus:

Nach etwa tausend Jahren, als der erste Schatten auf den Großen Grünwald gefallen war, erschienen die *Istari* oder Zauberer in Mittelerde. Später hieß es, sie seien Sendboten aus dem Fernen Westen, mit dem Auftrag, Saurons Macht anzufechten und alle diejenigen zu einen, die bereit waren, ihm zu widerstehen; aber es sei ihnen verboten, Macht mit Macht zu begegnen oder die Elben oder Menschen mit Zwang und Schrecken zu beherrschen.

Sie kamen daher in Menschengestalt, waren allerdings niemals jung und alterten nur langsam, und sie hatten mancherlei Geisteskräfte und Handfertigkeiten. *Ihre wahren Namen verrieten sie nur wenigen.*[15]

Die Hervorhebung stammt von mir. Da Tolkien schrieb »Ihr wahrer Name« anstelle von »ihre wahren Namen«, muß er etwas anderes als einen Personennamen im Sinn gehabt haben. Er scheint eher zu meinen: Sie enthüllten nur einigen wenigen, *was sie wirklich waren.*[16]

Wenn Gandalf von Valinor nach Mittelerde kam, wie dieses Zitat anzudeuten scheint, dann war er vielleicht einer der Herrscher der Elben – mit anderen Worten, ein Elbe in menschlicher Gestalt. Aber Gandalf ist in keiner Weise elbenhaft. Tolkien charakterisiert und beschreibt die Elben und ihre Art und Weise in sehr genauen Worten: Gandalf entspricht einfach in keiner Weise einem Elb. Aber was mag er dann sein?

Außer den Hochelben leben auch die Valar in oder um Valinor. Also könnte Gandalf einer der Götter sein, die der Eine mit dem Schutz der Welt betraute. Gandalf ist unter vielen verschiedenen Namen bekannt: Für die Elben ist er »Mithrandir«, der graue Pilger; für die Einwohner des Auenlandes ist er »Gandalf der Graue«; die Rohirrim nennen ihn »Sturmkrähe«, »Graumantel« und »Der Weiße Reiter«.

Die nordischen Mythen erzählen von einer Gestalt, die Gandalf sehr ähnlich ist. Wenn sie sich unter Menschen begibt, tritt sie ebenfalls als alter Wanderer mit grauem Bart und einem zerlumpten Mantel auf, der sich auf einen Stab stützt. Auch sie ist unter vielen Namen bekannt: In der *Älteren Edda* wird sie verschiedentlich der Alte, der Wanderer, Ygg, Herjan, Anführer der Geister, Siegvater, Hropt, Tveggi, Hor der Hohe und vieles andere genannt. Es ist der Gott Odin.

Das Wort *Gandalf* bedeutet in der *Edda* »Zauberelf«, was sicherlich angemessen wäre, wenn Gandalf aus Valinor käme. Die Menschen betrachten auch den Odin des Nordens als Zauberer, jedenfalls gemäß der Zeile aus *Baldrs Draumar*, Vers 2, in der *Edda:* »Dann erhob sich Odin, der alte Zauberer.« Und im folgenden Vers wird er auch »der Vater der Magie« genannt. Anderenorts in der *Edda* wird auf Odin als Gott der Magie Bezug genommen.[17]

Ich vermute, daß Gandalf, der Graue Magier – der vor Tausenden von Jahren aus dem Äußersten Westen nach Mittelerde kam, der sich als Mann verkleidet, aber kein Mensch ist, der fähig ist, den Tod zu durchschreiten, um größer denn je daraus hervorzutreten –, Tolkiens Version von Odin ist, dem Vater der Götter, Herrn von Asgard, und damit einer der Valar. Vielleicht erfahren wir etwas über seine wahre Natur im *Silmarillion*, wenn es schließlich in Druck geht.[18]

Einige letzte Worte über Namen. Eine der interessantesten und originellsten Gestalten in der ganzen Trilogie ist der fröhliche, singende, alterslose Naturgeist, Tom Bombadil. Sein Name ähnelt auf verblüffende Weise dem *Boabdil,* einer beliebten Gestalt islamischer Legenden. Es gibt viele Bezüge zu Boabdil in Washington Irvings seltsamer Sammlung von Reisenotizen und maurischen Legenden, *The Alhambra (1832*; dt.: *Alhambra)*. Boabdil (sein wirklicher Name war Abu-Abdallah) war der letzte der maurischen Könige von Granada. Als er sein Reich an Ferdinand von Kastilien abtreten mußte, warf er einen letzten Blick auf die wundervolle Stadt, in der er regiert hatte, und setzte dann nach Afrika über, um nie mehr zurückzukehren. Danach wurde er zu einer melancholischen Geistererscheinung in romantischen maurischen Legenden.

Dinge

Im ersten Band der Trilogie, als Elronds Rat in dessen Haus zusammentritt, erzählt der Halbelb und Prinz die Legende des Weißen Baumes, der einst in den großen Zeiten Gondors in Minas Arnor blühte. »In den Gärten des Königs dort wuchs ein weißer Baum aus dem Samen des Baumes, den Isildur übers tiefe Wasser mitgebracht hatte; und der Same zuvor war aus Eressea und noch früher aus dem Fernsten Westen gekommen, an dem Tage vor den Tagen, als die Welt jung war.«[19] Seither ist der Baum von Gondor schon lange verdorrt. Aber am Ende der Trilogie, als Aragorn sein Königreich übernimmt, führt Gandalf ihn zur Spitze eines Berges. Er weist auf das Königreich, das unter ihnen ausgebreitet liegt. Aragorn aber spricht: »Der Baum im Brunnenhof ist noch immer dürr und kahl. Wann sehe ich ein Zeichen, daß dies je anders werden wird?«[20] Da zeigt Gandalf ihm einen Baumschößling am Rande des Schnees, hoch oben in den gebirgigen Höhen über Gondor. Es ist in der Tat ein Schößling des Weißen Baumes selbst, dieses uralten und geheimnisvollen Symbols von Königtum, Fruchtbarkeit und Macht – ein Talisman, der Gondor mit dem Westen verbindet.

In Band III seiner *Teutonic Mythology* beschreibt Victor Rydberg eine Tradition, die Gondors Weißem Baum sehr ähnelt. Er schreibt: »In Schweden, Dänemark und Deutschland haben sich bis heute mündliche Überlieferungen einfacher Leute erhalten. [...] In den meisten dieser Überlieferungen findet sich die Überzeugung: [...] wenn die Not am größten ist oder das Ende der Welt naht und der Tag des jüngsten Gerichtes anbricht [...], wenn die Posaunen des Jüngsten Tages erschallen, *dann soll ein gewaltiger Kampf mit den Mächten des Bösen (Antichrist) ausge-*

tragen werden, ein uralter Baum, der einst verdorrte, soll wieder im grünen Gewand erblühen und ein glücklicheres Zeitalter anbrechen.«[21] (Hervorhebung von mir)

In Anhang A der Trilogie gibt Tolkien eine Zusammenfassung der Ereignisse im Ersten Zeitalter von Mittelerde wieder. Er erzählt von Beren und Lúthien: »Gemeinsam errangen sie einen Silmaril aus Morgoths Eisenkrone«.[22] Es gibt noch weitere Bezüge auf diese Eiserne Krone in der Trilogie, und zweifelsohne werden wir im *Silmarillion* viel von ihr hören[23].

Tolkien kann ohne weiteres von der berühmten eisernen Krone des römischen Kaisers Konstantin gelesen haben, die Sankt Helena, seine Mutter, für ihn anfertigte. Obwohl sie nicht mit magischen Juwelen wie dem *Silmaril* geschmückt war, besaß die eiserne Krone von Konstantin dennoch eine seltene Kostbarkeit, denn Sankt Helena setzte in den Reif einen der Heiligen Nägel ein, die bei der Kreuzigung benutzt wurden. Die eiserne Krone überlebte den Zusammenbruch des Weströmischen Reiches. Papst Gregor I. übergab sie Theodolinde in Anerkennung ihres Eifers bei der Bekehrung der Lombarden. Im Mittelalter wurde sie als die Eiserne Krone der Lombardei bekannt. Dieselbe Krone wurde bei den Krönungen Karls des Großen, Sigismunds, Karls V. und Kaiser Napoleons verwendet. Ich glaube, sie wird noch immer verwahrt, denn sie ist einer der seltensten und ungewöhnlichsten Schätze, der seit der Antike samt seinem unglaublichen Reichtum geschichtlicher Bezüge bis in unsere Zeiten erhalten blieb.

Anmerkungen

Das Zitat zu Beginn des Kapitels stammt aus Herman Melville: *Moby Dick*. Übers. v. Alice und Hans Seiffert. Mit einem Nachwort v. Rudolf Suehnel. Insel, Frankfurt a. M., 8. Aufl. 1992, S. 96

[1] Dieser Ausdruck wurde geprägt, um einfache unmittelbare Pulp-Action-Storys zu beschreiben, in denen muskelbepackte, barbarische, mit Breitschwertern oder ähnlichem Kriegsgerät bewaffnete Helden gegen böse Zauberer oder übernatürliche Ungeheuer zu Felde ziehen. Dieses Subgenre wurde mehr oder weniger von Robert E. Howard (1906–1936) mit seinen Geschichten um »Conan den Cimmerier« begründet, die er für die Zeitschrift *Weird Tales* schrieb. Viele spätere Autoren haben Howards Schreibstil nachgeahmt oder fortgeführt, darunter L. Sprague de Camp mit *The Tritonian Ring* [1953; dt. *Prinz von Poseidonis*], Henry Kuttner mit seinem Geschichtenzyklus um »Elak von Atlantis« (bestehend aus »Thunder in the Dawn« [1938, dt. »Donner in der Morgendämmerung«], »Spawn of Dragon« [1938]; »Beyond the Phoenix« [1938; dt. »Jenseits des Schlafenden Phoenix«] und »Dragon Moon« [1941; dt. »Drachenmond«] und ich selbst mit meinem sechsbändigen Zyklus um »Thongor von Lemuria« (bestehend aus den Romanen *Thongor and the Wizard of Lemuria* [1965/1969; dt. *Thongor und der Zauberer von Lemuria*], *Thongor and the Dragon City* [1966/1970; dt. *Thongor und die Stadt der Drachen*], *Thongor against the Gods* [1967; dt. *Thongor und die schwarzen Götter*], *Thongor in the City of Magicians* [dt. *Thongor in der Stadt der Zauberer*], *Thongor at the End of Time* [dt. *Thongor am Ende der Zeit*] und *Thongor Fights the Pirates of Tarakus* [dt. *Thongor gegen die Piraten von Tarakus;* alle vergriffen]. Der Ausdruck *Sword and Sorcery,* der diese Unterart der heroischen Fantasy umschreibt, wurde um 1961 von Fritz Leiber geprägt, der vermutlich zu den größten Meistern dieser Art verwegener Abenteuergeschichten gezählt werden muß. Die vergleichende Ableitung von Ausdrücken wie »Blut und Donner« oder »Mantel und Degen« liegt dabei auf der Hand.

[2] Das sind die *Avari,* die »Widerstrebenden« oder auch Dunkelelben, die nicht zu den Valar gingen, sondern in Mittelerde verblieben. Vgl. hierzu J. R. R. Tolkien: *Das Silmarillion.* Hg. v. Christopher Tolkien, übers. v. Wolfgang Krege. Klett-Cotta, 2. Aufl. Stuttgart 1979, S. 63. (Anm. d. Ü.)

[3] Ganz verkehrt liegt L. C. nicht. Orome von den Valar stößt auf die *Quendi* weit im Osten, im Schatten der Orocarni, der Berge des Ostens, in Cuiviénen. Aber das war, bevor sich die gesamte Geographie Mittelerdes durch den Kampf gegen Melkor veränderte. Vgl. hierzu *Das Silmarillion,* S. 59–63. (Anm. d. Ü.)

[4] Es handelt sich tatsächlich um die *Calaquendi*, die Lichtelben, bestehend aus den *Vanyar* (den Blondelben unter Ingwe), den *Noldor* (den Tiefelben) und den *Teleri* (Die Letzten). Die *Sindar*, die Grau- oder Dämmerungselben, sind jene Nachfahren der Teleri, die in Mittelerde zurückblieben und in Beleriand lebten. Siehe auch *Das Silmarillion*, S. 63 f., 384 u. 386

[5] Zur Übersetzung des Begriffes siehe *Das Silmarillion*, S. 70. (Anm. d. Ü.)

[6] Thangorodrim: »Die Berge der Tyrannei«, die Morgoth über Angband auftürmte, dem »Eisenkerker« oder der »Eisenhölle«, seiner großen Höhlenfestung im Nordwesten von Mittelerde (*Das Silmarillion*, S. 346 u. 386). (Anm. d. Ü.)

[7] Robert Ranke-Graves: *Die Weiße Göttin. Sprache des Mythos*, Rowohlt Taschenbuch, Reinbek 1985
Mr. Graves' Buch, eine phantastische Sammlung von Absonderlichkeiten, die er aus klassischen Sagen und exotischen Informationen bezogen hat, ist vollgestopft mit weiteren seltenen »Fakten«. Als Datum für Zeus' Sieg über die Titanen nennt er das Jahr 1515 v. Chr., für die Reise der *Argo* 1225 v. Chr. und für den Fall von Troja 1183 v. Chr.

[8] Historiker glauben inzwischen, daß diesem alten keltischen Mythos von der Migration der Tuatha de Danaan einige wahre Fakten zugrunde liegen. Andernfalls gäbe es unerklärliche Bezüge zu einem mysteriösen Volk der *Danuna*, die in den zweisprachigen Inschriften (hieroglyphenluwisch (hethitisch) und phönizisch; Anm. d. Ü.) von Karatepe auftauchen (Späthethitische Burganlage aus dem 8.–7. Jh. v. Chr., liegt auf einem Bergrücken in den Ausläufern des kilikischen Mitteltaurus, in der türkischen Provinz Osmaniye; Anm. d. Ü.). Ein Stamm der *Dananian* wird unter anderem in Tempelinschriften aufgelistet, die aus der Regierungszeit Ramses' III. datieren. Homer erwähnt ebenfalls ein rätselhaftes Volk mit Namen *Danaoi*. Wenn dies alles einen Sinn ergibt, dann liegt Mr. Graves mit seiner Zeitangabe 1472 v. Chr. Als Ankunftsjahr der Tuatha in Irland nicht allzu falsch. Siehe hierzu auch Leonard Cottrells Buch *Lost Cities* (dt.: *Verschollene Königreiche. Die Wunder versunkener Kulturen*) mit einer Beschreibung der mysteriösen »Menschen des Meeres«, die irgendwann um das 13. Jahrhundert v. Chr. Durch Europa migrierten. Ungefähr zu diesem Zeitpunkt wurden sie in einer Reihe von Land-

und Seeschlachten von den Ägyptern besiegt, und an diesen ägyptischen Sieg erinnern die Tempelinschriften aus der Zeit Ramses' III.

[9] J. R. R. Tolkien: *Der Herr der Ringe* [DHDR]. Übers. v. Wolfgang Krege. Klett-Cotta, Stuttgart 2000, S. 1097

[10] Hier sei angefügt, daß laut *Silmarillion* Númenor, die Westernis, eine große Insel war, welche die Valar den Edain nach dem Ende des Ersten Zeitalters als Wohnsitz gaben. Nach dem Untergang wurde sie auch »Atalante« genannt. (Anm. d. Ü.)

[11] *DHDR*, S. 1097

[12] Tolkiens Figur wird verschiedentlich »Dúnadan«, »Streicher«, »Elessar« und »Elbenstein« genannt. Amadis trägt die Namen »Kind der See«, »Beltenebros«, »Der Grüne Ritter« , »Der Griechische Ritter« usw.

[12a] Vgl. Alfred Lord Tennyson: »Ulysses«, Z. 17, in: *Englische und amerikanische Dichtung.* Bd.2; Englische Dichtung. Von Dryden bis Tennyson. Übers. v. F. Freiligroth, hg. v. Werner von Koppenfels u. Manfred Pfister. C. H. Beck, München 2000, S. 379

[13] Bei vielen der hier genannten Punkte stehe ich in der Schuld der Fantasy-Schriftstellerin und Tolkien-Enthusiastin Marion Zimmer Bradley bzw. ihrem *Men, Halflings and Hero Worship*, einem langen und wohldurchdachten Essay über die Trilogie (Erstveröffentlichung 1961, später nachgedruckt in Niekas, no. 16, 30. Juni 1966).

[14] Marion Zimmer Bradley: »Von Helden und Halblingen« , in: Helmut W. Pesch (Hg.): *J. R. R. Tolkien. Der Mythenschöpfer.* Corian/Edition Futurum, Meitingen 1984, S. 23–33.

[15] *DHDR*, S. 1152

[16] Vielleicht habe ich hier Unrecht. In der von Tolkien überarbeiteten BALLANTINE-Ausgabe liest sich der Text dieses Abschnitts als »ihre wahren Namen«. Dies könnte eine absichtliche Revision sein oder ein Tippfehler oder aber auch die Korrektur eines Tippfehlers in der ursprünglichen, gebundenen Ausgabe. Nieman scheint es zu wissen, aber ich erwähne es dennoch der Vollständigkeit halber.

[17] *Die Ältere Edda*. In: *Die Edda. Götterlieder, Heldenlieder und Spruch-weisheiten der Germanen*. Vollst. Textausgabe in der Übers. v. Karl Simrock. Überarb. Neuausgabe (…) v. Manfred Stange. Bechtermünz Verlag im Weltbild Verlag, Augsburg 1995, 5: Baldrs draumar (Balders Träume), Str. 6 (S. 44)

[18] Lin Carter wäre enttäuscht. Im 1977 erschienenen *Silmarillion* steht auch nicht mehr als in den zuvor zitierten Anhängen zum *Herrn der Ringe*. Eine sehr ähnliche Passage beginnt auf S. 328f. der deutschen Ausgabe. Gandalf bleibt ein Geheimnis. (Anm. d. Ü.)

[19] *DHDR, Die Gefährten*, S. 296f.

[20] *DHDR, Die Wiederkehr des Königs*, S. 1023

[21] Viktor Rydberg: *Teutonic Mythology. Gods and Godesses of the Northland*. Aus dem Schwedischen v. Rasmus B. Anderson. 3. Bde. The Norroena Society, London 1907. (Übersetzung: Biene van de Laar)

[22] *DHDR*, S. 1093

[23] Die Geschichte von Beren und Luthien und der Eisernen Krone fin-det sich tatsächlich im *Silmarillion*, und zwar im Kapitel XIX: Von Beren und Luthien. (Anm. d. Ü.)

POSTSKRIPTUM: NACH TOLKIEN

Wenn L. Sprague de Camps Annahme richtig ist, daß Lord Dunsany der einflußreichste Fantasy-Schriftsteller der ersten Hälfte des 20. Jahrhunderts war, dann bin ich sicher, daß J. R. R. Tolkien sich als der größte Einfluß auf die Schriftsteller der letzten Hälfte erweisen wird. Die ersten Anzeichen seines Einflusses sind bereits erkennbar.

In England und Amerika beginnt eine Anzahl von neuen Schriftstellern bereits damit, Bücher zu produzieren, die Tolkiens Einfluß zeigen. Zu den frühesten gehörte Carol Kendall, die 1959 einen Fantasy-Roman für Kinder mit dem Titel *The Gammage Cup* publizierte. Er scheint erheblich vom *Hobbit* beeinflußt zu sein.[1]

Miss Kendall erzählt von einer hobbitähnlichen Rasse kleiner Leute, die in niedlichen Häusern in einem ländlichen Tal leben, das von hohen Bergen umgeben und geschützt ist. In diesen Bergen wohnen ihre uralten Feinde – abstoßende, koboldartige Wesen, vor denen das kleine Volk entkam und Schutz in dem Tal fand. Die Gemeinschaft der fünf Helden wagt sich in diese Berge, denn die koboldartigen Feinde beginnen sich wieder zu rühren. Die Helden sind mit verzauberten Schwertern bewaffnet, die in einem starken Licht glühen, wenn der Feind in der Nähe ist – das erinnert alles sehr an Tolkien. In *The Whisper of Glokken* (1965), einer Fortsetzung, beschreibt Miss Kendall die Suche nach einem alten Schatz. Diese verwickelt ihre Helden in Kämpfe mit den Hulks, einer riesigen, brutalen und orkartigen Rasse.

Ein Buch von Alan Garner, *The Weirdstone of Brisingamen* (1960; dt.: *Feuerfrost*), scheint mehr vom *Herrn der Ringe* beein-

flußt zu sein. Aus piktischen und nordbritischen Legenden
schöpfend, erzählt Garner eine aufregende, heldenhafte Geschichte über den gewaltigen Kampf zwischen Cadellin, dem
weisen alten Zauberer, und Nastrond, dem großen Geist der
Dunkelheit. In der Fortsetzung *The Moon of Gomrath* (1963; dt.:
Der Mond von Gomrath) bedient sich Garner walisischer, gäli-
scher und schottischer Legenden für seine Hintergrundmythik.
Diese beiden Romane sind angefüllt mit erfundenen Geschöpfen – Monstern, edlen und ritterlichen Elfenkriegern und ähnlichem – und haben eine treue Leserschaft gewonnen. *Elidor*
(1965; dt.: *Elidor oder Das Licht des Nordens*), ein dritter Roman
vom selben Autor, steht zwar in keiner Verbindung mit den früheren Büchern, ist aber ebenfalls ein Fantasy-Roman, der sich
um Reisen zwischen magischen Halbwelten und unserem eigenen Planeten dreht.[2]

Die wahrscheinlich besten der neueren Romane, die unter
dem Einfluß von Professor Tolkiens Werk stehen, sind die *Prydain*-Bücher des amerikanischen Schriftstellers Lloyd Alexander. Der erste seiner fünf brillanten und gutgeschriebenen Fantasy-Romane über die walisische Anderswelt von Prydain lautet
The Book of Three (1964; dt.: *Taran und das Zauberschwein*), das
den jungen Helden Taran als Lehrling eines mächtigen und gü-
tigen Zauberers vorstellt. In der Fortsetzung *The Black Cauldron*
(1965; dt.: *Taran und der Zauberkessel*) sehen wir Taran zum jungen Mann reifen und im folgenden Band *The Castle of Llyr*
(1966; dt.: *Taran und die Zauberkatze*) seiner großen Liebe das
Leben retten. Die beiden abschließenden Bände der Serie, *Taran
Wanderer* (1967; dt.: *Taran und der Zauberspiegel*) und *The High
King* (1968; dt.: *Taran und das Zauberschwert)* berichten von seinen Abenteuern als Erwachsener[3].

Alexander ist tief in die walisischen mythischen Legenden
eingedrungen – ein Gebiet, das selbst Forscher bisher kaum betreten haben. Seine Primärquelle ist natürlich der große zentrale Text der walisischen Mythologie, das *Mabinogion*, eines der

großen Bücher der Welt. Mr. Alexanders Figuren erleben Abenteuer in dieser imaginären frühmittelalterlichen Welt. Dabei begegnen sie bösen Magiern, Ungeheuern, gewalttätigen Vogelfreien und Banditen, Zauberinnen und Hexen. Sie gehen auf die Suche nach magischen Schätzen, wagen sich in Elfengefilde und haben mit Zwergen und anderen merkwürdigen Wesen zu tun, einschließlich eines erstaunlich originellen Riesen. Daß seine Bücher mehr als nur ein »Tolkien-Abklatsch« sind, beweist Alexanders schriftstellerische Fähigkeiten. Er hat Einflüsse in sich aufgenommen, sie verarbeitet und Bücher geschaffen, in denen jede Zeile den Stempel seiner eigenen Vorstellungskraft trägt. Die *Prydain*-Bücher haben eine begeisterte und zahlreiche Anhängerschaft gewonnen, die sie zu Recht verdienen.

Nach meinem Kenntnisstand sind bisher noch keine Arbeiten der epischen Fantasy nur für Erwachsene erschienen, die Merkmale eines Tolkien-Einflusses aufweisen. Aber ich kenne mindestens zwei Schriftsteller, die in diesem Genre arbeiten. Und ich habe selbst seit etwa zehn Jahren immer wieder mal an einem epischen Fantasy-Werk von enormer Länge herumgeschrieben, das in der Morris-Dunsany-Eddison-Tolkien-Tradition steht. Wenn und falls es überhaupt veröffentlicht werden sollte, wird es *Khymyrium: The City of the Hundred Kings, from the Coming of Aviathar the Lion to the Passing of Spheridion the Doomed* heißen.

Nach Tolkien II – Nachtrag 2002
(von Heiko Langhans)

Als offene Imitation des *Herrn der Ringe* legte Terry Brooks 1977 den umfangreichen Roman *The Sword of Shannara*[4] vor, der in sich abgeschlossen ist, jedoch seither zahlreiche populäre, wenngleich nach Meinung einiger Kritiker überflüssige Fortsetzungen und Prequels nach sich gezogen hat.

Im gleichen Jahr legte Stephen R. Donaldson mit *Lord Foul's Bane* (dt.: *Lord Fouls Fluch*) den ersten Band der Chronik um Thomas Covenant, den Zweifler, vor, in dem ein leprakranker Mensch unserer Welt vom Verächter Lord Foul in eine Welt geholt wird, in der Stein- und Holzmagie das Land mit einem alles durchdringenden Leben erfüllen. Stephen Donaldsons mittlerweile sechs Bände umfassender und auf zwei Trilogien aufgeteilter Zyklus war nach Tolkien der erste wirklich große Erfolg eines Fantasy-Werkes für Erwachsene.

Bereits früher, 1970, erschien mit *Red Moon and Black Mountain* (dt.: *Roter Mond und Schwarzer Berg*) ein von der Amerikanerin Joy Chant geschriebener hochrangiger Entwicklungsroman des Fantasy-Genres, der – neben der detaillierten Darstellung einer Mythenwelt mit sprechenden Adlern und Reitervölkern – vielleicht auch ein wenig dem, in diesem Fall naturverbundenen, Geist der späten 60er Jahre huldigt. Dennoch bleibt er zeitlos.

Bedingt durch den Umfang des *Herrn der Ringe* haben viele seiner Epigonen den irrigen Schluß gezogen, ihre eigenen Werke müßten mindestens ebenso umfangreich sein. Zu ihnen muß Robert Jordan gezählt werden, der mit Beiträgen zur mittlerweile mehr als 60 Bände umfassenden Conan-Saga erste zweifelhafte Meriten errang und mit seinem auf mittlerweile zwölf Bände angelegten Zyklus *The Wheel of Time*[5] ein Werk vorgelegt hat, das sich im Hinblick auf seine ausgefeilte Szenerie gewiß mit Tolkiens Standardwerk messen kann. Mit einem Umfang von bislang fast 10 000 Seiten verlangt er jedoch selbst den geduldigsten Leser einiges ab. Rezensenten unterstellen dem Autor einen ausgeprägten Widerwillen, seinen Zyklus zu einem Abschluß zu bringen.

Ebenfalls noch unvollendet ist George R. R. Martins umfangreicher Zyklus *A Song of Ice and Fire*[6], der sechs Bände umfassen wird. Die ersten drei liegen bereits vor und haben begeisterte Aufnahme gefunden. Sie zeichnen sich neben einem vielschichtigen und farbigen Weltengemälde durch ein noch vielschichtigeres und zahlreiches Ensemble der Charaktere aus.

Der Baum, den John Ronald Reuel Tolkien pflanzte, hat gerade erst begonnen, Früchte zu tragen, an deren Geschmack man sich noch lange begeistert erinnern wird.

Anmerkungen

[1] Ich habe mich oft gefragt, ob *Der Hobbit* nicht sogar selbst Hinweise darauf enthält, daß er von einem seltsamen und wunderschönen Fantasy-Roman für Kinder beeinflußt wurde, nämlich *The Three Mulla-Mulgars* (*Die Reise der drei Malla-Malgars,* Hobbit Presse/Klett-Cotta, Stuttgart 1988) des Dichters Walter de la Mare. Er wurde erstmals 1910 veröffentlicht, als Tolkien achtzehn Jahre alt war. De la Mares drei Helden – seltsame, niedliche, kleine Geschöpfe – leben im Wald von Munza. Die Bewohner dort verehren oder fürchten so merkwürdige Gottheiten wie Numanossi und Immanâla, die Königin der Schatten. Der Autor erzählt von unbekannten Tieren, von Mamasul und Impalina; von Drachenbäumen, Samaraks, Ollakondas; von Minimuls, kriechenden, gefräßigen und kannibalistischen Erdaffen, sowie weiteren, noch fremdartigeren Geschöpfen. Die drei Helden stammen von Assasimmon, dem Prinzen der Täler von Tishnar, ab. Sie machen sich auf eine gefährliche und magische Fahrt in sein entferntes Reich auf und tragen dabei einen legendären und seltenen Schatz mit sich, den glühenden, milchweißen Wunderstein von Tishnar. Viele Gefahren begegnen ihnen: Während sie die sieben Gipfel der Berge von Arakkaboa überqueren, werden sie von gewaltigen Adlern angegriffen. Einer der Helden wird von einem monströsen, barbarischen Umgar gefangengenommen, der ihn eine Zeitlang versklavt. Sie begegnen den riesigen, langpelzigen Bergmalgaren und werden von Schneewölfen verfolgt. An den Grenzen von Tishnar aber schmeichelt und trickst ein seltsames, in einem See lebendes Frauengeschöpf, das als Wassernixe bezeichnet wird, seinem Träger den Wunderstein ab. Die Ähnlichkeiten zwischen diesem Buch und dem *Hobbit* liegen weniger in der Handlung oder den Hintergrundmythen begründet, sondern eher im Stil und in der Struktur von Meister de la Meres Prosa: einer singenden, magischen Prosa, die durchsetzt ist von Ausdrücken und Wörtern seiner eigenen erfundenen Sprachen, angefüllt mit Reimen und Liedern.

[2] Garner ist damit – zusammen mit Susan Cooper – einer der Mitbegründer der Untergattung »Welten-/Zeitenwechsel«. Dabei wechseln die überwiegend menschlichen Protagonisten im allgemeinen nicht zwischen verschiedenen Planeten, sondern zwischen Parallelwelten hin und her, z. B. zwischen unserer eigenen Welt und dem Feenreich, zwischen alternativen Geschichtssträngen oder anderen Epochen der eigenen Geschichte. (Anm. d. Ü.)

[3] In dem 1973 erschienenen sechsten *Prydain*-Band *The Foundling* sind mehrere Kurzgeschichten gesammelt, die mutmaßliche offene Fragen aus dem Hauptzyklus beantworten sollen. (Anm. d. Ü.)

[4] Dt. in drei Bänden, *Das Schwert ...*, *Der Sohn ...* und *Das Erbe von Shannara* erschienen.

[5] Zu dt. unter dem Sammeltitel *Das Rad der Zeit* in bisher gut zwei Dutzend Bänden beim Wilhelm Heyne Verlag veröffentlicht, da aus Umfangsgründen die Originalbücher auf je drei deutsche Bände aufgeteilt wurden.

[6] *Das Lied von Eis und Feuer* ist in bislang sechs Bänden (wieder aus Umfangsgründen) beim Goldmann-Verlag erschienen.

ÜBER LIN CARTER – IN SEINEN EIGENEN WORTEN

Nun ja, ich liebe Hunde und Bücher und Schwerter und *Oz* und *Barsoom* und das Sammeln ägyptischer Antiquitäten und Art Nouveau und chinesische Cloisónne. Und Sac Rohmer und *Das verlorene Paradies* und *The Three Imposters* und Talbot Mundy und Ezra Pound. Und riesige alte viktorianische Häuser oder die eigenen Bücher veröffentlicht zu sehen (bisher 22), und meine wundervolle Frau Noël – natürlich nicht ganz in dieser Reihenfolge! Ich erforsche gerne alte spinnwebenverhangene Winkel der Literatur, ergötze mich am Zusammensetzen vernachlässigter sumerischer Epen, entdecke prachtvolle Schönheit im *Shah Namah* und vergessene Juwelen im *Shi-King* oder durchstreife die staubigen Seiten des *Per-em-hru* (des ägyptischen Totenbuches): Kurz gesagt, entdecke ich Wunderdinge in alten Büchern, die zu lesen sich niemand mehr die Mühe macht. Vor ein paar Tagen habe ich das hier gefunden. Es ist vermutlich die beste Einführung, die jemals geschrieben wurde, aber nur wenige haben das bemerkt und könnten sicher auch nicht sagen, woher der Text stammt:

> In einem Land im Süden liegt eine Stadt namens Mädchenfreude. Dort lebte ein König namens Ewige-Macht. Er kannte alle Werke, die sich mit einem wohlgeratenen und -gelebten Dasein befassen. Seine Füße wurden erleuchtet von den tanzenden Lichtern, welche sich in den Juwelen der

Diademe brachen, die die Köpfe der vor ihm knienden Könige schmückten. Er hatte die fernen Gestade aller Künste erreicht, die das Leben bereichern. Dieser König hatte drei Söhne. Sie hießen Reiche-Macht, Lodernde-Macht, Endlose-Macht, und sie waren auserlesene Schafsköpfe.[1]

Dieser Text wurde vor 1300 Jahren geschrieben. Es ist der erste Abschnitt eines Sanskrit-Klassikers, der *Die Fünf Bücher* oder auch das *Panchatantra* genannt wird. Er gehört zu den Gründen, die mich weiter forschen lassen – und die meine Forschungen zu einem Quell der Freude machen.

LIN CARTER
New York, 1969

Nachtrag (von Heiko Langhans)

Lin Carter hat sein auf S. 265 angekündigtes »opus magnum« *Khymyrium*, das sich stilistisch an Eric Rücker Eddison orientiert, nicht vollendet. Von 1969 bis 1974 stellte er für BALLANTINE BOOKS die Reihe *Adult Fantasy*[2] zusammen, in der er nicht nur zahlreiche Klassiker wie Cabell, Dunsany, Eddison, William Hope Hodgson, H. Warner Munn oder Clark Ashton Smith veröffentlichte, sondern auch neue Autoren förderte: Joy Chant und Katherine Kurtz wurden von ihm entdeckt. Ab 1965 schrieb er rund fünfzig Romane, die meist in Serien wie *Thongor*, *Callisto*, *Green Star2*, *Zarkon*, *World's End*, *Galactic Empire*, *Terra Magica* oder *Lost Mars* zusammengefaßt waren, und gab zahlreiche Fantasy-Anthologien heraus. Er ergänzte und überarbeitete unvollendete Werke von Robert E. Howard und Clark Ashton Smith, steuerte Beiträge zu den Werken fremder Autoren wie der *Conan*-Saga oder dem *Cthulhu*-Mythos bei und schrieb fleißig Beiträge für Amateurpublikationen und Fanzines.

Am 7. Februar 1988 ist Linwood Vrooman Carter an den Folgen eines Herzinfarktes gestorben. Er gilt als einer der Wegbe-
reiter der modernen Fantasy-Literatur.

Anmerkungen

[1] *Panchatantra. The Complete Version.* South Asia Books, Pandit V.
Sharma, 1991 (Übersetzung: Biene van de Laar)

[2] In dieser Reihe erschienen vor allem die bis dato wichtigen Fantasy-
klassiker. Ende der 70er Jahre griff KLETT-COTTA das Konzept auf
und brachte in ihrer HOBBIT PRESSE fast alle diese Klassiker in kar-
tonierter Form heraus.

ANHANG A
SEKUNDÄRLITERATUR ZUM
HERRN DER RINGE

Die nachfolgende Liste repräsentiert in keiner Weise eine komplette Aufzählung jedes Tolkien-Artikels, der bisher [1969] in Magazinen oder Zeitungen veröffentlicht wurde. Abgesehen von drei oder vier wirklich wichtigen Artikeln, habe ich die meisten der Buchrezensionen einfach ignoriert. Genauso bewußt habe ich es vernachlässigt, jene populärwissenschaftlichen Artikel in diese Liste aufzunehmen, die für die breite Leserschaft in Massenpublikationen veröffentlicht wurden – allerdings räume ich auch hier Ausnahmen ein. Ich habe die Liste zuerst chronologisch, innerhalb dieser Anordnung aber alphabetisch geordnet. Für einige der folgenden Informationen schulde ich Alexis Levitin von der TOLKIEN SOCIETY OF AMERICA meinen tiefempfundenen Dank.

1955 Lewis, C. S.: »Dethronement of Power«, in: *Time and Tide*, Oktober
1956 Auden, W. H.: »At The End of the Quest, Victory«, in: *The New York Times Book Review*, 22. Januar
      Halle, Louis J.: »History Through the Mind's Eye«, in: *The Saturday Review*, Januar
      Parker, Douglas: »Hwaet We Holbytla«, in: *The Hudson Review*, Winter 1956–57
      Straight, Michael: »The Fantastic World of Professor Tolkien«, in: *The New Republic*, Januar

Wilson, Edmund: »Oo, Those Asful Orcs!«, in: *The Nation*, 14. April

1959 Blissett, William: »The Despots of The Rings«, in: *The South Atlantic Quarterly*, Sommer
Spacks, Patricia: »Ethical Patterns in: *The Lord of the Rings*«, in: *Critique*, Frühjahr-Herbst

1961 Bradley, Marion Zimmer: »Men, Halflings and Hero Worship«, private Veröffentlichung, 1961; neuerlicher Abdruck in: *Niekas*, Nr. 16, 30. Juni 1966
[»Von Helden und Halblingen«, in: Helmut W. Pesch: *J. R. R. Tolkien – Der Mythenschöpfer*; Coriam/Edition Futurum, Meitingen 1984
Carter, Lin: »Notes on Tolkien. Part I: Theme and Form«, in: *Xero*, Nr. 7, November
Irwin, W. R.: »There and Back Again«, in: *Sewanee Review*, Herbst

1962 Carter, Lin: »Notes on Tolkien. Part II: Names and Places« in: *Xero*, No. 8, Mai.
»Notes on Tolkien. Part III: Sources and Influences«, in: *Xero*, Nr. 9, September

1963 Beagle, Peter S.: »Tolkien's Magic Ring«, in: *Holiday*, Juni; erneuter Abdruck als Vorwort zu *The Tolkien Reader*, New York, Ballantine Books
Carter, Lin: »What About This Tolkien Fellow, Anyway?«, in: *Triumph*, November
Resnik, Henry: »The Hobbit-Forming World of J. R. R. Tolkien«, in: *The Saturday Evening Post*, 2. Juli

1969 Ready, W.: *The Tolkien Relation, A Personal Inquiry*, Chicago, Henry Regnery Company; erneut als Taschenbuch aufgelegt mit dem Titel *Understanding Tolkien*, Paperback Library, Inc., New York 1969

ANHANG B
BIBLIOGRAPHIE

Um das vorliegende Werk zu schreiben, habe ich mehr als 250 Bücher gelesen oder herangezogen oder erwähnt. Würde ich jeden einzelnen Titel aufführen, dann stünde der Umfang der Bibliographie in keinem Verhältnis zu ihrem Nutzen. Daher habe ich mich darauf beschränkt, nur jene Bücher aufzulisten, aus denen ich direkt zitiert habe oder die in meinem Text Gegenstand näherer Untersuchung waren. Dabei handelt es sich um Bücher, bei denen der Leser berechtigterweise mehr Informationen erwarten darf, als im Text selbst genannt wurden. Ich sah keinen Anlaß, die verschiedenen Titel von Professor Tolkien aufzulisten, da ich davon ausgehe, daß im Buch selbst ausreichend Informationen darüber stehen. Außerdem sah ich keine Notwendigkeit, Standardwerke wie Shakespeare, Homer, die Bibel oder *Alice* in diese Bibliographie einzugliedern. Die Auflistung erfolgt alphabetisch nach Autor. Wo mehr als ein Titel desselben Autors auftaucht, wie z.B. bei einer Serie, habe ich sie um der Klarheit willen in chronologischer Folge nach Erscheinungsjahr sortiert. Werke unbekannter Autoren werden gleich zu Anfang unter Anonym. aufgelistet, wobei die Titel in alphabetischer Reihe aufeinanderfolgen.

Anonym.:
Beowulf, übers. v. William Ellery Leonard. The Heritage Press, New York 1939

[dt.: *Beowulf. Mit einem Essay von J. R. R. Tolkien.* Übers. v. Georg
Paysen Peterson (gekürzte Fassung von 1901), hg. v.
J. R. R. Tolkien. Klett-Cotta, Stuttgart 2001]

The Epic of Gilgamesh, Übers. und Einf. von N. K. Sandars, The
Penguin Classics, Baltimore 1960
[dt.: *Das Gilgamesch Epos.* Rhythmisch übertragen von Hartmut
Schmökel. Kohlhammer, Stuttgart 1998]

Hesiod, The Homeric Hymns, and Homerica. Übers. v. Hugh G.
Evedyn-White. William Heinemann Ltd., London 1959.
Informationen über die Zyklus-Dichter, die in Kap. 10 näher betrachtet werden, finden sich in der Einführung,
S. ix-xiviii. Für die Abschnitte über die epischen Zyklen
siehe S. 481–539
[dt.: *Hesiod. Werke in einem Band.* Aufbau Verlag, Berlin 1994]

The Nibelungenlied. Aus dem Deutschen übertr. v. Margaret
Armour, mit einer Einf. v. Franz Schoenberner. The Heritage Press, New York 1961
[dt.: *Das Nibelungenlied.* Mittelhochdeutsch/neuhochdeutsch v.
Siegfried Gosse. Reclam, Ditzingen 1979]

The Poem of the Cid. Übers. v. Lesley Byrd Simpson. University
of California Press, Berkeley 1957
[dt.: *Der Cid. Das altspanische Heldenlied.* Hg. v. Alfred Thier-
bach. Reclam, Ditzingen 1985]

The Poetic Edda. Übers., Einf. u. Beiträge v. Herny Adams Bellows. The American-Scandinavian Foundation, New York
1957. (Dies ist die Ausgabe der *Älteren Edda*, die beim Verfassen des gesamten Buches benutzt wurde.)
[dt.: *Die Edda. Götterlieder, Heldenlieder und Spruchweisheiten
der Germanen.* Vollst. Textausgabe in der Übers. v. Karl

Simrock. Überarb. Neuausgabe (…) von Manfred Stange. Bechtermünz Verlag im Weltbild Verlag, Augsburg 1995

Richard the Lion-Hearted (and Other Medieval English Romances), übers. u. bearb. v. Bradford B. Broughton, E. P. Dutton and Co., Inc., New York 1966. Der in Kapitel 12 zitierte Vers findet sich auf S. 149.

The Saga of King Heidrek the Wise. Übers. aus dem Isländischen, bearb., mit Beiträgen und Anhängen versehen v. Christopher Tolkien. Thomas Nelson and Sons Ltd., London. 1960. Dieses Buch gehört zu einer Serie, die unter dem Titel *Nelson's Icelandic Texts* veröffentlicht wurde.

The Song of Roland. Übers. v. Charles Scott Moncrieff, mit einer Einf. v. Hamish Miles. The Heritage Press, New York o. J.
[dt.: *Das altfranzösische Rolandslied*. Übers. u. hg. v. Wolf Steinsiek. Reclam, Ditzingen 1999]

The Song of William. Übers. v. Edward Noble Stone. University of Washington Press, Seattle 1951. Der in Kapitel 11 in der Fußnote zitierte Vers findet sich dort auf S. 60.

Volsunga Saga. Übers. v. William Morris mit einer Einf. v. Robert W. Gutman, Collier Books, New York 1962
[dt.: *Die Völsungen-Saga. Nordische Nibelungen*. Heyne, München 1997]

Alexander, Lloyd: *The Book of Three*. Holt, Rinehart and Winston, New York 1964
[dt.: *Taran und das Zauberschwein*. Übers. v. Ottfried Preußler, Arena Taschenbuch, Würzburg 1983]
derselbe: *The Black Cauldron*. Holt, Rinehart and Winston, New York 1965

[dt.: *Taran und der Zauberkessel*. Arena Taschenbuch, Würzburg 1983]

derselbe: *The Castle of Llyr*. Holt, Rinehart and Winston, New York 1966

[dt.: *Taran und die Zauberkatze*. Arena Taschenbuch, Würzburg, 1983]

derselbe: *Taran Wanderer*. Holt, Rinehart and Winston, New York 1967

[dt.: *Taran und der Zauberspiegel*. Arena Taschenbuch, Würzburg 1983]

derselbe: *The High King*. Holt, Rinehart and Winston, New York 1968

[dt.: *Taran und das Zauberschwert*. Arena Taschenbuch, Würzburg 1983]

Anderson, Poul: *The Broken Sword*. Abelard-Schuman, Inc., New York 1954

[dt.: *Das geborstene Schwert*. Bastei, Bergisch-Gladbach 1980]

Apollonius (von Rhodos): *The Argonautica*. Übers. v. Edward P. Coleridge. The Heritage Press, New York 1960

Bowra, Maurice: *Heroic Poetry*. London 1952. Diese Quelle wurde für die Kapitel 10, 11 und 12 verwendet.

[dt.: *Heldendichtung*. Metzler Verlag, Stuttgart 1993]

Cabell, James Branch: *The High Place. A Comedy of Disenchantment*. 1923

[dt.: *Der verwunschene Ort. Eine Komödie der Entzauberung*. Bastei, Bergisch Gladbach 1987]

derselbe: *Figures of Earth (A Comedy of Appearances)*. Robert M. McBride and Co., New York 1925

[dt.: *Die Legende von Manuel. Eine Komödie des Scheins*. Bastei, Bergisch Gladbach 1985]

derselbe: *The Cream of the Jest (A Comedy of Evasions)*. Robert M. McBride and Co., New York 1927

[dt.: *Das zerbrochene Siegel. Eine Komödie der Ausflüchte*. Bastei, Bergisch Gladbach 1988]

derselbe: *The Silver Stallion (A Comedy of Redemption)*. John Lane, The Bodley Head, Ltd., London 1928

[dt.: *Der silberne Hengst. Eine Komödie der Erlösung*. Bastei, Bergisch Gladbach 1986]

derselbe: *Jurgen (A Comedy of Justice)*. Robert M. McBride and Co., New York 1929

[dt.: *Jürgen. Eine Komödie der Gerechtigkeit*. Heyne, München 1981]

derselbe: *Something About Eve (A Comedy of Fig-leaves)*. Robert M. McBride and Co., New York 1929

[dt.: *Der Zauber der Eva. Eine Komödie der Feigenblätter*. Bastei, Bergisch Gladbach 1988]

derselbe (als »Branch Cabell«): *Hamlet Had an Uncle (A Comedy of Honor)*. Farrar and Rinehart, Inc., New York 1940

Cervantes Saavedra, Miguel de: *Don Quixote (The Ingenious Gentleman of La Mancha)*. Aus dem Spanischen v. John Ornsby, mit einer Einf. v. Irwin Edman. The Heritage Press, New York o. J. Cervantes' Bewertung des *Amadis*, die in Kapitel 12 zitiert wurde, findet sich auf S. 72–75. Bezüglich der Informationen über andere Romanzen, die in Kapitel 12 erwähnt werden vergleiche die Anmerkungen in jenem Kapitel auf S. 75–78.

[dt.: *Leben und Taten des scharfsinnigen Edlen Don Quixote von La Mancha*. Übers. v. Ludwig Tieck (1799/1801). Diogenes Verlag, Zürich 2000]

Cottrell, Leonard: *Lost Cities*. Universal Library, New York 1963. Zu den Informationen über die mögliche Authentizität

der Tuatha de Danaan und ihre Migration durch den Nahen Osten in Kapitel 16 vergleiche S. 104–108.
[dt.: *Verschollene Königreiche. Die Wunder versunkener Kulturen*.
Goldmann, München 1982]

De Camp, L. Sprague: *The Tritonian Ring (and Other Pusadian
Tales)*. Twayne Publishers, New York 1953. Ein heroischer
Fantasy-Roman in strikter Howardscher Tradition. Dennoch ist er für Tolkien-Leser von Interesse.
[dt.: *Der Prinz von Poseidonis*. Terra, Rastatt 1980]

De la Mare, Walter: *The Three Mulla-Mulgars*. Alfred A. Knopf,
New York 1919
[dt.: *Die Reise der drei Malla-Malgars*. Hobbit Presse/Klett-
Cotta, Stuttgart 1988]

De Moraes, Francisco: *Palmerin of England*. (Unbekannter engli-
scher Übersetzer). Longman, Hurst, Rees, and Orme, London 1807. Ein hervorragendes Beispiel für die gelungene-
ren Nachahmungen des *Amadis*.

Dippold, George Theodore: *The Great Epics of Medieval Germany*.
Little, Brown and Co., Boston 1882. Die Quelle wurde für
die Kapitel 11, 12, 14 und 16 herangezogen.

Dunsany, Lord: *The Gods of Pegana*. Elkin Mathews, London 1905
derselbe: *The Book of Wonders (A Chronicle of Little Adventures
at the Edge of the World)*. Elkin Mathews, London 1912. In
dieser Sammlung finden sich Geschichten, die in Kapitel
13 besprochen oder zitiert wurden, wie z. B. »The Bridge
of the Man-Horse«, »Thangobrind the Jeweller«, »The City of Never« und »The Hoard of the Gibbelins«.
[dt.: »Die Braut des Zentauren« in: *Die schönsten Pferdegeschichten*. detebe, Zürich 1986; »Die traurige Geschichte von

Thangobrind dem Juwelier«, in: *Das Fenster zur anderen Welt*. Suhrkamp Taschenbuch, Frankfurt a. M. 1986; »Von Einem, der in die Stadt Nimmermehr kam, wie es prophezeit war«, in: *Das Fenster zur anderen Welt*; »Der Gibbelin-Hort«, in: *Das Fenster zur anderen Welt*]

derselbe: *A Dreamer's Tale (and Other Stories)*. Mit einer Einf. v. Padraic Colum. The Modern Library, New York o. J. Enthält »Carcassonne«, »The Sword of Welleran« und »The Fortress Unvanquishable«, die in Kapitel 13 besprochen wurden.

[dt.: »Carcassonne«, in: *Das Fenster zur anderen Welt*; »Das Schwert des Welleran«, in: Lin Carter (Hg.): *Die Zaubergärten*. Terra, Rastatt 1978; »Die Zwingburg so keiner bezwingt denn Sacnoth das Schwert«, in: *Das Fenster zur anderen Welt*]

derselbe: *The King of Elfland's Daughter*. G. P. Putnam's Sons, London 1924. Dies ist Dunsanys bester heroischer Fantasy-Roman; er ist daher von großem Interesse für Tolkien-Enthusiasten.

[dt.: *Die Königstochter aus Elfenland*. Übers. v. Hans Wollschläger. Hobbit Presse/Klett-Cotta, Stuttgart 1979]

Eddison, E. R.: *Styrbion the Strong*. Albert and Charles Boni, New York 1926

[dt.: *Styrbion der Starke*. Bastei Lübbe, Bergisch Gladbach 1996]

derselbe: *The Worm Ouroboros*. E. P. Dutton and Co., Inc., New York 1952

[dt.: *Der Wurm Ouroboros*. Bastei Lübbe, Bergisch Gladbach 1997]

derselbe: *Mistress of Mistresses*. E. P. Dutton and Co., Inc., New York 1935

[dt.: *Die Herrin Zimiamvias*. Heyne, München 1982]

derselbe: *A Fish Dinner at Memison*. E. P. Dutton and Co., Inc., New York 1941

[dt.: *Ein Fischessen in Memison*. Heyne, München 1982]

derselbe: *The Mezentian Gate*. Hg. und Privatdruck v. Colin R.
       Eddison, 1958
[dt.: *Das Tor des Mezentius*. Heyne, München 1983]

Ferdowsi: *The Epic of the Kings (Shah-nama, The National Epic of
       Persia)*. Übers. v. Reuben Levy. The University of Chicago
       Press, Chicago 1966. Die Geschichten über Zal und Rust-
       um, auf die ich mich in Kapitel 12 beziehe, finden sich in
       den Büchern V, VI, IX, XI, XIV.

Garner, Alan: *The Weirdstone of Brisingamen*. Ace Books, Inc.,
       New York 1966. Erstauflage publiziert bei Franklin Watts
       1961
[dt.: *Feuerfrost*. Rowohlt, Reinbek 1986]
derselbe:*The Moon of Gomrath*. Collins, London 1963
[dt.: *Der Mond von Gomrath*. Rowohlt, Reinbek 1988]
derselbe: *Elidor*. Collins, London 1965
[dt.: *Elidor oder Das Licht des Nordens*. Rowohlt, Reinbek 1989]

Graves, Robert: *The White Goddess (A Historical Grammar of Po-
       etic Myth)*. Creative Age Press, New York 1948
[dt.: *Die Weiße Göttin. Sprache des Mythos*. Rowohlt, Reinbek
       1985]

Haight, Elizabeth Hazelton: *More Essays on Greek Romances*.
       Longmans, Green and Co., New York 1945. Eine Informa-
       tionsquelle über frühe Romanzen im allgemeinen und die
       sagenhafte Geschichte Alexanders des Großen im beson-
       deren.

Hall, J. R. Clark: *A Concise Anglo-Saxon Dictionary*. 4. Auflage,
       Cambridge University Press, 1960

Holmes, Urban Tigner Jr.: *History of Old French Literature*. Uni-

versity of North Carolina Press, 1948. Enthält Hintergrundinformationen über die Geschichte des Chanson de
Geste, die in Kapitel 11 behandelt wurde.

Howard, Robert E: *Conan the Conqueror*. Hg. und mit einer Einf.
v. L. Sprague de Camp. Lancer Books, New York 1967. Es
handelt sich um den 9. Band der Conan-Serie, die komplett mindestens 12 Bände umfassen wird. Da es der einzige Roman über Conan ist, den Howard selbst schrieb, ist
er das beste Beispiel unverfälschter Sword-and-Sorcery-
Fiction mit Tolkien-Elementen und daher auch als eigen-
ständiges Werk empfehlenswerter Lesestoff.
[dt.: *Conan der Eroberer*. Heyne, München 1984]
derselbe und Carter, Lin: *King Kull*. Hg. v. Glenn Lord. Lancer
Books, New York 1967. Eine frühere Serie von Geschichten, die in einem präatlantischen Zeitalter spielen, wurde
vom gegenwärtigen Autor vervollständigt. Sie zeigt deutliche Einflüsse von Lord Dunsany und Clark Ashton
Smith.
[dt.: *König Kull*. Bastei, Bergisch Gladbach 1989]

Irving, Washington: *The Alhambra*. James B. Millar and Co.,
New York 1884. Geschichten über den maurischen König
Boabdil finden sich im gesamten Werk, vor allem aber auf
S. 67–73.
[dt.: *Alhambra*. Droemer Knaur, München 1991]

Keary, A. and E. *The Heroes of Asgard (Tales from Scandinavian
Mythology)*. The Macmillan Co., New York 1893

Kendall, Carol: *The Gammage Cup*. Harcourt, Brace and Co.,
New York 1959
dieselbe: *The Whisper of Glocken*. Harcourt, Brace and World,
Inc., New York 1965

Kershaw, N.: *Stories and Battles of the Far Past*. Cambridge University Press, 1921. Liefert Material über die *Tháttr Nornagest-Saga* und dergleichen.

Kready, Laura F.: *A Study of Fairy Tales*. Houghton Mifflin Co., Chicago 1916

Lang, Andrew: *Prince Prigio*. Little, Brown and Co., Boston 1942 [dt.: *Prinz Prigio*. Anrich TB, Weinheim 1986] derselbe: »Prince Riccardo«, in: *My Own Fairy Book*. Hurst and Co., New York o. J., S. 89–190. [dt.: *Prinz Riccardo*. Anrich TB, Weinheim 1986]

Lewis, C. S.: *The Letters of C. S. Lewis*. Hg. u. mit einem Vorw. versehen v. W. H. Lewis. Harcourt, Brace and World, Inc., New York 1966. Enthält viele Anekdoten über Tolkien und seine Beziehungen zu Lewis, Charles Williams usw. sowie Hintergrundinformationen über den Zeitraum, in dem die Trilogie geschrieben wurde.

Lobeira, Vasco: *Amadis of Gaul*. Aus der spanischen Version des Garcí Ordónez de Montalvo ins Englische übertragen v. Robert Southey. 3 Bde. John Russel Smith, London 1872 [dt.: Garcí Ordónez de Montalvo: *Amadis von Gallien*. Hobbit Presse/Klett-Cotta, Stuttgart 2000]

Lovecraft, H. P.: *The Dream Quest of Unknown Kadath*. Shroud Publishers, Buffalo 1955. Ein merkwürdiger und poetischer Fantasy-Roman, der Höhepunkt von Lovecrafts Dunsany-Periode und seinen viel besser bekannten Horror-Romanen völlig unähnlich. [dt.: *Die Suche nach dem unbekannten Kadath*. Suhrkamp Taschenbuch, Frankfurt a. M. 1980] derselbe: *Dreams and Fancies*. Mit einer Einf. v. August Derleth.

Arkham House, Sauk City 1962. Enthält einige der frühen Dunsany-Kurzgeschichten wie »Celephais« und »The Doom That Came to Sarnath«, die in Kapitel 13 erwähnt wurden.

[dt.: »Celephais«, in: *Die Katzen von Ulthar*. Suhrkamp Taschenbuch, Frankfurt a. M. 1980; »Das Verderben, das über Sarnath kam«, in: *In der Gruft*. Suhrkamp Taschenbuch, Frankfurt a. M. 1982]

derselbe et al.: *The Shuttered Room (and Other Pieces)*. Arkham House, Sauk City 1959.
Informationen über die Wortspiele und internen Witze der Mitglieder des »Lovecraft-Zirkels« finden sich im hier integrierten Aufsatz von Lin Carter: »H. P. Lovecraft: The Books«, S. 215, 218 f., 238 und 246.

[dt.: »Der vernagelte Raum«, in: *Die dunkle Brüderschaft*. Suhrkamp, Frankfurt a. M. 1987]

Macdonald, George: *The Visionary Novels of George Macdonald*. Hg. v. Anne Fremantle, mit einer Einführung von W. H. Auden. The Noonday Press, New York 1954. Enthält die zwei phantastischen Traumromanzen *Lilith* und *Phantastes*, die oft als möglicher Einfluß auf Professor Tolkien gesehen werden. Er hat jedweden Einfluß von Macdonald nachdrücklich abgestritten, und nach Einschätzung des gegenwärtigen Autors bestätigt eine Untersuchung der Texte diese Aussage.

[dt.: *Lilith*. Übers. v. Uwe Harms. Hobbit Presse/Klett-Cotta, Stuttgart 1979; *Phantastes*. Hobbit Presse/Klett-Cotta, Stuttgart o. J.]

Morris, William: *The Wood Beyond the World*. The Roberts House, Boston 1895

[dt.: *Die Zauberin am Ende der Welt*. Bastei, Bergisch Gladbach 1984]

derselbe: *The Well at the World's End*. Longmans, Green and Co., 2 Bde., London 1896

[dt.: *Die Quelle am Ende der Welt*. Bastei Lübbe Taschenbuch, Bergisch Gladbach 1986]

derselbe: *The Water of the Wondrous Isles*. Longmans, Green and Co., London 1897

Diese drei Romanzen legten vor allem den Grundstein der heroischen Fantasy-Tradition und verdienen daher die Aufmerksamkeit der Tolkien-Enthusiasten.

[dt.: *Das Reich am Strom*. Bastei Lübbe Taschenbuch, Bergisch-Gladbach 1980]

derselbe:*The Life and Death of Jason (A Metrical Romance)*. Dodd, Mead and Co., New York 1917

Parker, M. P.: *The Allegory of the Faerie Queene*. Oxford University Press, 1960

Plinius. *Natural History*. Übers. v. H. Rackham, 10 Bde., William Heinemann, Ltd., London 1961. Das Material der Fußnote in Kapitel 10 entstammt Plinius, Band II, S. 513–523.

[dt.: C. Plinius Secundus d. Ä.: *Naturalis Historia/Naturkunde*. In 10 Bänden. 1975]

Pratt, Fletcher: »The Blue Star«, in: *Witches Three*. Mit einem Vorw. v. John Ciardi. Twayne Publishers Inc., New York, S. 223–423.

[dt.: *Der blaue Stern*. Heyne, München 1977]

derselbe: (unter dem Pseudonym »George U. Fletcher«): *The Well of the Unicorn*. William Sloane Associates Inc., New York 1948. Es handelt sich hierbei um das brillanteste Beispiel eines epischen Fantasy-Romans, der in der Zeit zwischen E. R. Eddison und der ersten Veröffentlichung des *Herrn der Ringe* geschrieben wurde. Erste Taschenbuchauflage bei Lancer Books im Jahre 1968.

[dt.: *Die Einhornquelle*. Heyne, München 1979]

Quintus (von Smyrna): *The Fall of Troy*. Übers. v. Arthur S. Way. William Heinemann Ltd., London 1913. Eine englische Versübersetzung des *Posthomerica*-Epos, im Buch dem Originaltext gegenübergestellt.
[dt.: *Posthomerica*. Stuttgart 1857]

Rydberg, Viktor: *Teutonic Mythology (Gods and Goddesses of the Northland)*. Aus dem Schwedischen übertr. v. Rasmus B. Anderson, 3 Bde., The Norroena Society, London 1907. Veröffentlicht in den Bänden III, IV und V der Norroena-Serie angelsächsischer Klassiker.

Saul, George Brandon: *The Shadow of the Three Queens (A Handbook Introduction to Traditional Irish Literature and its Background)*. The Stackpole Company, Harrisburg 1953. Eine Quelle, die in Kapitel 16 verwendet wurde. Dort finden sich Informationen über die mythologische Geschichte Irlands und die irischen Originaltexte.

Saxo (»Grammaticus« genannt): *The Nine Books of the Danish History*. Übers. v. Oliver Elton, mit einer Einf. v. Frederick York Powell, 2 Bde., The Norroena Society, London 1905. Diese englische Fassung der *Gesta Danorum* (auch: *Historia Danica*) erschien in den Bänden I und II der Norroena-Serie mit angelsächsischen Klassikern.

Spence, Lewis: *The Fairy Tradition in Britain*. Rider and Co., London 1948. Quelle einiger Informationen über die Tuatha de Danaan in Kapitel 16.

Spenser, Edmund: *The Faerie Queene (Disposed into Twelve Bookes Fashioning XII Morall Vertues)*. Mit einer Einf. v. John Hayward. The Heritage Press, New York 1953

Sturluson, Snorri: *The Heimskringla (A History of the Norse Kings)*, aus dem Isländischen übertr. v. Samuel Laing, überarb. u. mit Anm. versehen v. Rasmus B. Anderson, 3 Bde., The Norroena Society, London 1907. Gandalf und Frode aus der Saga Halfdan des Schwarzen finden sich in Bd. I, S. 6–9 und 16.

derselbe: *The Prose Edda*. Aus dem Isländischen übertr. u. mit einem Vorw. v. Arthur Gilchrist Brodeur. The American-Scandinavian Foundation, New York 1929

[dt.: *Die Edda des Snorri Sturluson*. Übers. v. Arnulf Krause. Reclam, Stuttgart 1997]

Tillyard, E. M. W.: *The English Epic and Its Background*. Oxford University Press, New York 1954. Eine Quelle, die in den Kapiteln 10, 11 und folgende herangezogen wurde. Vgl. insbesondere S. 29, 32, 72–78, 124, 219.

Wagner, Richard: *The Ring of the Niblung*. Übers. v. Margaret Armour. Garden City Publishing Co., New York 1939. Es handelt sich um eine englische Versübersetzung der vier Libretti, aus denen die Ring-Tetralogie besteht.

[dt.: *Der Ring des Nibelungen*. Vier Libretti. Hg. v. Julius Berghold. Schott Verlag, Mainz 2001]

Wilkins, Ernest Hatch: *A History of Italian Literature*. Harvard University Press, Cambridge, Mass., 1954. Meine Hauptquelle, die ich in der zweiten Hälfte von Kapitel 12 verwendete.